Gwyn Griffiths

Ar Drywydd Stori

I Alaw, Leah, Daniel, Steffan,
Elan, Cadi, Tyrece, Kaliesha a Keara

Gwyn Griffiths

Ar Drywydd Stori

y Lolfa

Argraffiad cyntaf: 2015

© Hawlfraint Gwyn Griffiths a'r Lolfa Cyf., 2015

Dymuna'r cyhoeddwyr gydnabod cymorth ariannol
Cyngor Llyfrau Cymru

Llun y clawr: Keith Trodden
Cynllun y clawr: Y Lolfa

Rhif Llyfr Rhyngwladol: 978 1 78461 123 1

Cyhoeddwyd ac argraffwyd yng Nghymru gan
Y Lolfa Cyf., Talybont, Ceredigion SY24 5HE
gwefan www.ylolfa.com
e-bost ylolfa@ylolfa.com
ffôn 01970 832 304
ffacs 832 782

Rhagymadrodd

MAE YNA GRED – ddi-sail – fod y Tsieineaid yn melltithio pobol gyda'r geiriau 'Bydded i chi fyw mewn amserau diddorol.' Medraf honni i mi fyw mewn cyfnod diddorol, difyr yn wir. Bu'n gyfnod o newid mawr, oes o heddwch. Gwir y bu nifer fawr o ryfeloedd, ond ni fu'r un a wnaeth gyffwrdd fy mhrofiad personol i. Nid felly fy rhieni, a welodd ddau ryfel byd. Gwirfoddolodd fy nhad yn 1914 a goroesi pedair blynedd yn sŵn y gynnau mawr, yn Ffrainc ac yn y Dwyrain Canol.

Daeth e a fy mam yn ôl o Lundain i'w sir enedigol – i'w bro enedigol yn achos fy mam – ar ddechrau'r Ail Ryfel Byd. Eto, er eu profiadau amrywiol, pan ddaethon nhw'n ôl i ddyddyn ar gyrion Cors Caron yn 1941, prin fod y ffordd o fyw ac o amaethu wedi newid llawer ers y dydd y cefnodd fy nhad ar ardal Swyddffynnon bron ddeng mlynedd ar hugain cyn hynny. Roedd yna bladur i'w thrin, a chaseg neu ddwy, cert ac aradr ungwys, wyth o wartheg i'w godro â llaw a gwair rhydd i'w foelyd â rhaca llaw a'i godi i gambo gyda phigau. Wedi canol y pumdegau y bu'r newid mawr, a'r hwb nesaf i ddiboblogi cefn gwlad. Ei wylio a'i brofi o hirbell wnes i, gan i mi ei gwâ'n hi o'na yn 1959, yn blentyn y wladwriaeth les a choleg am ddim. Ond fe welais y newid, ac ar sawl gwyliau tramor yng nghanolbarth a de Ffrainc gwelais ddulliau amaethu oedd yn debyg i'r hyn a brofais yn fy mhlentyndod. Yn Galicia gwyliais ddyrnwr medi yn cywain mewn un cae ac yn y nesaf ddwy fuwch odro yn tynnu llwyth o 'sgubau i'r ydlan mewn cert gul gydag olwynion undarn, fel rhai'r Rhufeiniaid, oedd yn fwy cyntefig na rhai'r hen Geltiaid. Yn 1992 yr oedd hynny, ac roedd yn crynhoi, mewn un darlun, fy mhrofiadau gwledig i. Rwy'n cofio trydan yn dod pan oeddwn i tua 14 oed. 'Tom Powerhouse' o Landdewi Brefi wnaeth y gwaith o weiro'r tŷ ac erbyn hynny roeddwn i eisoes yn gwybod tipyn am ddirgelion trydan, diolch i'r gwersi Ffiseg yn yr ysgol uwchradd.

Es i fyd papurau newydd a gweld rhai o ddyfeisiadau Johannes Gutenberg – o tua 1439 – yn cael eu defnyddio o hyd. Treuliais fy mlynyddoedd olaf yn y byd hwnnw fel newyddiadurwr ar-lein. Newid mawr mewn ffordd o feddwl, agwedd a chyflymdra, er na welwyd cynnydd cyfatebol yn ansawdd y cynnyrch ysgrifenedig. O ran rhai agweddau ar gynhyrchu deunydd argraffedig, bu'r newid yn fwy syfrdanol fyth. Sgrifennais erthygl rywdro am Meinir Heulyn, telynores a sylfaenydd cwmni cyhoeddi Alaw, cwmni sy'n arbenigo mewn cyhoeddi cerddoriaeth ar gyfer y delyn. Yn ogystal â bod yn brif drombonydd Cerddorfa Opera Cenedlaethol Cymru, roedd ei gŵr, Brian Raby, yn gopïwr proffesiynol. Yn y cyfnod cyn y llungopïwr, byddai pobol yn copïo cerddoriaeth â llaw ar gyfer cerddorfeydd. Dyfais gymharol ddiweddar yw'r llungopïwr – rywbryd wedi canol y saithdegau y daeth yn beiriant hanfodol i bob swyddfa – ac yn ddiweddarach y cafwyd meddalwedd cyfrifiadurol i gysodi cerddoriaeth. Felly, pan oedd Meinir Heulyn gydag Alaw, ac Ann Griffiths â'i chwmni cyffelyb, Adlais, yn cychwyn argraffu cerddoriaeth, roedden nhw'n dibynnu ar yr un sgiliau ag a ddefnyddiai'r mynaich yn eu celloedd canoloesol! Fe ddylai hynny roi rhyw syniad bach i ni gymaint fu'r newidiadau a welodd rhai ohonon ni o fewn un oes. Ac mae Meinir dipyn iau na mi.

Daeth y peiriant ffacs. Rwy'n cofio'r un cyntaf yn fy swyddfa, clamp o beth coch trystfawr oedd yn troi pethau allan yn araf a swnllyd. Daeth y cyfrifiadur, a'r ebost a'r we fyd-eang... Rwy'n dal i ryfeddu.

Gwelais y Gymraeg yn ennill statws drwy gyfres o ddeddfau. Pan es i weithio yn Sir Benfro nid oedd enwau fel Abergwaun, Tyddewi, Trefdraeth na Threwyddel i'w gweld, dim ond Fishguard, St David's, Newport, Moylgrove ac ambell erthyl fel Trevine. Rhai ysgolion yn unig yng ngwaelod y sir oedd yn dysgu Cymraeg. Newidiodd hynny, ac yn y De a'r Gogledd-ddwyrain bu cynnydd yr ysgolion Cymraeg yn fodd i arafu'r trai yn nifer y siaradwyr wrth i'r mewnlifiad Seisnig 'sgubo drwy'r hen gadarnleoedd. Bu'r gwanychu yn ansawdd yr iaith a siaredir yn ofid. Aeth iaith roes fodd i fyw i filoedd ohonon ni yn ddim ond job o waith.

Pan ddechreuais weithio yn 1961, breuddwyd egwan ar orwel pell oedd unrhyw fath o hunanlywodraeth, ac nid oedd y syniad o sianel deledu Gymraeg wedi ymrithio'n freuddwyd hyd yn oed. Bu newid er gwell. Er na fu gen i berthnasau agos yn gweithio dan ddaear, treuliais dros hanner fy mywyd mewn ardal a fu'n ddiwydiannol lofaol a gwelais anrheithio'r cymunedau hynny, er gweld creu amgylchedd sydd heddiw yn lanach a thipyn yn fwy dymunol i fyw ynddo.

Bu bywyd yn garedig wrthyf, ond er fy mod yn berson siriol wrth natur, rwyf hefyd yn besimist. Ai dyna dynged pawb wrth heneiddio? Ond mae cariad a chwmnïaeth Gwen gen i, a chyfaill neu ddau i rannu sgwrs ac atgof. Mae gen i blant, wyrion ac wyresau sy'n llawenydd mawr, ac er bod rhai ohonyn nhw'n ddinasyddion gwlad arall nid yw hynny'n fy mhoeni'n ormodol. Eu hapusrwydd nhw i gyd sy'n bwysig ac iddyn nhw mae'r hunangofiant hwn. Yn y cyfnod y bûm yn sgrifennu'r geiriau hyn bu farw aml gyfaill – John Davies, Hefin Williams, Dai Arfon Rhys a Glyn Evans, y tri olaf yn iau na mi – gan fy ysgogi i brysuro gyda'r gyfrol. 'Canys yn yr awr ni thybioch...'

Gwyn Griffiths
Ebrill 2015

Diolch

UN YSGOGIAD PWYSIG i fynd ati i sgrifennu'r gyfrol hon oedd chwilfrydedd y plant – Eleri, Gildas, Trystan a Ffion – am fy mlynyddoedd cynnar yn ardal Tregaron. Rwy'n ofni iddyn nhw gael argraffiadau carlamus a chamarweiniol braidd o'r cyfnod hwnnw. Felly dyma geisio rhoi darlun mwy cywir a chytbwys iddyn nhw, ac i'r wyrion a'r wyresau a fu'n gwrando'n amyneddgar, fwy na heb, ar yr un chwedleuon. Tebyg iawn oedd diddordeb Gwen, a fu'n fy annog ers blynyddoedd i roi ar glawr yr hanesion am arferion, cymeriadau a ffordd o fyw ardal oedd yn lled ddiarffordd bryd hynny. Iddi hi y mae'r diolch am adael llonydd i mi fwrw ymlaen gyda'r gwaith.

Y pleser o gydweithio â John Elfed Jones ar ei hunangofiant, *Dyfroedd Dyfnion*, a'r seiadu gydag e a Robat Gruffudd, Y Lolfa, a roddodd yr hwb angenrheidiol i mi fwrw ati i sgrifennu fy un fy hunan. Rhoddodd hynny'r cyfle i gydweithio eto â Lefi Gruffudd a Nia Peris, a chael y mwynhad o ymgynghori a thrafod gyda Meleri Wyn James o Adran Olygyddol y wasg. Diolch arbennig i'r ddwy am eu cynghorion doeth, eu hamynedd a'u brwdfrydedd.

Rwy'n ddyledus iawn i fy nai, Gwilym Griffiths, Bovingdon, Swydd Hertford, ac yn fwy fyth i'w briod Denise am y gwaith o olrhain achau'r teulu. Manteisiais yn ddigywilydd ar eu llafur. Iddyn nhw hefyd y mae'r diolch am lawer o'r lluniau cynnar sydd yn y gyfrol. Diolch hefyd i fy nghefnderwyr Jim Griffiths, Penparcau; Glyn Jenkins, Henffordd; John Jenkins, Llanilar; a Huw Jones, Caerfyrddin, am lawer darn o wybodaeth ddefnyddiol. Ac i berthynas arall sydd rywle yn yr achau, Marged Phillips, Tynreithin; rhyfedd fel y mae'r rheini sy'n ymddiddori mewn hanes teuluol yn medru ymgysylltu â'i gilydd. Mae'r pwnc o ddiddordeb i mi, wrth gwrs, ond ddim digon i mi wneud y gwaith fy hun!

Diolch arbennig iawn hefyd i gyd-Gardi a chyd-seiadwr, y Prifardd Cyril Jones, gynt o Bennant, am ddarllen y gwaith, ac am ei awgrymiadau a'i sylwadau caredig. Bu llawer o drafod rhyngom ynglŷn â pha oed y mae'n briodol i fynd ati i lunio hunangofiant. Hynaf i gyd, gorau i gyd, yn ôl Cyril. Eto, mae perygl o oedi'n rhy hir. Felly – dyma fe!

Beth petai?

BETH PETAI'R AIL Ryfel Byd heb ddigwydd? Byddai bywydau miliynau ar draws Ewrop wedi bod yn wahanol iawn. Tebyg y byddwn innau'n Sais, neu rhyw hanner Cymro, neu efallai ddim wedi bod o gwbl. Pwy a ŵyr. Fe'm ganed yn Well House, Swyddffynnon, ar 11 Ionawr 1941, yn ail blentyn i William a Jane (Jennie) Griffiths, y ddau wedi treulio eu blynyddoedd priodasol hyd hynny yn Llundain. Baban ychydig wythnosau oed oeddwn i pan ymsefydlodd y ddau, ynghyd â fy chwaer 12 oed, Lottie, yn Nhynbwlch, ardal y Berth, hanner ffordd rhwng Swyddffynnon a Thregaron – sef tair milltir o'r ddeule. Pobol y 'wâc lâth' a'r siop gornel oedden nhw, fel nifer o'r teulu a llawer o'u cymdogion, a ddychwelodd i Gymru yn 1940. Dyma adeg y mudo mawr o Lundain, a phawb fedrai wneud hynny'n dianc am ddiogelwch y wlad, i fferm wag ym mro eu mebyd yn achos fy rhieni.

Pytiog yw fy ngwybodaeth am eu hanes. Ganwyd fy nhad ym Mrynreithin, plwyf Lledrod Uchaf, ger Swyddffynnon, ar 23 Awst 1895, yn fab i Morgan Griffiths a Charlotte (Davies gynt). Brith gof sydd gen i o fy nhad-cu, a bu farw fy mam-gu pan oedd fy nhad yn 5 oed a'i frawd, fy ewythr David John, yn 3 oed. Rwy'n cofio Nhad yn dweud i fy nhad-cu weithio am dri mis cyn cael cyflog wedi marwolaeth ei wraig, gweithio ar yr hewl a cherdded i Lanbedr Pont Steffan ac yn ôl bob dydd. Wn i ddim am fy mam-gu, heblaw yr hyn a glywais gan gyfnither i fy nhad, Margaretta Maddock (Williams gynt), Pontypridd. Roedd fy Modryb Gretta, a aned yng Ngorffennaf 1888 ac a fu byw nes ei bod yn 91 oed, yn agos iawn at fy nhad. Roedd ei mam hi, Catherine Williams

(Davies gynt), yn chwaer i Charlotte Davies, fy mam-gu. Yn ôl tystiolaeth fy Modryb Gretta, roedd hi'n ddynes o dynerwch ac addfwynder arbennig.

Ceir cyfeiriad at dad-cu fy nhad – William Griffiths (1834–1919) arall – yn y gyfrol *Ar Lethrau Ffair Rhos* gan W. Jones-Edwards. Dywed ei fod yn fab fferm fawr – fferm Cefnresgair Fawr, Blaenau Caron, Tregaron, rwy'n meddwl – a wnaeth arian yn porthmona, a'i wario wedyn. Yn ei henaint, ar ôl rhoi'r gorau i borthmona, byddai'n parhau i fynd i fart Tregaron i gwrdd â chyfeillion y 'dyddiau gwell'. Yn ôl Jones-Edwards, byddai ei hen ffrindiau yn gofyn iddo brynu anifeiliaid drostyn nhw oherwydd nid oedd ei well am brisio anifail. Ei dâl am y gwaith fyddai llond bol o gwrw a rhai sylltau. Y noson ganlynol yn y Cwrdd Gweddi, ef fyddai'r huotlaf o'r gweddïwyr yn erfyn maddeuant am y meddwi. Cyfeirir ato hefyd yn mynd ar noson danbaid o haf i Gwrdd Ymostyngiad – Cwrdd Gweddi i ymbil am law wedi cyfnod hir o sychder – â'i got fawr ar ei fraich. Dywedir i gymydog awgrymu iddo unwaith y dylai ofyn i'r Arglwydd ei achub rhag dylanwad y ddiod gadarn. Ei ateb oedd, 'Bachan, bachan, beth wyt ti'n siarad mor ffôl? Pe bawn wedi gofyn iddo Ef heno am fy rhwystro rhag meddwi dydd Mawrth byddai'n siŵr o fy ateb. Na, Twm bach, alla i ddim mentro gofyn iddo, canys os gwnaf fe gollaf fy sbort i gyd!'

Pan holais fy nhad a oedd y creadur lliwgar a ddisgrifid yng nghyfrol W. Jones-Edwards yn perthyn i ni, yr ateb ges oedd ei fod yn hen dad-cu i mi. 'Fan'na aeth dy etifeddiaeth di, gwas,' oedd y wybodaeth ges i gan fy nhad. Mae'n debyg y gelwid ef yn Willie Quick. Un awgrym am yr enw yw ei fod yn un clou am roi ei farn ar anifail, ond yn fwy tebygol, greda i, oedd ei fod yn byw mewn bwthyn un simnai, to sinc yn ardal Ystrad Meurig o'r enw Quick – hynny yw, tŷ unnos, tŷ a adeiladwyd yn glou. Ailbriododd fy nhad-cu gyda Jane Evans, a chawsant dri o blant, Sarah, Morgan Evans ac Idris Caradog. Bu un arall, Daniel, farw lai nag awr wedi ei eni. Roedd ganddo efaill oedd yn farw-anedig a chladdwyd y ddau yn yr un arch. Bu plant fy modryb Sarah a'i gŵr, Jacob Jenkins, sef John a Glyn, Y Lôn, Tyngraig, Ystrad Meurig, yn ffrindiau oes. Dau fachgen galluog oedd y ddau hyn, John flwyddyn yn hŷn na mi a Glyn flwyddyn yn iau. Dringodd Glyn i swydd uchel ym myd cyfrifiaduraeth gyda chwmni yswiriant Canada Life. Daliodd John i ffermio'r Lôn a gweithio yn labordai ymchwil fferm y Weinyddiaeth Amaeth yn Nhrawsgoed. Cadwodd ei sirioldeb a'i groeso er y trychineb a ddioddefodd ef ac Elizabeth, ei wraig, pan laddwyd eu hunig fab, Gareth, mewn damwain car. Ni chefais gystal adnabyddiaeth o blant Idris, a fu farw'n 43 oed, sef Beryl, Margaret a Roderick, oedd yn iau na mi.

Aeth fy nhad i Ysgol Fwrdd Swyddffynnon lle roedd Robert Osborne Jones yn brifathro. Roedd Osborne Jones yn athro blaengar a ymddiddorai mewn addysg gorfforol a chwaraeon a dywed Evan Jones yn ei gyfrol *Ar Ymylon Cors Caron* y byddai'n mynd â rhai o'r bechgyn hŷn i lawr at bompren Cruglas, lle roedd afon Teifi'n ddwfn, i'w dysgu i nofio. Yn ôl tystiolaeth fy nhad a'm hewythr Morgan Evans, roedd hefyd – yn ôl arfer athrawon yr oes – yn golbiwr di-ail. 'Fydde'r llwch ddim yn clirio am chwarter awr!' Mab iddo oedd George Osborne Jones, awdur clasur o hanes lleol, *Edward Richard of Ystrad Meurig*, a aeth yn gyfreithiwr i Singapore. Yr ieuengaf o'i blant oedd Iorwerth Osborne Jones, Henblas, Ystrad Meurig, tad y diweddar Raymond Osborne Jones. Fedra i ddim barnu faint o ddylanwad a gafodd Robert Osborne Jones ar fy nhad, ond siaradai'n barchus amdano ac am y sgyrsiau a gafodd gydag e wedi gadael yr ysgol.

Prin yw'r wybodaeth sydd gen i am yr hyn ddigwyddodd i Nhad ar ôl iddo adael yr ysgol. Rwy'n ei gofio fe a'r actor Charles Williams yn cymharu eu profiadau fel gweision ffermydd – Charles yn sôn am gysgu yn y llofft stabal yn Sir Fôn a Nhad yn dweud bod yr arfer o letya'r gweision yn y llofft stabal wedi darfod yn ei ardal ef o Sir Aberteifi cyn hynny. Rywle yn ardal Pontrhydfendigaid y bu'n was, a hynny'n union wedi gadael yr ysgol. Treuliodd gyfnod wedi hynny'n was doctor ym Mhontrhydygroes. Rwy'n ei gofio'n sôn am lanhau car y meddyg, ac yn mentro glanhau'r plygs a'u hailgysylltu gyda'r *leads* anghywir. Pan dorrodd y rhyfel yn 1914, gwirfoddolodd ar y cychwyn a chael ei anfon i'r Artillery. Tebyg y bu hynny o fantais – roedd gwell siawns o oroesi yno nag ymhlith y milwyr troed. Gweithio gyda'r ceffylau y bu fy nhad, y ceffylau fyddai'n tynnu'r gynnau mawr, a 'Driver' oedd ei deitl. Nodir yn y *Cambrian News*, 4 Hydref 1918, fod 'Driver William Griffiths', rhif 1817, mab hynaf Mr a Mrs Morgan Griffiths, Rhydgoch, Gwnws, wedi treulio yn agos i dair blynedd yn y 'wlad sanctaidd' yn y 'Cardigan Battery of the Royal Field Artillery'. Nodir hefyd fod ail fab Rhydgoch, 'Private David John Griffiths', wedi treulio oddeutu 15 mis ar y 'Western Front'. Mewn rhifyn blaenorol o'r un papur, 10 Mai 1918, dywedir bod Mr Morgan Griffiths wedi derbyn llythyr oddi wrth ei fab, 'Driver William Griffiths', o'r Dwyrain Canol, yn dweud ei fod yn iawn a'i fod wedi ymweld â Jeriwsalem a Jericho. Mae'n anodd i blant oes Skype, yr ebost a'r neges destun amgyffred y gallai misoedd, blynyddoedd hyd yn oed, fynd heibio heb glywed gair gan eich perthynas agosaf. Yn yr un erthygl nodir bod ei frawd, David John, wedi treulio blwyddyn yn Ffrainc. Cafodd fy ewythr John ei glwyfo yn Mametz, wedi ei saethu gan *sniper*, yn ystod misoedd olaf y rhyfel. Aeth y fwled drwy ei ên, ac er iddo dreulio chwe mis mewn ysbyty nid oedd ond mymryn o graith i'w gweld ar ei wyneb. Gwasanaethodd yn y South Wales Borderers a chydymaith iddo yn y fyddin oedd Dai Williams, dirprwy brifathro Ysgol Ramadeg Tregaron pan oeddwn i yno.

Siaradai fy nhad yn aml am ei amser yn y Dwyrain Canol a phan ddeuai Daniel Rees, Rhosfawr, Tynreithin, i Dynbwlch i blygu perth bob mis Ionawr fe fyddai'r ddau'n treulio oriau yn sôn am eu profiadau ar ddiwrnod gwlyb. Bu Daniel Rees hefyd yn y Dwyrain Canol, yn pedoli ceffylau, ond wn i ddim a gyfarfu'r ddau yng nghyfnod eu halltudiaeth. Un da am stori oedd Daniel, ond peth peryglus oedd rhoi gormod o goel arnyn nhw. Rwy'n meddwl iddo ddweud unwaith ei fod yn pedoli cant o geffylau y dydd! Clywais stori arall amdano'n cyfarfod Willie Davies, mab hynaf Pontargamddwr, oedd ar ei ffordd adre wedi bod yn priddo tatw. Wedi gofyn i Willie pa gae fuodd e'n briddo a faint o amser fuodd e wrthi, dyma Daniel Rees yn cydnabod, 'Do, fachgen, fe weithest yn dda, ond pan o'n i'n gwas'naethu yn [y fan a'r fan] rwy'n cofio priddo'r cae mowr, o'dd yn bum cyfer, mewn [hyn a hyn o amser] tu ôl i ddwy gaseg a mowlder dwbwl...' Rhoddodd y manylion i gyd i Willie, oedd yn ddyn galluog a dawnus ac wedi bod yn Ysgol Ramadeg Tregaron. Aeth hwnnw adre ac wedi swper aeth i wneud y syms a dod i'r casgliad y buasai'n rhaid i Daniel Rees fod wedi bod yn mynd ar gyfartaledd o 18 milltir yr awr y tu ôl i'r ddwy gaseg!

Ond os oedd hwyl i'w chael yn gwrando ar Daniel Rees a Nhad yn hel atgofion am eu blynyddoedd ym Mhalesteina a'r Aifft, prin y cawn air am ei brofiadau allan o fy ewythr David John. Soniodd wrthyf unwaith am y coed enfawr yn Mametz. Dywedodd ei fab, Jim, wrthyf na chafodd yntau fawr allan ohono, dim ond iddo sôn unwaith fel y bydden nhw, wrth fynd heibio i filwyr marw ar y ffordd, yn torri tywarchen a'i rhoi dros eu hwynebau. Wedi cyfnod yn gwerthu llaeth yn ardal King's Cross, Llundain, lle ganed Jim a'i chwaer Dilys, dychwelodd fy ewythr a'i wraig Sarah a'r plant i'w bro enedigol i ffermio, a maes o law i fod yn fugail ar ffrem y Weinyddiaeth Amaeth yn Nhrawsgoed. Bu farw yn ei gartre yn Nhal-y-bont yn 1992, yn 93 oed.

Rwy'n tybio mai ar ddiwedd y rhyfel yr aeth Nhad i Lerpwl, ond ychydig a wn i am y cyfnod hwnnw heblaw am y ffaith ei fod yn cefnogi Everton. Mae'n debyg bod ei gyflogwr yn un o gyfarwyddwyr Everton ac o dro i dro fe gâi docyn i loc y cyfarwyddwyr. Ymfalchïai iddo weld Billy Meredith – y glöwr o'r Waun a ystyrid yn un o'r pêl-droedwyr gorau i wisgo crys coch Cymru – yn chwarae. Gwnaeth Billy Meredith ymdrech fawr i sefydlu undeb i bêl-droedwyr ar adeg pan oedd hi'n bosib i chwaraewr gael niwed difrifol a allai roi diwedd ar ei yrfa a'i allu i wneud unrhyw waith arall heb ddimai o iawndal. Roedd yn chwarae i Manchester City ar y pryd, ac fel rhan o'r ymgyrch aeth y chwaraewyr ar streic a'r canlyniad mwyaf arwyddocaol fu iddyn nhw sefydlu clwb arall – Manchester United. Aeth Billy yn ôl i Manchester City yn 1921. Arwr arall fy nhad oedd un o sêr – diweddarach – Everton, T. G. (Tommy) Jones. Rhoddodd Tommy y gorau i'w yrfa gydag Everton a Chymru yn gymharol ifanc a mynd yn chwaraewr-reolwr tîm Pwllheli, gan grynhoi tîm o fechgyn lleol oedd yn cynnwys yr enwog Orig Williams ac Idris Evans, Tarw Nefyn. Bu Tommy Jones yn cadw'r Tower Hotel hefyd, a chafodd y llysenw Tomi Twr. Rwy'n ei gofio yn yr wythdegau yn cadw siop bapurau ger yr harbwr ym Mangor. Rywsut fedra i ddim coelio y bydd Ryan Giggs na Gareth Bale yn dosbarthu papurau newydd am chwech y bore ar ôl iddyn nhw ymddeol.

Yn ôl a gofiaf o'r llu atgofion tameidiog, aeth fy nhad i Lundain wedyn, gan gymryd busnes gwerthu llaeth a siop gornel maes o law, yn Fonthill Road yng ngogledd y ddinas, ac wedi hynny yn Evering Road. Spurs oedd ei dîm pêl-droed yn ei ddyddiau yn Llundain a thebyg mai yn White Hart Lane y gwelodd Tommy Jones yn chwarae. Priododd ef a fy mam yng nghapel Cymraeg y Methodistiaid Calfinaidd, Southwark, ar 29 Tachwedd 1928. Disgrifir fy nhad ar y dystysgrif briodas fel 'Dairyman' a nodir ei fod yn byw yn 289 Hornsey Road, Islington. Roedd fy mam yn byw yn 17 Hunter Street, St Pancras. Ni nodir beth oedd ei gwaith ond mae gennyf gof ohoni'n sôn tipyn am y lle, sy'n awgrymu iddi fyw yno am rai blynyddoedd.

Ganwyd fy mam, Jane – neu Jennie – Jones, ar 19 Gorffennaf 1902 ym Mroncapel, fferm gweddol o faint yn ardal y Berth, oedd i'w gweld bron o ddrws tŷ Tynbwlch, y fferm a fu'n gartre iddi o 1941 bron hyd ddiwedd ei hoes gymharol fer. Yn ôl a glywais – mae'n debyg mai S. M. Powell, athro hanes lleol blaengar yn Ysgol Ramadeg Tregaron, oedd y ffynhonnell – byddai pererinion yn bwrw'u noson olaf ar eu ffordd i Abaty Ystrad Fflur ym Mroncapel.

Mae gen i deimlad fod teulu fy mam, fel teulu fy nhad, wedi gweld dyddiau gwell. Yn y *Welsh Gazette*, 29 Tachwedd 1900, ceir disgrifiad blodeuog o briodas ei rhieni, Daniel Jones, Broncapel, a Jane Jones, Cefnllwyn, Swyddffynnon:

> Yn blygeiniol iawn clywid sŵn magnelau yn rhwygo yr awyr, a gallai unrhyw ddieithr-ddyn feddwl fod ymladdfa ffyrnig yn cymeryd lle rhwng y Bwriaid a'r Prydeiniaid, a hynny yng nghymmoedd heddychol Cymru. Nid gelynion yn ymladd â'u gilydd oedd, ond gwrthrychau cariad yn cael eu huno ynghyd mewn glân briodas, sef Mr. Daniel Jones o Froncapel, Berth, a Miss Jane Jones, Cefnllwyn, Swyddffynnon, ac amlwg trwy fywiogrwydd y ddwy ardal ar y diwrnod crybwylledig fod y ddau hyn yn anwyl iawn ym meddyliau a chalonnau eu cymdogion... Amlwg nad boddlon oedd cymdogaeth Swyddffynnon i ymadael â Miss Jones, oherwydd gwnaethant rwystrau dirifedi er atal iddi gael ei dwyn ymaith. Cloid llidiardau, tynid gwifrau, rhaffau, a chadwynau yn groes i'r ffordd er atal y cerbyd ar ei hynt... ond cariad â orfu.

Yn ogystal â phenillion a gyfansoddwyd gan 'Berthonian', pwy bynnag oedd e, ceir rhestr faith o'r anrhegion a dderbyniodd y pâr ifanc – amryw yn bur werthfawr, goelia i. Yr un a drawodd fy llygad oedd ffrwyn farchogaeth, rhodd gan y Mri J. a J. Williams, Pontargamddwr. Ychydig bach o steil fan'na, tybed? Enw arall y sylwais arno yn yr adroddiad hwn fel mewn adroddiadau eraill yw Gwenhafdre. Yn yr adroddiad ar briodas William Davies, Teify Side, Y Berth â Miss Elizabeth Jones, merch Mr a Mrs Rees Jones, Gwenhafdre (*Cambrian News*, 22 Rhagfyr 1905), ychwanegir mewn cromfachau wedi'r enw 'the home of the late Ieuan Brydydd Hir'. Nodir bod Daniel Jones, Broncapel, yn ewythr iddi, ac felly roedd Elizabeth Jones yn gyfnither i fy mam. Clywais amryw'n honni bod cysylltiad teuluol rhyngon ni a theulu Ieuan Brydydd Hir – rhai'n mynnu ei fod ar ochr fy nhad, eraill yn fwy pendant mai ar ochr fy mam yr oedd y berthynas. Hen lanc oedd Ieuan, ac roedd dros ganrif rhwng ei farw yn 1788 a'r briodas yn 1905. Byddwn yn falch o arddel unrhyw gysylltiad gyda'r bardd clasurol, yr hynafieithydd ardderchog, y beirniad craff, cyfieithydd ein cerddi cynnar i'r Saesneg a'r Lladin a chyfaill Thomas Gray a'r Esgob Thomas Percy. Ofnaf y bydd angen gwell achyddwr na mi i ganfod y cysylltiad hwnnw.

Fy mam, felly, oedd plentyn cyntaf-anedig Daniel a Jane Jones, Broncapel, gyda Morgan Jones, a fu'n byw ym Mhengwndwn, Swyddffynnon, maes o law, yn cael ei eni ddwy flynedd yn ddiweddarach, ac yna ddwy ferch, Martha a Mary, y gyntaf wedi marw tua 4 oed a'r llall oddeutu dwyflwydd, ac yna, rwy'n meddwl, Daniel Jones – Wncwl Dan – un arall a dreuliodd flynyddoedd yn Llundain yn gyrru lorïau llaeth i'r United Dairies. Dychwelodd ef a fy modryb, Anti Olive o Lanafan, i Ddolau Gwynion, Farmers, ganol y pumdegau, a maes o law i Aberddeunant, Llanafan. Bu eu mab, Huw, ar staff y Ganolfan Lyfrau yn Aberystwyth am flynyddoedd. Nid bod marwolaethau plant bach yn anghyffredin yn y cyfnod, ond eto y mae rhyw dristwch poenus mewn darllen am farwolaethau'r merched bach a fyddai'n fodrybedd i mi. Ychwanegwyd at dristwch y teulu gan farwolaeth eu tad, Daniel Jones, fy nhad-cu, ar 12 Mehefin 1911, yn 41 oed, gan adael fy mam-gu gyda thri o blant bach – fy mam, yr hynaf, yn ddim ond 9 oed, a'r ieuengaf, Daniel, yn dal yn ei grud. Mae gen i ryw syniad iddo farw yn bur sydyn. Clywais hanesyn gan Daniel Richards, Tynant, iddo weld neu brofi rhywbeth rhyfedd ar y ffordd adre o Dregaron ar ddiwrnod mart. Yr awgrym oedd iddo gyfarfod rhywbeth fel angladd – toili neu gerfishgin yn iaith Sir Benfro – ar ddarn o ffordd a elwid yr Aber ychydig cyn cyrraedd tyddyn o'r enw Constant, lai na hanner milltir o Froncapel. Yn ôl a glywais, ni ddywedodd ddim am yr hyn a welodd – yn wir, prin y bu iddo ddweud gair o gwbl – ond roedd y ferlen fach oedd yn tynnu'r trap yn chwys domen yn cyrraedd adre. Ymhen yr wythnos roedd Daniel Jones yn farw.

Gadawodd ystad gwerth £968 ar ei ôl. Syndod oedd canfod i fy mam-gu farw ym Mroncapel ar 15 Rhagfyr 1943 a hithau'n 78 oed, a hynny ychydig cyn fy mhen-blwydd yn deirblwydd oed. Does gen i ddim cof ohoni, wrth reswm, ac ni chlywais lawer amdani 'chwaith – dim ond rhyw gof am fy mam yn sôn amdani yn ei dyddiau olaf yn gwlychu ei gwefusau gyda phluen ac ychydig frandi arni. Lai na chwarter canrif yn ddiweddarach roedd fy mam, a fu farw'n llawer rhy gynnar, yn ei dyddiau olaf ffwndrus yn dwyn hynny i gof, gan brotestio nad oedd hi am gael y bluen gyda'r brandi ar ei gwefusau. Rwy'n cofio tŷ Broncapel, er yn wag, mewn cyflwr pur dda a'r tir wedi ei gymryd adeg y rhyfel dan nawdd Pwyllgor Gweithredol Amaethyddol y Rhyfel – y War Agricultural Executive Committee, neu'r War-Ag – ac yn cael ei ffermio gan Ben Davies, mab ieuengaf Pontargamddwr, ac eraill oedd yn cael eu cyflogi gan y Weinyddiaeth. Rwy'n tybio i'r fferm fynd yn rhan o fferm Pontargamddwr ar ôl hynny.

Ychydig a wn i am flynyddoedd fy rhieni yn Llundain. Fel y dywedais eisoes, priododd y ddau mewn capel Cymraeg yn Southwark yn 1928. Ganed fy chwaer Lottie (Charlotte) y flwyddyn wedyn. Wn i ddim pryd yr aeth fy mam i fyw a gweithio yn Llundain, ond dylid cofio nad oedd y syniad o fynd i Lundain yn ddieithr. Bu'r porthmyn yn cerdded gwartheg, defaid a gwyddau i Lundain ers yr unfed ganrif ar bymtheg, ac mae hanes am ferched o Gymry yn mynd gyda nhw i ennill arian drwy dacluso gerddi ar y ffordd. Ceir cyfeiriadau at ferched o Gymru yn gwerthu llaeth o ddrws i ddrws cyn belled yn ôl ag 1818 ac roedd cynifer ag 8,500 o wartheg godro yn Llundain a'r cyffiniau yn 1816. Wrth i Lundain dyfu daeth yr arfer o gadw gwartheg yng nghanol y ddinas yn gyffredin – arfer a dyfodd nes i'r rheilffyrdd ddatblygu, gyda mwy a mwy o laeth yn dod ar y trên o dde-orllewin Cymru. Mor ddiweddar ag 1914 ceir hanes am (Syr) David James, yn fachgen ifanc, a'i fam yn godro 80 o warteg wrth i'r gweision orfod mynd i'r rhyfel. Does ryfedd iddo adael y busnes llaeth am fyd y sinemâu! Nid myth 'chwaith yw'r stori am fachgen uniaith Gymraeg yn dod oddi ar y trên yn Paddington a cherdded nes gweld siop gydag enw fel Jones neu Evans neu Williams, mynd i fewn, cael gwaith a gwneud ei ffortiwn yn Llundain cyn diwedd ei oes. A does dim prinder jôcs. R. T. Jenkins wnaeth y sylw ffraeth am y Cymro Syr Hugh Myddleton yn dod â dŵr glân i Lundain yn 1613 a'r Cardis yn dod maes o law ac ychwanegu ychydig laeth ato! Cofiaf fy nghyd-weithiwr yn y BBC Hywel ap Sion Morris o Lanilar, fel minnau yn gyn-ddisgybl o Ysgol Tregaron ac o dras pobol y llaeth, yn dweud wrtha i unwaith, 'Os o't ti'n gweld pishyn whech yng ngwaelod stên la'th, o'dd gormod o ddŵr ar y lla'th!' Plas y Glastwr wedyn, sef enw'r trigolion lleol ar glamp o dŷ a godwyd yn ardal Llan-non gan un wnaeth ei arian yn gwerthu llaeth yn Llundain. A'r englyn beddargraff i laethwr anonest gyda'r llinell gofiadwy, 'Aeth i dân am werthu dŵr.' Mae hanes am ryw Mr Jones yn Tottenham oedd yn mynd o gwmpas y strydoedd gyda'i fuwch a godro'r llaeth yn syth i mewn i jygiau ei gwsmeriaid. Mae'n amlwg ei fod e'n ymwybodol o enw drwg rhai Cymry a doedd neb yn mynd i'w gyhuddo fe o roi dŵr ar ei laeth!

Y Cymry oedd calon y busnes llaeth yn Llundain, a chan fod cynifer o Gymry yn mentro i Lundain byddai yna bob amser blismon oedd yn siarad Cymraeg ar ddyletswydd yng ngorsafoedd Euston a Paddington. Felly, er na wn sut a phryd yr aeth fy mam i Lundain, yn sicr nid oedd yn 'big deal' ys dywed y Sais. Roedd yno gysylltiadau, capeli Cymraeg niferus a gwaith i'r sawl oedd yn barod i weithio. Doedd dim ofn gwaith ar fy rhieni a doedd bywyd ddim yn hawdd. Os mai busnes bach a 'wâc lâth' oedd gennych chi, roedd yn rhaid mynd â'r llaeth allan doed a ddelo. O fethu, byddai'r United Dairies neu un o'r cwmnïau mawr eraill o gwmpas mewn dim ac yn barod iawn i gynnig eu gwasanaeth. Cofiaf Mam yn sôn am fy nhad yn sâl iawn a hithau'n gorfod chwilio am rywun i fynd â'r llaeth allan yn ei le. Trwy lwc, roedd cysylltiadau a rhwydwaith y Cymry yn sicrhau cymorth parod pan fyddai angen. Cofiaf un o'n cymdogion, Teddy Trebrisg, un arall ddaeth yn ôl ddechrau'r rhyfel, yn sôn amdano'i hun yn y ffliw. 'Roedd 'y ngwres i'n 104° ond do'dd dim dewis. Fe ifes hanner potel o whisgi, mynd mas â'r lla'th, dod 'nôl, ifed yr hanner arall a mynd i'r gwely!'

Beth bynnag am laeth, doedd bywyd ddim yn fêl. Eto, rwy'n cofio fy mam yn cyfaddef wrtha i ei bod yn hiraethu'n aml am Lundain ac y byddai'n dychwelyd ar ei hunion pe câi'r cyfle. Roedd hi'n colli'r prynhawniau yn y Lyons Tea-room, y capel a'r sinema. Cofiaf hi'n sôn fod Iddewes gyda siop yn yr un stryd a byddai'r ddwy'n cadw golwg ar brisiau ei gilydd. Rywsut roedd yr Iddewes yn fynych yn medru cynnig nwyddau am brisiau is na Mam, ac ar adegau roedd hynny'n ddirgelwch mawr iddi. A hithau'n ymadael am y wlad yn 1940 ac yn ffarwelio â'i chymdoges, gofynnodd iddi sut roedd hi'n medru bod mor gystadleuol. Y gyfrinach oedd y medrai'r Iddewes ddal i sgwrsio wrth adio'r prisiau ar ddarn o bapur a byddai'n ychwanegu ceiniog fan hyn a dimai fan draw. Fedrai'r cwsmeriaid ddim canolbwyntio ar y sgwrs a'r syms!

Ar gyrion Cors Caron

YN SŴN YR hanesion a'r chwedleua am Lundain y ces fy magu yn Nhynbwlch, Tynreithin, Tregaron. Erys rhyw swyn i mi o hyd mewn enwau fel King's Cross, Jewin, Camden Town, Hunter Street, Fonthill Road, Evering Road a Fulham – roedd yna Anti Jennie Fulham rywle yn y teulu. Deuai Anti Nans, Nans Williams, Cricklewood, ond o Flaenrorfa, Ystrad Meurig, yn wreiddiol, cyfnither i Nhad, i'n gweld bob haf. Cafodd ei brawd Rhys, a fu'n fyfyriwr yn y Coleg Diwinyddol yn Aberystwyth, ei ladd ym mrwydr yr Ancre, y Somme, yn Nhachwedd 1916. Roedd yn 20 oed. Byddai Anti Nans yn treulio'i gwyliau ar fferm y Fynachlog, y teulu Arch, ym Mhontrhydfendigaid. A byddai Wncwl Evans, hanner brawd fy nhad, ac Anti Nelly ac Wncwl Dan, brawd Mam, ac Anti Olive yn dod i lawr ryw ben bob blwyddyn. Roedd y ddau gwpwl yn byw yn Camden Town.

Deffrown i sŵn y chwibanogl, neu'r gylfinir, ac awn i gysgu i'r un gri ddolefus. Mae gweld, ond yn arbennig clywed, yr aderyn gyda'r big hirfain o hyd yn codi hiraeth am fro fy mebyd. Rwy'n cofio canfod nyth chwibanogl ar lawr yn Llain Fain, cae bach oedd gennym ar ben isa'r fferm, gyda nant fechan rhyngon ni a Chae Coed, Pontargamddwr, yn ffinio ag un o gaeau Rhydymaen ar un ochr ac un o gaeau Tynwaun ar yr ochr arall. Es yn ôl i chwilio am y nyth wedi hynny, ond yn ofer. A oedd yr aderyn wedi sylwi fy mod i wedi gweld yr wyau ac wedi mynd â nhw i rywle arall? Drwy ffenest y stafell bitw lle cysgais bob nos drwy gydol fy mhlentyndod, medrwn weld y gors, a Llain Goch, cae oedd yn eiddo i Dynwaun, yn brigo uwch y gwastatir rhyngof a Chors Caron. Coedlan Tynyberth, wedyn: nid erys ond coeden neu ddwy ohoni erbyn heddiw. Ac y mae'r bwlch yn y mynyddoedd y tu hwnt i'r gors wedi ei serio ar lygad fy nghof. Medrwn ei weld o bellter, wedi i'r bws fynd trwy Ledrod ar y ffordd adre, gan roi i mi'r teimlad o fod yn ôl yn fy milltir sgwâr. Ac yn fwy nag unlle, Cors Caron, gyda'i 'gwedd greithiog a thruenus... ac annaearol leferydd ei hingoedd yn y gwanwyn cynnar,' meddai Ambrose Bebb, a fagwyd yr ochr draw iddi. Mae cors yn fy nenu, ac os bydda i'n treulio dyddiau ar gyrion cors, boed yn Nhregaron neu Lydaw neu ble bynnag, ni fedraf osgoi'r demtasiwn i grwydro'i llwybrau a mwynhau'r unigedd a'r tawelwch. Tawelodd y chwibanogl i raddau helaeth a heddiw rydych yn fwy tebygol o glywed cri ddolefus y barcud coch uwch y gors. Atyniad mawr Tregaron yw'r darnau o'r hen reilffordd o Gaerfyrddin i Aberystwyth a agorwyd i gerddwyr, yn arbennig y darn o Dregaron i Ystrad Meurig.

Roedd fy nhad, er y blynyddoedd o alltudiaeth, yn un da – os pesimistaidd – am broffwydo'r tywydd. Os clywem y trên cyn ugain munud i wyth roedd hi'n argoeli glaw; os na chlywem y trên tan ddeg munud i wyth roedd gobaith am dywydd sych. Mae hynny'n gwneud synnwyr, wrth gwrs, gan ei fod yn arwydd clir o ba gyfeiriad roedd y gwynt yn chwythu. Ac yn y dyddiau cyn-weiarles a chyn-Beeching hynny, gellid gosod y cloc wrth yr amser y gwelwn y trên ar ei ffordd ar draws y gors o Dregaron i orsaf Strata.

Un o'm hatgofion cynharaf yw mynd gyda fy mam a'm tad, ar brynhawn Sul, heibio i Dynwaun, ar draws y comin, croesi afon Camddwr ar bompren gadarn ond bod rhywbeth wedi sigo'i seiliau nes ei bod ar oledd od, ac ymlaen ar draws y gors i Ynys-y-bont. Yno byddai fy nhad yn trafod pa geulan fydden ni'n ei chael am fawn – ceulan 'gwaith pedwar gŵr'. Cof arall sydd gen i yw dod lan o'r gors ar ben llwyth o fawn ar ddiwrnod twym a het wellt am fy mhen, fy nhad yn arwain Bess y gaseg a Mam yn cerdded y tu ôl i'r gert. Fel y dywedodd un o hen drigolion y Berth, nid yr hyn a dyfai ar y gors oedd yn bwysig ond yr hyn oedd o'r golwg dan yr wyneb. Er gwaethaf dyfodiad y rheilffordd yn 1867, a'r modd i gael glo o gymoedd y De, parhau i ladd mawn fu'r arfer am ei fod – er caleted y gwaith – yn rhatach. Pontargamddwr oedd yr olaf o'r ffermydd rwy'n ei chofio'n lladd mawn, a hynny i fyny hyd tua 1955. Roedd lladd mawn, a'r codi mawn wedi hynny, yn ddyddiau o gymdeithasu a byddai'r cinio a'r te yn ddigwyddiadau i edrych ymlaen atynt, a'r gwas y neidr amryliw a'i osgo sbonciog fel hofrennydd bach o'n cwmpas. Mae gen i gof byw a phoenus o dreulio diwrnod caled yn cario'r mawn gyda phicwarch o ymyl y pwll i'w sychu. Dyna'r gwaith caletaf i mi ei wneud erioed. Fedra i ddim dychmygu dim byd cyn drymed â'r fawnen wlyb sopen ond roedd y dynion cryfion yn mynd dan eu pwysau yn eu torri a'u codi'n rhwydd a minnau'n stryffaglan i'w cario o ymyl y pwll. Wyth mawnen hirsgwar, wyth modfedd o hyd a phedair modfedd sgwâr, a byddai dau ddyn yn torri i lawr o'r wyneb a dau yn dod y tu ôl iddyn nhw, gan dorri i lawr yn ddyfnach eto, a phrin y medrwn gelu fy edmygedd o'r ddau olaf fyddai'n codi'r fawnen i fyny a hwythau eisoes wyth modfedd yn is nag ymyl y pwll. Nid bod gen i amser i edmygu na gwerthfawrogi eu cryfder. Rwy'n meddwl mai tua 12 neu 13 oed oeddwn i ar y pryd, a'm breichiau'n cracio dan y pwysau.

Roedd tair math o fawnen: y frannog, y fawnen goch a'r fawnen ddu. Y fawnen ddu oedd yr isaf a honno oedd yn llosgi gyda'r gwres mwyaf gan adael y lleiaf o lwch. Diwedd Ebrill fyddai adeg lladd mawn, ar ôl hau'r barlys. Dair wythnos yn ddiweddarach bydden ni'n dychwelyd i'r gors i godi'r mawn i'w sychu – diwrnod arall o waith caled, gosod un fawnen ar lawr a dwy arall i bwyso arni ac yn ddiweddarach, ymhen tair wythnos arall, eu codi'n grugyn o bump. Gan fod y mawn wedi sychu tipyn erbyn hyn nid oedd y gwaith cynddrwg. Erys digon o fawn dan groen Cors Caron o hyd ond does neb yn mynd yno i'w gyrchu. Gyda chlustnodi'r gors yn warchodfa natur yn 1955 daeth diwedd ar yr arfer. Er rhated yr hawl i ladd mawn – â pheidio cyfri'r gost mewn llafur ac amser – roedd y cynhaef mawn yn torri ar y cynaeafau eraill ac roedd hynny'n ddiflas ar flwyddyn wlyb. Ac wrth i lo ac olew ddod yn rhatach, daeth yr arfer i ben. Tua diwedd y pumdegau gwnaeth Nan Davies, un o blant Pontargamddwr ac un o arloeswyr teledu yn y Gymraeg, ffilm am ddynion yn lladd mawn, archif werthfawr gan fod yr arfer wedi peidio ers rhai blynyddoedd erbyn hynny. Bu i ryw gwmni y tu allan i Gymru gychwyn busnes lladd mawn ar raddfa ddiwydiannol wedi'r Rhyfel Byd Cyntaf a cheisio sychu'r mawn gyda pheiriannau, ond yn ofer. Ni chaniateid hynny heddiw gan gymaint fyddai'r effaith a'r niwed i fywyd gwyllt a'r amgylchfyd.

Pan gymerodd fy rhieni Dynbwlch ar rent gan Moses Williams, Tynberth, roedd y tŷ wedi bod yn wag ers peth amser. Clywais stori i'r tenantiaid blaenorol ddiflannu liw nos. Fel y cofiaf i, roedd yn ddau dŷ. Mae gen i syniad y bu fy nhad-cu, tad fy nhad, a'i briod – oes yna'r fath derm â llys-fam-gu? – yn byw yn 'yr hen dŷ' am gyfnod byr. I mi, lle i chwarae ynddo ar dywydd gwlyb oedd hwn, ymhlith y sachau o lafur had a bwyd gwartheg. Dim ond ar ddydd lladd mochyn neu blufio y cofiaf weld fflamau yn yr hongled o le tân, sydd, mae'n debyg, o beth diddordeb pensaernïol. Roedd cartws ar dalcen arall y tŷ a dyna'r lle arall oedd gen i i ddifyrru fy hunan ar ddiwrnod gwlyb. Deuai'r ieir i gyd, tua deugain ohonyn nhw, i'r cartws o'r glaw ac yno y byddwn i'n cynnal eisteddfod neu gwrdd pregethu. Y gambo oedd y llwyfan neu'r pulpud, y cathod oedd y blaenoriaid, Wag y ci oedd yr arweinydd a finnau oedd y perfformiwr – neu'r pregethwr mawr. Yr ieir oedd y gynulleidfa. Pam na fyddwn i wedi tyfu i fod yn bregethwr neu ganwr? Brwdfrydedd neu beidio, mae'n amlwg 'mod i'n ddifrifol fyr o ddawn.

Beth bynnag am dlodi materol a dogni cyfnod y rhyfel a'r blynyddoedd wedi hynny, y clwt a'r trywsus a'r sanau wedi eu cyweirio, roedd y dylanwadau diwylliannol yn gyfoethog. Gan gymaint y gwahaniaeth oed rhyngof a fy chwaer, Lottie, bron nad oeddwn fel unig blentyn, a hithau'n dod adre am benwythnosau i fy sbwylio. Pan oedd hi yn Ysgol Ramadeg Tregaron, byddai'n lletya yn y dref drwy'r wythnos. Er hynny, bu ei dylanwad diwylliannol yn drwm arnaf. Daeth hi'n ifaciwî i Swyddffynnon ychydig wythnosau cyn cymryd yr 11+ ond rhaid mai Cymraeg oedd iaith yr aelwyd yn Llundain. Roedd hi'n bianydd da a chafodd fedal efydd am ddod yn drydydd drwy Brydain yn un o arholiadau'r London College of Music, ffaith y bu Minny Morris, Tregaron – a fu'n ceisio fy nysgu innau i ganu'r piano yn ddiweddarach – yn ei hedliw i mi am flynyddoedd. 'Yr unig un o fy nisgyblion erioed i ga'l medal,' oedd y diwn gron a glywais ganddi ugeiniau o weithiau dros y blynyddoedd, gan led awgrymu ei bod yn disgwyl i minnau gyflawni yr un wyrth. Dim gobaith! Ond ces fy suo i gysgu gannoedd o weithiau yn gwrando ar Lottie'n canu'r clasuron, yr hen alawon Cymraeg a chaneuon poblogaidd y cyfnod ar y piano. Rwy'n amau iddi fynychu dosbarthiadau canu penillion hefyd, oherwydd mae rhai o'r alawon hynny wedi eu serio ar fy nghof, ynghyd â gosodiadau ar yr alawon. Dyna egluro fy hoffter o gerddoriaeth biano ac o ganu penillion, er na fûm ond unwaith, a hynny yn yr ysgol, yn aelod o barti cerdd dant. Bu ei marwolaeth yn dilyn methiant trawsblaniad aren, a hithau'n ddim ond 52 oed, yn dristwch mawr i mi.

Prin y gallai fy nhad fod yn llawer o ffermwr. Heblaw am blentyndod ar dyddyn a chyfnod yn was fferm yn ardal Pontrhydfendigaid, roedd wedi ymuno â'r lluoedd arfog pan oedd ond 18 oed. Ac yntau oddeutu 45 oed, rhoddodd y gorau i fod yn siopwr a gwerthwr llaeth a dychwelyd i ffermio bron iawn i fro ei febyd. Fyddai dim awydd gen i ddychwelyd i wneud gwaith mor gorfforol galed yn ei oed e. Er gwaethaf y teitl 'Driver' yn y Rhyfel Byd Cyntaf, gyrru ceffylau oedd e a wnaeth e yrru dim byd arall weddill ei oes. Ni fu gennym dractor na char, ac er mai 1955 oedd y flwyddyn oedd yn nodi diwedd amaethu gyda cheffylau yn ardal Swyddffynnon yn ôl Raymond Osborne Jones, fe ddaliodd fy nhad ati tan 1960.

Un gaseg oedd gyda ni, Bess, ond roedd caseg yn Nhynwaun ac un arall yn Nhynant a chan fod tractor yn y ddeule roedd y ddwy'n cael bywyd digon segur – heblaw dod aton ni ar fenthyg yn eu tro i helpu Bess i aredig, llyfnu a lladd gwair. Gwaith deir oedd aredig cae gydag aradr ungwys, ond medrai fy nhad drin ceffylau'n rhwydd a deheuig. I blentyn bach roedd mwynhad arbennig yn y ffaith fod fy nhad yn gweithio gyda cheffylau gan y byddai Mam yn dod â bwyd i'r cae ato a doedd dim byd tebyg i de, bara menyn – menyn cartre – a chaws ar ben talar yn arogl tir gwndwn newydd ei droi a gwres haul y gwanwyn. Wn i ddim am Mam, druan, yn gorfod dod â'i basged i'r caeau ar gyfer te deg, cinio a the ond, i blentyn bach, roedd yn bleser i'w ryfeddu. A chofiaf Wag y ci yn glafoerio am bob darn o fara menyn fyddai'n cael ei daflu ato.

Roedd fy nhad yn arbennig o garedig wrth anifeiliaid, a medrai gerdded at fuwch yng nghanol cae a fyddai'n dynesu at ei hamser i ddod â llo, a fyddai honno ddim yn symud cam wrth iddo ei hanwesu a'i phrocio. Roedd e'n hoff o gathod a byddai ganddo ddarnau o fara yn ei boced bob amser. Byddai'r cathod yn ei ddilyn i bobman. Roedd ciosg teleffon ger Rhydymaen a phan fyddai'n mynd yno i ffonio byddai chwech neu saith o gathod yn ei ddilyn. Roedd y cathod hyn, fel pob anifail arall, yn gweithio am eu cadw, yn dal llygod, mawr a bach, cwningod, ac ambell un yn dal gwahaddod, er mai'r cŵn oedd y gorau am hynny. Roedd Wag y ci, a Bob wedyn, yn dda am ddal gwahaddod. Fe fydden nhw'n clywed gwahadden yn mynd ar hyd ei thwnnel, clustfeinio am funudau yna'n bwrw eu trwynau i'r ddaear a dod â'r creadur bach gwichlyd allan. Os na fyddai'r amseru'n berffaith byddai'r wahadden wedi mynd a dim gobaith o'i dal.

Pan fyddai Mam a Nhad yn mynd allan i odro gyda'r nos cawn fy ngadael yn y tŷ gyda Wag yn fy ngwarchod. Roedd yna hen gath wen yn gwmni i mi hefyd. Sbêc oedd yr enw arni. Roedd Wncwl Dan ar wyliau o Lundain rywdro wedi dweud wrth y gath, fyddai'n mewian byth a beunydd, 'Wyt ti'n hen sgrechast', a finnau'n trio ailadrodd wedi'i galw yn 'hen Sbecast' ac aeth Sbecast yn Sbêc, a dyna fuodd hi. Roedd hi'n dipyn o ffefryn, yn cael dod i'r tŷ, a chyda thân ar lawr byddai ei chot wen yn llwyd gan ludw. O dro i dro byddai'r cathod eraill yn cywilyddio wrthi, yn ymosod arni, ei dal ar lawr ac, er ei chwyrnu a'i chwyno, yn ei hymolchyd o'i phen i'w chynffon. Am tua wythnos byddai'n gath lân, raenus, ond ddim am yn hir.

Rwy'n meddwl 'mod i bron yn 5 oed yn dechrau Ysgol Gynradd Castell Flemish, neu Castell Flemish County Primary School. Rai blynyddoedd yn ôl, ces fy atgoffa gan Kathleen Edwards, Manheulog gynt, mai yn ei llaw hi yr es i i'r ysgol ar fy niwrnod cyntaf. Cofiaf eira mawr 1947 yn torri ar fy addysg, yr ysgol ar gau am saith wythnos a Nhad ac eraill yn cerdded i Fronnant i nôl bara a blawd dros y cloddiau a'r perthi gan mor uchel oedd y lluwchfeydd. Ysgol un stafell oedd hi, gyda chyrtens yn gwahanu'r plant mawr oddi wrth y rhai bach. Bryd hynny byddai'r plant na lwyddodd yn yr 11+ yn aros yn yr ysgolion cynradd nes eu bod yn 14 ac mae gen i gof am oedolion yn dadlau y byddai sefydlu ffrwd fodern i Ysgol Ramadeg Tregaron, a gorfodi pob plentyn i fynd yno yn 11, yn tanseilio cymunedau bychain y gymdogaeth. A dyna ddigwyddodd. Tebyg bod lles unigolyn yn bwysicach na lles cymuned. Wn i ddim.

Dihangfa oedd addysg i'r rheini ohonon ni nad oeddem yn debyg o etifeddu busnes neu fferm a fyddai'n gynhaliaeth oes. Wn i ddim beth fu hanes rhai o'r 'bechgyn mowr' hynny – Euros Tynant a Tony Gaerlwyd. Bu Herbert Morris, Llwynbwch, yn gyd-olygydd *Y Barcud* am flynyddoedd, gan sgrifennu colofnau golygyddol ardderchog bob mis. Cofiwn mai un o'r un parthau â Herbert oedd B. T. Hopkins. Dyma awdur 'Rhos Helyg', un o gywyddau gorau'r Gymraeg, a gwell cynganeddwr na'i gyfeillion mwy dysgedig, J. M. Edwards, Prosser Rhys a Tom Hughes Jones – sef gweddill y pedwarawd o 'feirdd y Mynydd Bach'. Chafodd Ben Hopkins yr un diwrnod o addysg uwchradd. Un arall o'r bechgyn hynny a gofiaf yn dda, a oedd efallai ychydig yn iau na Herbert Llwynbwch ac Euros Tynant, oedd Stephen – Styfin – Davies, Llwyngwinau, y treuliais sawl Sadwrn rhewllyd yn ffureta gydag e. Gwyliai Styfin y rhwydi un ochr i'r clawdd, safai'r ci yr ochr arall a byddai'r ffuret yn y clawdd yn gyrru'r cwningod allan. Roedd Styfin yn un da am wneud chwisl o bren collen neu onnen pan fyddai'r sudd yn codi yn y gwanwyn, a gwneud catapwlt a sling i daflu cerrig. Roedd gwneud bwa a saeth gyda darn o wialen o'r berth yn beth cyffredin a Styfin arall, Styfin Owen, Tynwaun – tad Mari, Tom a Rhys – wnaeth y pâr cyntaf o Jac-y-coese (*stilts*) i mi. Synnwyd y plant rai blynyddoedd yn ôl pan oedd rhywun yn dangos sgiliau ac offer syrcas ar brom Aberystwyth a minnau'n dangos y medrwn innau gerdded ar bâr o Jac-y-coese.

Rai blynyddoedd yn ôl roeddwn ym mwyty Gannets yn Aberystwyth, a phan welais fod cwningen ar y fwydlen dyma'i harchebu. Ym misoedd y gaeaf yn y blynyddoedd cyn y *myxomatosis* bu'r gwningen wyllt yn ffynhonnell dda o gig ffres unwaith neu ddwywaith yr wythnos. Doedd gan neb awydd ei bwyta wedi dyfodiad yr hen glefyd hwnnw. Wel, roedd y gwningen yn Gannets y diwrnod hwnnw wedi ei choginio gydag ychydig o bort ac yn ardderchog. A'r tro nesaf roeddwn i yn Aberystwyth ac yn yr un bwyty, archwiliais y fwydlen yn ofer am gwningen. Gofynnais i Dilys pam nad oedd fy hoff saig ar gael. 'Dwi ddim wedi gweld Steve yn ddiweddar,' meddai. 'Steve,' meddwn innau, 'Styfin Llwyngwinau, nawr o Langeitho, chi'n feddwl?' A dyna'n union pwy oedd e.

Bu Styfin yn saer ac yn trapo cwningod ar ôl gadael yr ysgol ond wedi'r *myxomatosis* aeth i Lundain i gadw siop. Yno bu'n aelod o glwb bocsio y Repton ABC, y Repton BC bellach, fe a Dai Jones, Moelfryn Maen. Roedd Dai hefyd yn drapiwr ac yn focsiwr amatur o fri – pencampwr y fyddin. Mab i Styfin yw Dafydd Iolo Davies, prifathro Ysgol Gymraeg Castellau,

Beddau, lle cafodd ŵyr ac wyres i mi, Leah a Steffan, eu haddysg gynradd. Un drygionus oedd – yw – Styfin. Pan oedd yn Llundain roedd bachgen yn gweithio gydag e yn y siop oedd yn ymddiddori'n fawr mewn bocsio. Prynodd Styfin bâr o fenig iddo a thalu am aelodaeth blwyddyn iddo yng nghlwb Repton. Yn gynnar un bore, ac yntau allan gyda'r llaeth, gwelodd Styfin ddau ddyn yn paentio blwch llythyrau ar gornel stryd. Yn ddiweddarach y diwrnod hwnnw roedd Styfin a'r bachgen yn cerdded heibio'r blwch llythyrau. 'Ti'n gwbod,' meddai Styfin, 'rwy'n poeni na fedrwn ni wneud bocsiwr ohonot ti.' 'Pam hynny?' holodd y bachgen. 'Wel,' atebodd Styfin. 'Dwi ddim yn meddwl bod dy freichiau di'n ddigon hir.' Wedi tipyn o ddadlau, meddai Styfin, 'Weda i wrthot ti beth, rho dy freichiau am y *letter box* yna i ni weld.' Flynyddoedd wedyn, a Styfin wedi ymddeol yn ôl i Langeitho, daeth y bachgen i lawr i'w weld e a'r peth cyntaf ddywedodd e oedd, 'Ro'et ti'n gwbod yn iawn bod y *letter box* 'ny newydd gael ei baentio, on'd o'et ti?' Yn fwy diweddar, roeddwn yn trafod ffureta gydag Ifor, brawd hŷn Styfin. Dywedodd wrthyf fod Styfin yn awr yn rhoi *microchip* yn y ffuret i wybod ble roedd hi, a pha mor ddwfn yn y ddaear, yn lle gorfod clustfeinio wrth y tyllau.

Colled fu'r *myxomatosis*, er y difrod y byddai'r cwningod yn ei wneud i'r cnydau. Ac yr oedden nhw'n gwneud difrod. Fe fyddai Nhad yn 'agor' cae llafur yn ddefodol cyn i feindar Pontargamddwr ddod i'w dorri – fe ar y blaen gyda'i bladur, a minnau y tu ôl yn tynnu'r ystod yn 'sgubau, neu sedremau, a Mam yn eu rhwymo gyda rheffyn gwellt. Mi fedra innau rwymo gyda rheffyn hefyd, yn ddeche iawn, os oes gan unrhyw un yn Sain Ffagan ddiddordeb! Mewn ambell gae fyddai dim angen 'agor', byddai'r cwningod wedi gwneud y gwaith droston ni! Er hynny, fel y dywedais i, rwy'n credu bod colled ar ôl y gwningen a'r arfer o drapo – er mor greulon oedd e. Byddai ambell fochyn daear yn cael ei ddal gan y trapwyr ym misoedd Ionawr a Chwefror, a fyddai dim mwy o sôn o ble y daeth nac i ble'r aeth. Ond wedi i'r trapwyr ddiflannu, bu cynnydd mawr yn niferoedd y moch daear a nawr mae dadlau am eu heffaith ar TB mewn gwarteg a sut i ddatrys y broblem. Gormod o ymyrryd gan wleidyddion yn pysgota am bleidleisiau trefol? Cofiwch, hen bethau creulon oedd y trapiau hynny. Yn fynych fe glywech sgrech cwningen ganol nos ac weithiau, yn y bore, fyddai dim ond ei choes ar ôl yn y trap. O fwy o ofid i mi oedd y ffaith y byddai fy hoff gathod hefyd yn cael eu dal yn y trapiau a llawer un ohonyn nhw'n hercian gyda choes gam am weddill ei hoes oherwydd y fagl greulon. Eto, cafodd sawl ffermwr fodd i ychwanegu at incwm digon prin o'r cwningod fyddai'n mynd ar lori tua Birmingham ddwywaith yr wythnos ym misoedd oer y gaeaf. Heb sôn am fod yn ffynhonnell aml i ginio blasus!

I fynd yn ôl i Ysgol Gynradd Castell Flemish, ŵyr neb o ble daeth yr enw, a'r unig ddamcaniaeth glywais i oedd honno gan Mrs Dinah Jones, y brifathrawes, bod Fflemingiaid o waelod Sir Benfro rywbryd wedi crwydro i fyny a cheisio ymsefydlu yn yr ardal. Mae olion hen gaer o fewn canllath i'r ysgol – Castell Tyngaer – ond nid un o gestyll y Fflemingiaid oedd hwn. Mae gen i feddwl y byd o Mrs Jones, am ei bod hi'n un o'r athrawon hynny oedd yn ein trwytho yn hanes ein bro. O'r un hil a chyfnod yr oedd Mary Jones, Pennant, ac Elizabeth Herbert, Swyddffynnon, athrawon a oedd yn gweld gwerth a phwysigrwydd adnabod bro a'i hanes fel rhan o'r broses o ddysgu plant. Cofier, os oedd plentyn yn haeddu'r wialen byddai'n ei chael. Arfer Miss Herbert fyddai anfon y pechadur i dorri ffon o'r berth ac wedyn brofi'i blas ar ei law neu ei ben-ôl. Haeddodd fy nghefnder, Gareth o Bengwndwn, Swyddffynnon, y gosb honno unwaith ond yn lle dod yn ôl â gwialen, aeth adre. Fore trannoeth, pan aeth yn ôl i'r ysgol gofynnodd Miss Herbert ble buodd e. 'Ffili ffindio un digon cryf, Miss,' oedd ateb Gareth. Soniwyd yr un gair arall am y peth.

Un o ardal Cribyn a Phantydefaid oedd Dinah Jones.

Undodwraig – ac mae'n debyg bod ei mam yn adnabod Gwilym Marles. Pan gafodd ei phenodi'n brifathrawes Castell Flemish yr aeth at y Methodistiaid Calfinaidd. Doedd dim capel Undodiaid yn ardal y Berth! Hefyd priododd Evan Jones, o deulu hynod ddiwylliedig Tyncae. Yn llinach y teulu lluosog hwnnw roedd Mari James, Llangeitho, ac Evan Daniel Jones-Evans, a fu'n athro Cymraeg a dirprwy brifathro uchel iawn ei barch Ysgol Uwchradd y Drenewydd. Roedd Evan Jones yn hanesydd lleol ac awdur dyrnaid o gyfrolau – *Ar Ymylon Cors Caron, Cerdded Hen Ffeiriau, Balchder Crefft* – a thebyg i Dinah Jones drosglwyddo llawer o ffrwyth ei ymchwil ef i ni ddisgyblion Ysgol Castell. Ganddi hi y clywais am y porthmyn ac fel yr arferid pedoli gwartheg – pedol ddeuddarn – yng nghlos Tynswydd cyn eu cerdded o Dregaron, dros Abergwesyn i Loegr, ac am y cyfnod o bori yng nghaeau breision Lloegr i'w pesgi cyn eu gwerthu ym marchnadoedd Llundain. Clywsom ganddi am y ddwy Esgairmaen. Mae yna dair Esgairmaen, ond yn un roedd y cwperiaid yn gwneud casgenni i fynd â menyn i'r 'gwithe', ac yn un arall roedd teilwriaid. Rhannodd hefyd hanes y gwragedd yn mynd o gwmpas y caeau i gasglu'r gwlân y byddai'r defaid yn ei adael ar y perthi. 'Mae'n bwrw glaw allan, / Mae'n hindda'n y tŷ, / Mae merched Tregaron / Yn nyddu gwlân du' medd yr hen rigwm. Nyddu'r gwlân hwnnw i wau sanau ar gyfer glowyr y Cymoedd fydden nhw. Mae gen i ryw feddwl mai merched Tregaron oedd ym meddwl James Carlile pan ddisgrifiodd y Cymry fel cenedl ddiwyd. 'They carry their knitting wherever they go!' Gan Dinah Jones y dysgais bron bopeth a wyddwn am Henry Richard, yr heddychwr, nes i mi ddechrau ymchwilio a sgrifennu cyfrol amdano flynyddoedd lawer yn ddiweddarach. A ganddi hi y clywais am yr Undodiaid a'r Smotyn Du hefyd. Roedd hynny'n go flaengar oherwydd fe'm synnwyd yn ddiweddar mor barod yw'r sefydliad ymneilltuol yng Nghymru hyd yn oed heddiw i anwybyddu'r Undodiaid, y mwyaf radicalaidd o enwadau

Cymru. Er eu bod yn barod iawn i gofleidio Eglwys Rufain a'r Eglwys Anglicanaidd yn eu heciwmeniaeth, syndod mawr oedd clywed sut y gwrthodwyd canu yr un emyn o waith yr Undodwr Iolo Morganwg yng Nghymanfa Ganu Eisteddfod Genedlaethol Bro Morgannwg, 2012.

Des i adnabod nith i Dinah Jones, o'r un enw, cynhyrchydd rhaglenni teledu fel *Pawb a'i Farn* gyda BBC Cymru, gan rannu swyddfa gyda hi yn ystod fy nghyfnod olaf gyda'r Gorfforaeth. Ganddi hi y ces gadarnhad am gysylltiadau Undodaidd ein prifathrawes. Arferai Dinah Jones – yr athrawes – ddarllen y nofel *Teulu Bach Nantoer* i ni ar ddiwedd y prynhawn ac rwy'n cofio iddi ddarllen rhai o straeon Caradoc Evans i ni hefyd. Rhywbeth arall go flaengar, greda i, oherwydd roedd atgasedd pur yng Nghymru tuag at Caradoc Evans yn y cyfnod hwnnw a chlywais i'w weddw dalu pobol i fynd i'w angladd yn y Gors (New Cross). Flynyddoedd wedyn, mewn rhaglen i S4C i nodi canmlwyddiant cyhoeddi *Teulu Bach Nantoer*, gwnaeth Dinah Jones – y nith – gysylltiad diddorol rhwng Moelona, yr awdures, a Caradoc Evans. Roedd y ddau'n dod o ardal Rhydlewis, y ddau'n ymateb yn wahanol iawn i fywyd a thlodi'r cyfnod rhwng y ddau ryfel a'r ddau'n gyfarwydd â gweithiau ei gilydd, gan greu gwrthdaro llenyddol rhyngddyn nhw.

Roedd Castell Flemish yn ysgol gyntefig iawn o'i chymharu â safonau heddiw. Pan ddechreuais yn yr ysgol gynradd doedd dim cinio ysgol a byddwn yn mynd â 'thocyn' gen i, a dod ag e adre bob dydd heb ei fwyta, a oedd yn ofid mawr i Mam. Fe ddywedir i ni'r genhedlaeth a anwyd adeg cyni'r rhyfel, a'r cyfnod yn union wedi hynny, gael iachach magwraeth na phlant heddiw. Doedd hi ddim yn ddrwg ar y fferm ac yn ogystal â'r cig moch a'r wyau, y menyn cartre ac ambell gwningen, fe gawn gwpanaid o laeth bob bore a nos a hwnnw'n gynnes felys o gadair y fuwch. A chawn ychydig bach o hufen. Byddai cyfran o'r llaeth yn cael ei wahanu oddi wrth yr hufen, ar gyfer menyn. Byddai'r llaeth sgim yn mynd i'r moch ac fe gawn ddiferyn bach o'r hufen hwnnw hefyd bob bore a nos. Bydd rhai deietyddion yn gwaredu o glywed hyn, ond sylwais i W. J. Gruffydd (Elerydd) ddweud yn ei hunangofiant y byddai yntau'n cael yr un peth, a hynny ar gyngor y meddyg, gan ei fod yn blentyn eithaf eiddil. Mae'n debyg ein bod, yn rhywle, yn yr un llinach, ac Ifan Gruffydd y digrifwr hefyd. (Cadw at y Griffiths wnaeth ein cangen ni.) Beth bynnag am y tocyn ysgol fyddai'n dod 'nôl bob nos heb ei fwyta, yn weddol fuan wedi hynny daeth dynes i wneud cinio ysgol i ni, Mrs Dolphin, mam teulu o ifaciwîs o Lerpwl a ddaeth i'r ardal – Amy, Doreen, Henry a Tomi. Fe ddaethon nhw i gyd yn Gymry glân a heblaw am Henry, a aeth dros y ffin i fod yn athro yn ardal Amwythig, maen nhw wedi aros yng Nghymru. Mae'n debyg iddyn nhw ddychwelyd i Lerpwl wedi'r rhyfel, a mynnu dod 'nôl i Geredigion a dod â'u mam gyda nhw. Yr atgof sydd gen i, cof plentyn, yw o bladres o ddynes a ninnau yn ei hofni am ein bywydau. Gwae ni os na fydden ni'n clirio'n platiau'n lân. Heblaw am y pwdin sego – jeli brogaid, fel y bydden ni'n ei alw – doedd bwyta'r cwbl ddim yn orchwyl rhy amhleserus.

Er bod rhai Saeson yn yr ysgol, Cymraeg oedd iaith y chwarae a gemau fel 'whare dala' a 'Faint o'r gloch, Mr Blaidd?' Pan ddywedai'r blaidd, 'Hanner awr wedi cig moch' roedd yn bryd dianc am ein bywydau. Gêm arall oedd un lle byddai un plentyn yn dyfalu beth roedd y lleill yn ei ddynwared – arferion amaethyddol gan amlaf, fel godro, pedoli neu gneifio. Wedi dyfalu'n gywir byddai'r lleill yn dianc am ben draw'r iard ac yntau'n ceisio dal un ohonyn nhw. Ac wedi dal un byddai hwnnw/honno'n ymuno â'r dyfalwr, gan barhau gyda'r gêm nes dal pob un. Un gêm dda arall a gofiaf yw 'hop'. Byddai un plentyn yn y canol yn hopian ar un goes a'r lleill yn ceisio hopian heibio iddo. Nod yr hopiwr yn y canol oedd taro un o'r lleill a'i orfodi i roi ei droed arall ar lawr. Ni chaniateid gwthio, dim ond drwy roi hergwd gyda'r ysgwydd. Wedi i un gael ei daro nes bod ei ddwy droed ar lawr, neu ei wthio dros ystlys y chwarae, byddai'n ymuno â'r hopiwr yn y canol i rwystro'r lleill. Roedd yn ymarfer da ar gyfer ochrgamu ar gae rygbi, ond ni chofiaf weld y gêm yma'n cael ei defnyddio yn unman ond ar iard Ysgol Castell.

Un o orchwylion boreol y plant hŷn oedd pwmpio dŵr o ffynnon i danc mawr yn y to – pwmpio digon o ddŵr am y dydd. Fe wyddem pryd roedden ni wedi pwmpio digon gan y byddai'r dŵr yn ffrydio allan o'r biben orlanw. Ambell waith, yn arbennig yn y gaeaf pan fyddai'n rhewi'n galed, bydden ni'n cymryd arnon ni nad oeddem wedi sylwi bod y dŵr yn llifo o'r biben ac yn ei adael i lifo ar draws yr iard. Erbyn amser chwarae fe fyddai gennym sglefr ardderchog. Doedd dim dŵr tŷ bach 'chwaith a byddai'r ysgarthion yn cael eu rhofio'n achlysurol dros ben y clawdd i gae Llwyncolfa Fawr. Wrth gwrs, rhyw drefn felly oedd hi yng nghartrefi'r mwyafrif ohonon ni, bwced mewn tŷ bach ar waelod yr ardd a hwnnw'n cael ei wagio ar domen y clos pan fyddai'n llawn.

Fyddwn i ddim yn dweud bod fy nyddiau ysgol yn rhai arbennig o hapus. Yn yr ysgol gynradd roedd yr 11+ yn gwmwl uwch ein pennau, ac yn sicr doedd gen i ddim awydd na bwriad i dreulio oes yn ffermio. Tra oedd tractor gan y ffermydd eraill a'm cyfoedion yn cael ei yrru ar y caeau a mwynhau gorchwylion dymunol o'r fath, carthu'r beudy, y stabal a chyfri'r defaid tac cyn mynd i'r ysgol yn y bore oedd yn fy wynebu i. Bu rhyw fath o jôc gen i a'r plant a'r wyrion pryd y byddwn yn gofyn iddyn nhw a fedren nhw gyfrif lan i 51. Wedi cyrraedd y nod hwnnw yn fy addysg fathemategol cawn fy anfon i gyfrif y defaid. Dyna fyddwn i'n ei ddweud wrthyn nhw, a doedd e ddim ymhell iawn o'r gwir. Clywais fy nhad yn dweud rywdro iddo gael cyngor gan Joseph Edwards, Yr Hendre, Ysbyty Ystwyth – roedd Lottie fy chwaer ac Eirlys, un o ferched yr Hendre, yn ffrindiau – y dylid rhoi digon o orchwylion annymunol i ni blant i wneud yn siŵr y bydden ni'n ymroi ati gyda'n llyfrau. Ac roedd fy chwaer wedi gwneud yn lled dda, mynd i'r Ysgol Sir a chael y 'Matric' hollbwysig. Nid peth hawdd oedd hwnnw gan fod yn rhaid pasio nid yn unig nifer arbennig o bynciau, gan gynnwys pynciau fel Saesneg (Iaith), Mathemateg a Lladin, ond hefyd gyfuniad penodol ohonynt. O fethu cael y cyfuniad cywir ar un cynnig, roedd yn rhaid sefyll y cyfan eto y flwyddyn wedyn. Felly drwy gydol fy mlynyddoedd cynradd ac uwchradd roeddwn yn ymwybodol o'r angen i wneud yn eithaf da yn yr ysgol.

Llyfrau oedd y ddihangfa. Doedd dim sôn am deledu. Wnaeth fy rhieni ddim prynu teledu nes i mi adael am y coleg, rhag amharu ar fy addysg. Chawson ni ddim radio nes 'mod i wedi cyrraedd yr Ysgol Sir – anghenfil cymaint â theledu ein hoes ni, gyda batris asid yr oedd angen eu trydanu'n gyson. Gorchwyl arall i mi oedd mynd â'r batri ar y beic i Flaenresgair pan fyddai'n fflat. Fe fyddai'n fflat eto cyn pen wythnos, a nos Sadwrn yn dod gyda *Raligamps* neu *Camgymeriadau* ar y radio a dim gobaith eu clywed.

Y llyfr cyntaf a wnaeth argraff fawr arnaf oedd *Llyfr Mawr y Plant Cyfrol I*, wedi ei fenthyg gan Mrs Lisa Owen, Tynwaun. Byddai fy nhad a fy mam yn darllen ac ailddarllen hanesion Siôn Blewyn Coch i mi hyd syrffed – iddyn nhw – a minnau am eu clywed drosodd a throsodd. Darllenwr diamynedd oedd fy nhad ac arferai greu straeon nes 'mod i'n benwan. Fedrai fy rhieni ddim cadw'r llyfr yn hir gan fod tri o blant yn Nhynwaun: Mari oedd yn hŷn na mi, Tom oedd flwyddyn yn iau na mi a Rhys oedd flwyddyn yn iau wedyn. Fe ges fy nghopi fy hun o *Llyfr Mawr y Plant* ond *Cyfrol 2* ges i, ac yn fy marn i doedd yr ail ddim cystal â'r cyntaf. Felly fe barhaodd y cyfnewid llyfrau rhyngon ni. Wrth i mi fynd yn hŷn, des i sylweddoli bod yna gasgliad da o lyfrau yn y tŷ, yn arbennig llyfrau Cymraeg. Roedd yn eu plith rai o nofelau Daniel Owen – *Enoc Huws*, *Gwen Tomos* a *Rhys Lewis*. Roedd rhagfarn gen i yn erbyn Daniel Owen, oherwydd ei gyfrol *Straeon y Pentan*, straeon sâl yn fy marn i. Fy ffefrynnau oedd nofelau T. Rowland Hughes – roedd y pump gennym ni am fod Lottie, pan oedd hi'n ysgrifenyddes J. T. Owen, prifathro Ysgol Ramadeg Aberaeron, yn lletya mewn siop lyfrau yn y dref ac wedi prynu pob un wrth iddyn nhw ddod o'r wasg. Ar hap y sylwais ar *Y Cychwyn*, a gyhoeddwyd am y tro cyntaf yn Nhachwedd 1947, a gweld bod fy chwaer wedi torri ei henw yn ei llawysgrifen hynod gain a gosgeiddig y tu fewn i'r clawr, gyda'r dyddiad Rhagfyr 1947 oddi tano.

Yn fwy poblogaidd na nofelau Rowland Hughes, hyd yn oed, oedd *Straeon Patagonia* a *Cymry Patagonia* gan R. Bryn Williams, ac y mae'n ofid gennyf na fu i mi fyth ymweld â'r Wladfa. Ond y gorau ohonyn nhw i gyd gen i oedd *Storïau'r Henllys Fawr* W. J. Griffith. Bûm yn chwerthin hyd ddagrau ddegau o weithiau uwchben y disgrifiadau o Anti Lŵ a helyntion y cinio Nadolig. Cyfrol arall a gafodd, ac sy'n parhau i gael, yr un effaith arnaf yw *Ystorïau a Pharodïau* Idwal Jones, yn bennaf am y straeon carlamus. Ymhlith llyfrau fy chwaer sy'n dal gyda mi y mae *Chwedlau Cefn Gwlad* Sarnicol, straeon ysbryd oedd yn cynnwys un gyda'r teitl 'Bwgan Ty'n-y-bwlch' y bûm yn pendroni'n hir ai ein Tynbwlch ni oedd e. Rhaid derbyn mai Tynbwlch arall i lawr yn nhiroedd brasach Dyffryn Teifi oedd yr amaethdy hwnnw, er bod afon Teifi i'w gweld o ffenest fy stafell wely.

Cyfrol arall o blith llyfrau Lottie sydd gen i o hyd yw cyfieithiad T. Gwynn Jones o *Macbeth* a gyhoeddwyd gan Wasg Gymraeg Foyle yn 1942. Wn i ddim pryd yn union y bu i mi ei darllen, ond mae gen i syniad i mi wneud hynny tra oeddwn yn dal yn yr ysgol gynradd. Roedd hyn yn achos tipyn o syndod i Lottie, a gyfaddefai iddi gael Cymraeg y cyfieithiad yn anodd. Fy hunan, er i mi astudio dramâu Shakespeare ar gyfer Lefel O a Lefel A, *Macbeth* yw'r unig un y medraf gofio union rediad y stori hyd y dydd heddiw.

Roedd fy chwaer hefyd yn aelod o glwb llyfrau. Mae gen i gof arbennig o ddarllen *The Wooden Horse* gan Eric Williams, stori enwog am dri charcharor rhyfel yn dianc drwy dyllu twnnel o'r ceffyl gymnasteg a osodid yn ddyddiol gan y carcharorion wrth ymyl ffin y gwersyll. Cafodd Williams anhawster i gael cyhoeddwr i'w gyfrol ac roedd bron ag anobeithio y gwelai olau dydd. Ym marn y cyhoeddwyr roedd pawb am anghofio am y rhyfel, yn hytrach na chael eu hatgoffa ohono. Ond esgorodd llwyddiant y gyfrol, a'r ffilm, ar lif o lyfrau a ffilmiau yn portreadu Saeson – ac Americaniaid – yn cael hwyl wrth geisio dianc rhag yr Almaenwyr prennaidd a diddychymyg. Cyfrolau a ffilmiau oedd y rhain a fu'n gyfrifol am ddarlunio'r rhyfel fel rhyw antur fawr hwyliog ar gyfer uchel swyddogion o haen uchaf y gymdeithas Seisnig. Fe ddarllenais fy siâr ohonyn nhw.

Dylanwad arall arnaf oedd y Parch. Tom Richards, offeiriad wedi ymddeol a ddaeth i fyw at ei chwaer, Lissie Anne, a'i frawd, Daniel, a oedd yn ffermio Tynant. Roedd Daniel yn briod a'i gartre oedd y byngalo gyferbyn ag Ysgol Castell. Cafodd Tom Richards niwed drwg i'w goes yn chwarae pêl-droed yn Ysgol Castell ac, oherwydd y byddai'n cael cosb gartre am chwarae'r fath gêm, dioddefodd yn dawel am bythefnos. Pan fu'n rhaid iddo ildio aed ag ef at y meddyg a chanfuwyd bod ei goes wedi'i thorri, gan achosi *gangrene*, a bu'n rhaid ei thorri i ffwrdd. Dan yr amgylchiadau rhaid oedd chwilio am yrfa amgen na ffermio ar ei gyfer ac anfonwyd ef i Goleg Ystrad Meurig – er mai Methodistiaid oedd y teulu yn ôl a glywais. Rwy'n tybio iddo fynd wedyn i Goleg Dewi Sant, Llanbedr Pont Steffan ac oddi yno i Rydychen. Treuliodd oes yn offeiriad yng Ngwlad yr Haf. Medrai yrru car er gwaetha'r goes bren a chlywais ef yn dweud y medrai drin pladur yn dipyn mwy deheuig na chlochydd ei eglwys, oedd yn gyfrifol am gadw'r fynwent yn daclus. Treuliais lawer o amser yn ei gwmni a chefais dipyn o help ganddo gydag ambell bwnc fel Mathemateg – yn arbennig y *stocks and shares*, oedd yn rhywbeth roedd yn rhaid eu meistroli, hyd yn oed ar gyfer yr 11+ (er bod dirgelion *stocks and shares* y tu hwnt i brofiad y rhan fwyaf ohonon ni). Byddai'n trafod gwleidyddiaeth yn ein cwmni, oedd o fudd arbennig yn yr Ysgol Sir, yn arbennig pan gawn y dasg o agor trafodaeth yng nghymdeithas ddadlau Grug y Gors. Tori rhonc oedd e a buan y dysgais nad doeth ceisio trafod Plaid Cymru na chenedlaetholdeb gydag e. Byddai hynny'n peri iddo wylltio'n gacwn. Tueddai i droi i'r Saesneg, ac eto fe gawn aml ddywediad Cymreig lled werinol ganddo. 'Wyt ti ise darn arall o fara?' meddai Lissie Anne wrtho. 'Nagw i,' oedd yr ateb swta. Gan y byddai Mam yn pregethu wrtha i i beidio byth â dweud 'nagw i' ond, yn hytrach, 'dim diolch', roeddwn i'n ystyried ei ateb yn un digon doniol. Byddai Nhad wedyn yn mynnu fy mod yn cyfeirio ato fel 'Y Ficer' a byth fel 'yr hen 'ffeirad'. Wrth gwrs, yr hyn a glywn gan ei frawd, Daniel Richards, fyddai, 'Nawr'te, cer i siarad â'r hen 'ffeirad!' Rwy'n cofio'i farw yn 1958 yn dda. Roeddwn wedi cynnwys ei enw yn ganolwr i fy nghais am le yng Ngholeg Hyfforddi Dinas Caerdydd a bu farw'n sydyn cyn derbyn y llythyr yn gofyn am ei farn amdanaf. Fel yr oedd hi'n digwydd, yr oedd wedi llunio geirda ar gyfer fy nghais i Goleg y Drindod a medrais anfon copi o hwnnw i Gaerdydd gyda llythyr o eglurhad.

Roedd Capel y Berth a'r Ysgol Sul, wrth gwrs, yn ddylanwadau ac er na fûm i erioed yn berfformiwr rwy'n cofio eisteddfod flynyddol lewyrchus yn cael ei chynnal yno. Roedd eraill yn yr ardal – rhai hŷn na mi – yn eisteddfodwyr brwd. Un ohonyn nhw oedd Dai Davies, Pontargamddwr, brawd Nan Davies. Roedd Dai yn adroddwr digri poblogaidd. Am ryw reswm doedd dim angen iddo wneud dim ond cerdded i'r llwyfan a gwenu a byddai'r gynulleidfa mewn sterics o chwerthin. Wedi saib o dawelwch, cyhoeddai enw'r darn, yn amlach na pheidio 'Nani-gôt Mam-gu', a cheid pum munud arall o chwerthin afreolus cyn dechrau ar y darn. Cerddi Abiah Roderick y byddai Dai yn eu hadrodd a byddai Abiah yn anfon darnau iddo cyn eu cyhoeddi. Cafodd wahoddiad un flwyddyn i adrodd yng nghyngerdd Gŵyl Ddewi Cymry Llundain a chael wyth encôr, sef yr un nifer ag a gafodd Jac a Wil. 'Mi fyswn i wedi cael mwy,' yn ôl Dai, 'ond fedrwn i ddim cofio rhagor ac o'n i ddim am ailadrodd.' Ei unig wendid oedd tuedd i anghofio'r geiriau yng nghanol darn, er y medrai guddio'r ffaith diolch i'r holl rialtwch. Un arall o adroddwyr yr ardal oedd John Tomi Rees, Llwyngefus, a byddai'r ddau'n mynd o gwmpas yr eisteddfodau gyda'i gilydd yn Austin 7 John Tomi. Rwy'n cofio Dai yn sôn am Dewi Emrys yn dweud wrtho fe a John Tomi ei fod e'n beirniadu yn Eisteddfod Ffald-y-brenin, a hynny ar yr un noson ag yr oedd eisteddfod yn Lledrod. 'Dewch lawr ac fe gadwa i'r Adroddiad Digri a'r Her Adroddiad tan y diwedd,' meddai Dewi. 'Fe gewch chi'ch dou gynta, pidwch poeni.' Ac felly buodd hi. Fe ddylwn ddweud bod Dai, hefyd, yn siaradwr cyhoeddus byrfyfyr ardderchog, o bosib y gorau a glywais yn fy mywyd. Roedd yn ddyn llengar a diwylliedig a chefais fenthyg nifer fawr o lyfrau ganddo yntau dros y blynyddoedd. Un arall o ddylanwadau gwerthfawr bore oes.

Beth bynnag, er darllen llawer o lyfrau amherthnasol a gwneud fy siâr o waith ar y fferm, fe lwyddais yn yr 11+. Pymtheg o blant oedd yn yr ysgol fechan i gyd yn fy mlwyddyn olaf yno. O'r pedwar ohonon ni a aeth o Ysgol Castell i Ysgol Sir Tregaron, fe ges fy hun yn y ffrwd uchaf a hynny heb adnabod yr un bachgen arall. Anfantais fawr oedd bod yn rhaid gwneud ffrindiau yn yr ysgol newydd. Er mai 380 oedd cyfanswm disgyblion Tregaron, ymddangosai'n anferth o ran nifer a lle. Drwy ehangu dalgylch yr ysgol llwyddwyd am ddegawdau i gadw niferoedd yr ysgol oddeutu'r un rhif, er i'r niferoedd ostwng yn drychinebus yn y blynyddoedd diweddar. Hynny a fu'n gyfrifol am ei throi'n ysgol gymuned gyda disgyblion cynradd ac uwchradd i fyny hyd 16 oed ar yr un safle. Cofiaf i mi ennill Ysgoloriaeth M. E. Morgan, y fi a Marged Phillips, Pencefn, am y marciau uchaf o blith disgyblion rhai o ysgolion cynradd y dalgylch, er nad ohonyn nhw i gyd. Er ei bod, fel minnau, yn aelod o Gapel y Berth, aethai Marged i Ysgol Gynradd Tregaron. Wn i ddim pwy oedd M. E. Morgan, na phlant pa ysgolion oedd yn gymwys i dderbyn y rhodd, nid annheilwng, o ddwy bunt a chweugain – oedd yn werth tipyn mwy bryd hynny. Cofiaf gael wats boced gydag arwydd y Festival of Britain 1951 ar ei chefn yn anrheg gan fy rhieni. Er hynny, cymerodd beth amser i mi setlo mewn awyrgylch newydd a dieithr.

Yr Ysgol Sir

TREGARON, TREF DDIBATRWM, ac eto mae hi'n gryno a thaclus a chanddi ddau sgwâr. Saif y prif sgwâr o gwmpas cofgolofn Henry Richard, wedi'i amgylchynu gan y Talbot, Canolfan Rhiannon a'r Neuadd Goffa, gyda'r sgwâr bach y tu hwnt i'r bont, a'r eglwys fwy neu lai rhwng y ddau. Tref i gosi chwilfrydedd y sawl sy'n ymddiddori mewn trefn ac adeiladwaith trefol ydyw, gyda'i Siartr Brenhinol yn dyddio o 1292. Ar ryw adeg cyn-hanes, daeth rhewlif i lawr dyffryn Teifi gan 'sgubo popeth o'i flaen, a phan newidiodd yr hinsawdd gan achosi i'r iâ doddi, gadawyd y marian lle heddiw y saif Tregaron a chronni'r afon yn llyn sylweddol. Dros y miliynau blynyddoedd, llenwyd y llyn a chreu'r gors, Cors Caron. Fûm i erioed yn byw yn Nhregaron ond i mi, yn grwt bach o'r wlad, roedd Tregaron – er nad oedd yn ddim mwy na phentref – yn dref. Tref ydoedd a chanddi fart bob yn ail ddydd Mawrth a Neuadd Goffa lle roedd bwrdd snwcer a phictiwrs unwaith yr wythnos. Yma y ces fy addysg uwchradd, ac i un a aeth i ysgol gynradd fach yng nghanol unlle, roedd yn lle mawr.

Wrth edrych yn ôl dros y blynyddoedd, a chyfarfod a gwneud ffrindiau gyda phobol o bob rhan o Gymru, y des i lawn werthfawrogi Ysgol Sir Tregaron. Siaradai rhai fu'n gyd-fyfyrwyr a chyd-weithwyr i mi am Ysgol Tregaron gyda thipyn o eiddigedd ar sail yr hyn a glywsent am Gymreictod nwyfus, naturiol yr ysgol. Rhai oedden nhw a fu'n ddisgyblion mewn ysgolion gramadeg oedd yn ynys, odid caer, o Seisnigrwydd mewn broydd Cymraeg a Chymreig. Cofiaf gyn-ddisgybl o hen Ysgol Ramadeg y Bala yn sôn am y syndod o gyfarfod ymhen blynyddoedd ag athrawon y tybiai eu bod yn Saeson rhonc a chanfod eu bod yn rhugl eu Cymraeg ac ambell un yn weithgar gyda chapel ac eglwys mewn pentrefi yn y cyffiniau. Nid felly roedd hi yn Nhregaron, a rhoddodd hynny hyder i ni yn ein Cymreictod – sy'n egluro, goelia i, gyfraniad cynifer o gyn-ddisgyblion yr ysgol mewn amryw gylchoedd yng Nghymru. Nid oedd gennym swildod na chywilydd o'n Cymreictod. Cymraeg oedd iaith cymdeithasu a'r iard, er mai Saesneg oedd iaith y dosbarth, heblaw ychydig Gymraeg y gwersi Addysg Grefyddol, Hanes ac, yn naturiol, Cymraeg. Cymraeg oedd iaith cymdeithas ddadlau Grug y Gors. Defnyddiai nifer o athrawon yr iaith i egluro pwyntiau astrus er mwyn sicrhau ein bod yn eu deall. Os yw plentyn yn deall ac yn medru gosod gwybodaeth mewn cyd-destun, daw cofio ffeithiau'n hawdd. Fe ofala'r cof amdano'i hun. Bellach, cafwyd digon o ymchwil i brofi bod defnyddio dwy iaith mewn addysg yn ychwanegu at ddeall a deallusrwydd. Profwyd bod dwyieithrwydd mewn plentyn dan 5 oed yn ychwanegu'n fawr at ddwysedd celloedd yr ymennydd – arwydd ffisiolegol o allu meddyliol. Dangosodd ymchwil yng Nghanada bod pobol ddwyieithog yn llai tebygol o ddioddef o glefyd Alzheimer ar ôl heneiddio a dangosodd ymchwil gan Brifysgol Caerlŷr mai plant Asiaidd sy'n siarad iaith arall heblaw Saesneg yn y cartre sydd fwyaf llwyddiannus yn yr ysgol. Rhyfedd na ddefnyddir y wybodaeth yma yng Nghymru.

Roedd gan yr ysgol a'r fro etifeddiaeth lenyddol gyfoethog a doedden ni ddim i anghofio hynny. Ymhlith yr enwau adnabyddus roedd meibion efail Cellan – Griffith John Williams, Athro Cymraeg Coleg y Brifysgol Caerdydd, a'i frawd D. Matthew Williams, fferyllydd, dramodydd ac awdur nofelau fel *Lluest y Bwci*. Sgrifennodd nifer o ddramâu dan y ffugenw Ieuan Griffiths. Gwyddwn am Tom Hughes Jones ac Ambrose Bebb, ac roedd ein prifathro, Dai – byth David – Lloyd Jenkins, yn gyn-ddisgybl ac yn Brifardd. Ac yntau'n frodor o Landdewi Brefi, bu'n fyfyriwr yn Aberystwyth a Rhydychen. Ef oedd bardd Cadair Eisteddfod Genedlaethol Llandybïe,

1944, am awdl ar y testun 'Ofn'. Roedd Evan Jenkins, Ffair Rhos, un arall o gyn-ddisgyblion Tregaron, yn y gystadleuaeth honno hefyd. Clywais gan y prifathro ei hun iddo annog Evan Jenkins i gystadlu y flwyddyn honno, ond gan i Evan ddweud yn bendant nad dyna'i fwriad, penderfynodd Lloyd Jenkins wneud hynny ei hun. Darganfu'n ddiweddarach fod Evan wedi cwblhau ei awdl hyd yn oed cyn i Lloyd Jenkins siarad ag e! Pan wobrwywyd Lloyd Jenkins, fe bwdodd Evan! Ei wobr gysur fu ennill ar yr hir-a-thoddaid.

Dyn ecsentrig oedd Evan Jenkins, bardd da a 'thad' y nythaid beirdd a fagwyd yn Ffair Rhos. Cawn lawer o'i hanes gan Phil Rowland, Brodawel, Tynreithin. Gweithiai Evan yn swyddfa Cyngor Gwledig Tregaron ac roedd yn un hawdd i'w wylltio, yn arbennig ar unrhyw fater yn ymwneud ag enw da Ffair Rhos. Un arall o'r clic oedd Eser Evans, y syrfëwr sir, eto o Ffair Rhos. Fe'i hanfarwolwyd mewn dau englyn gan Evan pan dyfodd farf i ennill bet:

> Bravo! Bernard Shaw di-"shears" – 'e drechaist
>   Dy aruchel bartners,
>   Drwy herio a gado'r gêrs
>   A'u dysgu i gadw whisgers.

> Trawsach lle tynnit rasel, – a rwg "wool"
>   Yn lle'r goler capel,
>   O'th ben doeth buan y dêl
>   Yn fwgwd hyd dy fogel!

Un noson roedd Eser yn tynnu ar Evan a mynnodd fod broga o Gors Caron yn well neidiwr na broga o Ffair Rhos. Y noson ganlynol roedd gan Evan froga o'r bryniau mewn bocs matsys ac Eser yntau wedi dal broga o gyffiniau corsiog Tregaron yn barod ar gyfer yr ymryson. Ymgasglodd torf i wylio'r athletwyr hirgoes, llaith, ond syllu ar ei gilydd gan wrthod symud wnâi'r ddau. Wedi ychydig dyma Eser yn troi ac meddai, 'Jiw, ma'r bws yn mynd.' Trodd Evan yntau,

'Bachan, odi e?' A dyma Eser yn rhoi pwt i froga Cors Caron, ond fe'i gwelwyd gan Evan, a dyma ragor o gwmpo mas. Am wn i, ŵyr neb hyd heddiw ai brogaid Ffair Rhos ynteu frogaid Cors Caron yw'r neidwyr gorau.

Hen lanc a dyn garej oedd Phil, un oedd yn gyfrifol am adran cynnal a chadw'r lorïau yn ffatri laeth Pont Llanio. Bu yn yr Ysgol Sir ei hunan ond gadawodd wedi ei ddadrithio, yn ôl a ddywedodd wrthyf, am i'r athrawon fynd ar streic. Synnais glywed rywdro ei fod yr un oed â Mam, ac eto roedden ni'n gyfeillion. Yn yr oes hon byddai pobol yn meddwl bod rhywbeth od – amheus hyd yn oed – yn hyn, ond yn y wlad medrai diddordebau diwylliannol dynnu pobol at ei gilydd, gan anwybyddu ystyriaethau fel gwahaniaethau oed. Er iddo gael ei siomi yn ei athrawon am streicio, dyn o dueddiadau asgell chwith oedd Phil ac o bosib ei fod yn gomiwnydd. Ef a'm cyflwynodd i gyfieithiadau T. Hudson-Williams o'r clasuron Rwseg ac roedd T. E. Nicholas ymhlith ei gylch eang o gyfeillion a chydnabod. Rwy'n edifar i mi fod yn rhy swil i dderbyn gwahoddiadau i fynd i de ym Mrodawel pan oedd Nicholas yn pregethu yng Nghapel y Berth. Gyda Phil a Nanw, ei chwaer, y byddai Nicholas yn mynd am ginio neu de pan fyddai yn y Berth, waeth tro pwy oedd hi i gadw'r mis.

Roedd Phil, er ei fod yn ddyn bychan, yn berchen car mawr a byddai'n fynych yn darparu trafnidiaeth a thripiau i'w gyfeillion. Sgrifennodd Evan Jenkins englynion iddo sydd yn y gyfrol *Cerddi Ffair Rhos* ac sy'n cynnwys y cwpled

Athrylith wrth yr olwyn,
A'i drem ymhellach na'i drwyn!

Aeth Phil â chriw o gwmpas y Gogledd un haf, taith oedd yn cynnwys ymweliad â Phenyberth, ac fe wnaeth Evan Jenkins fynnu cynnau tân cyn ymadael â'r safle. Ar y ffordd adre dyma un ohonyn nhw'n nodi mai trannoeth oedd y diwrnod olaf i anfon cerdd – pryddest – am Gadair

Eisteddfod Pontrhydfendigaid. Lluniwyd pryddest ar y cyd, a thynnu blewyn cwta i benderfynu yn enw pwy y byddai'n cael ei hanfon i'r gystadleuaeth. Jac Oliver, y barbwr, a gadeiriwyd ymhen pythefnos.

Rwy'n cofio Dai Lloyd Jenkins yn un o'r seiadau hynny ym Mrodawel yn dweud mai gwaith peryglus oedd beirniadu barddoniaeth yn yr eisteddfodau lleol. 'Rwy'n cofio beirniadu'r Gadair yn un eisteddfod, ac roedd un gerdd ymhell ar y blaen,' meddai. 'Roeddwn i'n siŵr mai Isgarn oedd y bardd, roedd ei stamp e ar y gerdd. Ond roedd un peth yn fy mhoeni. Roedd Isgarn ar ei orau yn ardderchog ond yn anghyson. Ac roedd hon yn gerdd gyson dda trwyddi. Mentrais ddweud yn fy meirniadaeth fod yna un gerdd lawer gwell na'r gweddill ond fy mod yn amau bod ôl llaw mwy nag un bardd arni, a dyfarnais y Gadair i rywun arall. Daeth Isgarn ata i wedyn a'm llongyfarch am fod mor graff. Cyfaddefodd fod dau ohonyn nhw wedi bod wrthi.' Arfer arall, yn arbennig ymhlith beirdd gwaelod y sir lle roedd Bois y Cilie'n teyrnasu, oedd anfon ambell englyn bwriadol anghywir i gystadlaethau i wneud yn siŵr bod y beirniad yn deall ei waith!

Perthynas i Phil oedd Syr John Rowland, gŵr o Ddoldre a fu'n ysgrifennydd preifat i Lloyd George ac a fu wedi hynny'n bennaeth y Bwrdd Iechyd yng Nghymru. Roedd Syr John yn hoff iawn o benodi plant ardal Tregaron i swyddi gyda'r Bwrdd. Bryd hynny, yn ôl D. J. Williams, Abergwaun, y bathwyd y dywediad 'Gwyn eu byd y Tregaroniaid.' Rwy'n cofio Phil yn dweud ei fod yng Nghaerdydd un tro a digwyddodd basio adeilad y Bwrdd Iechyd. Aeth i fewn a gofyn am gael gweld Syr John. Wedi peth dadlau, trosglwyddwyd y neges i'r gŵr mawr. Cafodd merch y dderbynfa orchymyn i'w anfon i fyny ar unwaith a dod â the i'r ddau ohonyn nhw. Rhai da yw'r Tregaroniaid am ofalu am ei gilydd.

I ddychwelyd at Eisteddfod Llandybïe 1944, yn honno yr enillodd James Kitchener Davies y wobr am ei ddrama *Meini Gwagedd* a D. Matthew Williams yn beirniadu. Gwydden ni'n dda am frawd Matthew Williams, yr Athro Griffith John Williams, un o sylfaenwyr Plaid Cymru, awdurdod ar Iolo Morganwg ac awdur *Traddodiad Llenyddol Morgannwg*. Yn ôl yr hanesydd o Bontrhydfendigaid, E. D. Evans, arferai S. M. Powell fynd â'r disgyblion hŷn – Griffith John Williams yn eu plith – i Drecefel i weld y gadair arbennig oedd gan y teulu ar gyfer Iolo Morganwg pan fyddai'n galw yno ar ei deithiau. (Roedd Iolo'n diodde'n ddrwg o'r fogfa.) Ai dyna gychwyn diddordeb Griffith John yn Iolo, tybed? Mae'r gadair, gyda llaw, yn y Llyfrgell Genedlaethol yn Aberystwyth ers blynyddoedd.

Tom Hughes Jones, a fu'n ddirprwy brifathro Coleg Cartrefle, Wrecsam, oedd awdur *Sgweier Hafila a Storïau Eraill* ac *Amser i Ryfel*, un o'r nofelau Cymraeg prin am y Rhyfel Mawr. Gan y danbaid Cassie Davies, Arolygydd Ysgolion, o Flaenau Caron y clywais y stori fod S. M. Powell mewn gwers Gymraeg yn y chweched dosbarth wedi dweud wrth Hughes Jones, 'Mae'r helfa dwrgwn yn cwrdd ar Bont Einion bore fory, cer lawr yna, dilyn nhw drw'r dydd a dere â thraethawd â'r hanes i fi bore drennydd.' Roedd Powell, gŵr o Aberporth, yn athro chwedlonol, fel y clywais gan E. D. Evans a chan amryw eraill gan gynnwys fy chwaer. Un arall o gyn-ddisgyblion Tregaron oedd Ambrose Bebb, un o lenorion mwyaf diddorol Cymru'r ugeinfed ganrif, hanesydd, cenedlaetholwr, carwr Ffrainc a Llydaw a fagwyd yng Ngamer Fawr ar ochr ddwyreiniol Cors Caron. Cofiaf Lloyd Jenkins yn sôn am ddisgleirdeb Bebb ac iddo, oherwydd gwaeledd, gymryd un o'i arholiadau, y 'Senior' neu'r 'Higher' – fedra i ddim cofio pa un – yn y gwely gartre. Cyfeiriais eisoes at Kitchener Davies yn ennill gwobr yn Llandybïe am *Meini Gwagedd*, y ddrama flaengar ei thechneg a chignoeth ei naws am galedi bywyd gwerin y gors yn crafu byw ar y rhostir. Rhamantu'r bywyd gwledig fu tuedd ein llenorion nes i ni yn ddiweddar gael *Martha, Jac a Sianco* gan Caryl Lewis, *Siabwcho* a *Rhoces Fowr* gan Marged Lloyd Jones a *Brodyr a Chwiorydd* gan Geraint Lewis, un arall o blant Tregaron.

Cafodd Kitch, efallai, yn fwy na neb, ei ysbrydoli gan y gors a thafodiaith ac ymadroddion y fro, ac mae cyfaredd enwau ffermydd fel y Derlwyn a'r Dildre yn britho'i bryddest radio 'Sŵn y Gwynt sy'n Chwythu'. Yn fy nwy flynedd a hanner olaf yn yr Ysgol Sir daeth John Roderick Rees, tyddynnwr, bridiwr cobiau Cymreig a bardd, yn bennaeth yr adran Gymraeg. Bardd yr ymylon oedd John, annibynnol o bob clic a chymdeithas farddol, yn ymfalchïo yn ei arwahanrwydd. Eto, un ohonon ni oedd e, o'r un cefndir â llawer o'i ddisgyblion, a chan fod ei dad yn 'dilyn march' roedd yn adnabod llawer o'n rhieni ac yn gwybod ein hanes. Y mwynaf o ddynion, mwynder nad oedd bob amser o help i gadw trefn ar blant mwy anystywallt y dosbarthiadau iau. Erbyn cyrraedd Dosbarth 4 roedd y plant yn ei werthfawrogi ac o hynny ymlaen roedd yn ysbrydoliaeth. Cofiaf tra byddaf nodyn o'i eiddo ar ddiwedd traethawd a sgrifennais pan oeddwn yn y chweched dosbarth. 'Sylwaf eich bod yn benthyg llawer o lyfrau Cymraeg o'r llyfrgell; mae ôl hynny ar eich arddull.' Tueddai i organmol, ond yr hyn a gynhesai fy nghalon oedd ei fod yn trafferthu edrych ar gardiau llyfrgell yr ysgol i weld beth roedden ni'n ei ddarllen. Oes yna athrawon sy'n gwneud hynny heddiw? Oes amser gan athrawon i wneud hynny heddiw? Am flynyddoedd wedi i mi adael yr ysgol, byddai'n taro ar fy nhad yn y mart yn Nhregaron a bob amser yn holi fy hanes.

Ond i fynd yn ôl at y gors. Y dref, yr ysgol a'r gors a fu'n gyfrifol am ein llunio, ein gwneud yr hyn ydym. Bûm yn freintiedig yn cael Cliff Whittingham yn athro Daearyddiaeth. Dyn o'r Rhondda ydoedd, chwaraewr rygbi a fu'n gapten tîm rygbi prifysgolion Prydain ac a ddaeth yn agos iawn at gael cap i Gymru. Er fy niddordeb mewn chwaraeon, fe'i cofiaf yn arbennig fel athro Daearyddiaeth. Bu'n astudio'r pwnc yn Aberystwyth dan E. G. Bowen, ac roedd wedi'i drwytho yn hanes daeareg Ceredigion. Ni fedraf deithio Ceredigion – nac unman arall ar hyd Cymru na Phrydain na thramor – heb syllu ar y dirwedd, heb geisio'i darllen, ei dadansoddi a deall pa rymoedd a'i lluniodd a'i gwneud yr hyn ydyw. Bu'r gors yn atynfa i wyddonwyr a naturiaethwyr a chynhyrchodd Ysgol Sir Tregaron ffrwd gyson a disglair o wyddonwyr dros y blynyddoedd: Tom Griffith Jones, Bronnant; Terence Williams, Pontrhydfendigaid; Dafydd Phillips, Tynreithin; John Richard Jones, Wenallt, Tregaron; Daniel Rees, Llanilar; Henry Down, Llangeitho; William Williams, Siop Paddington, Bronnant... Rwy'n cofio'r rheini i gyd yn yr ysgol. Wn i ddim ai'r gors ynteu athro Ffiseg nodedig o'r enw Robert Thomas, genedigol o Ddoldre, oedd yn bennaf cyfrifol. Rwy'n argyhoeddedig fod a wnelo'r galluoedd cynhenid a ddatblygir drwy ddwyieithrwydd rywbeth â'r traddodiad hwn hefyd. Bu'r gors yn atynfa i helwyr a physgotwyr, a'u brenin oedd yr anghymharol Morgan John Morgan, Moc John, sy'n fwy adnabyddus heddiw fel Moc Morgan. Ef oedd capten y tîm pysgota pluen mwyaf llwyddiannus yn hanes Cymru. Sonia John Elfed Jones yn ei hunangofiant, *Dyfroedd Dyfnion*, am y ddau ohonyn nhw'n pysgota wrth Bont Goyan, ger Llanddewi Brefi. Roedd y pysgod yn bwydo ond y naill na'r llall yn dal dim. Yna dyma bryfyn yn glanio ar law Moc ac yntau'n ei astudio ac yn y man a'r lle yn clymu – neu gawio – pluen gyda'i fysedd, heb gymorth feis na dim, oedd yn efelychiad o'r pryfyn, a chael helfa dda. A John Elfed heb ddal dim. Cofiaf stori a glywais gan un arall o'm cyfoeswyr, Lewis Jones Evans, bachgen o Dregaron a ddringodd i fod yn bennaeth y Girobank ym Mhrydain. Dros ginio wedi un o gyfarfodydd misol Syr Eddie George, Llywodraethwr Banc Lloegr bryd hynny, gofynnodd rhywun i Lewis o ble roedd yn enedigol. 'O Aberystwyth, yng nghanolbarth Cymru,' meddai Lewis; wedi'r cwbl, a oedd y dyn hwnnw'n debygol o fod wedi clywed am Dregaron? 'Never heard of it,' oedd yr ateb, ac yna, wedi saib, 'Is it near Tregaron bog?' Arferai'r gŵr hwnnw fynd yno i saethu gyda'r Arglwydd Lisburne. Clywais straeon am adarwyr o dramor a wyddai fwy am Gors Caron nag am unlle arall yng Nghymru a gweddill Prydain.

Bro a thref Twm Siôn Cati yw hon hefyd, y lleidr penffordd a gafodd faddeuant gan y Frenhines Elizabeth I; hynafieithydd, bardd ac, yn ots i Robin Hood y Saeson, fe wyddom ni fod Twm yn un a rodiodd y ddaear yma. A hwyrach ei fod yn gwneud hynny o hyd. Fe ddywedodd y diweddar Huw Lloyd-Williams, cyn-gomander yn y Llynges Brydeinig a phennaeth Cymdeithas Adeiladu y Nationwide yng Nghymru, wrthyf am brofiad iasol a gafodd pan oedd yn blentyn yn Llanddewi Brefi. 'Roeddwn i'n cerdded drwy bentref Llanddewi tua'r mynydd ac fe welwn hen wraig ryw hanner canllath o 'mlân i,' meddai. 'Roedd hi'n ddierth i fi a dyma fi'n cyflymu i weld pwy o'dd hi, ond roedd hi'n cadw'r un pellter oddi wrtha i. Roedd tro yn y ffordd wrth iddi nesu am y mynydd ac wedi iddi fynd rownd y tro dyma fi'n rhoi ras ar ei hôl hi. Ond wedi i fi gyrra'dd y tro, doedd dim o 'mlân i, dim ond mynydd Llanddewi.' Mae'n debyg y byddai Twm weithiau'n gwisgo fel hen wreican i osgoi awdurdodau'r gyfraith ac roedd Huw yn bendant iddo weld ei ysbryd. Y mae cofgolofn i Twm ar y sgwâr, yng nghysgod cofgolofn fwy ysblennydd Henry Richard. Ddysgais i fawr ddim am Henry Richard yn Ysgol Sir Tregaron, er gorymdeithio at y gofgolofn bob Gŵyl Ddewi, law neu hindda, i gael pregeth amdano gan Lloyd Jenkins. Y gwir oedd ein bod yn rhy gyffrous i gymryd llawer o sylw, gan y bydden ni'n dychwelyd i eisteddfod yr ysgol rhwng y tai – Teifi, Ystwyth ac Aeron. Roeddwn i'n falch clywed bod yr hen ysgol bellach wedi ei hailenwi'n Ysgol Henry Richard. Ardderchog.

Mae Tregaron yn dref fach hyderus a fagodd bobol anturus. Ers dyddiau'r porthmyn a gerddai wartheg, defaid, moch a gwyddau i farchnadoedd Llundain, fu'r trigolion erioed yn ynysig, ac er i lawer fynd i redeg busnesau bach – a mawr – ym mhrifddinas y Sais, wnaethon nhw ddim anghofio'r wlad lle'u ganed. Mae hanes am genedlaethau o blant ifanc yn cael eu rhoi ar y trên yn Paddington i fynd yn ôl 'i'r wlad' at Mam-gu a Tad-cu dros wyliau'r haf a'r gard yn cael cildwrn i gadw llygad arnyn nhw a gwneud yn siŵr eu bod yn dod bant yng Nghaerfyrddin ac yn dal y trên i Aberystwyth. Dychwelodd llawer – fy nheulu i yn eu plith – i'r wlad adeg yr Ail Ryfel Byd ac, i'r rhai a adawodd y wlad am Lundain ddegawdau ynghynt, ychydig o newid a fu yn y dulliau amaethu yn y cyfamser. Roedd cymdeithas a ffermydd yn helpu'i gilydd mewn ysbryd o gydweithredu a charedigrwydd. Wedi i mi adael y bu'r newid mawr, a welais i ddim o'r hyn a welodd fy hen gymdogion, Tom a Rhys Owen, Tynwaun. Yn ddiweddar roedd Tom yn dweud iddo ddarllen dyddiadur ei fam, a hithau'n sôn fel y byddai trafeiliwr neu rywun yn galw tua teirgwaith yr wythnos. 'Heddi,' meddai, 'prin y gwela i drafeilwr o un pen blwyddyn i'r llall. Ma ffarmo wedi mynd yn waith unig.'

Os mai busnesau bach Llundain oedd y ddihangfa ar un adeg – yn ogystal â ffordd ambell un at ffortiwn – yn fy nghyfnod i, addysg a'r Ysgol Sir oedd y ffordd oddi yno. Fel'ny roeddwn i'n ei gweld hi. Yn bendant, ni fyddai ffermio'n ddewis. Doedd y math o ffermio cymysg oedd yn nodweddiadol o'r ardal lle ces i fy magu ddim yn ddeniadol – gwaith caled, ffald fwdlyd, beudy i'w garthu a chae pwdelog o'i flaen, a thŷ heb gyfleusterau, dim dŵr oer na dŵr poeth. Daeth y trydan pan oeddwn i tua 14 oed. Roedden ni'n dysgu am drydan, yr *ohm's law*, *volts*, *amps* ac ati, yng ngwersi Ffiseg yr ardderchog Robert Thomas cyn bod trydan 'da ni adre! Y rheswm dros yr arafwch, mae'n debyg, oedd ein bod yn syrthio rhwng SWEB a MANWEB a'r naill fwrdd na'r llall ddim yn orawyddus i ddarparu'r cyfleustra hwnnw i ffermydd gwasgaredig ardal y Berth. Roedd amryw orchwylion, felly, yn rhan o 'mywyd i. Deuai dŵr yfed o Ffynnon Borfa mewn cae tua chanllath a hanner o'r tŷ. Dŵr yfed na phrofais ei debyg fyth wedyn ydoedd, ac ardderchog i wneud te. Roedd ffynnon wrth ddrws cefn yr hen dŷ hefyd, ond at olchi llestri a gorchwylion felly y defnyddid honno. Rywbryd yn ystod fy nghyfnod yn yr Ysgol Sir adeiladwyd sistern o flaen y tŷ, cau'r ffynnon wrth ddrws y cefn a rhedeg piben ohoni i'r sistern. Pan oedd y ffynnon ar agor roedd perygl i ryw fudreddi dreiddio i fewn iddi, ond o'i chau roedd y dŵr – yn ôl y profion – yn ddiogel i'w yfed. Ond roedd gennym lawer mwy o ffydd yn Ffynnon Borfa, ac un o fy ngorchwylion cyson fyddai cyrchu dau fwcedaid o ddŵr ohoni ddwywaith y dydd. Wedi i Mam a Nhad ymddeol a mynd i fyw i Lanafan, prynwyd Tynbwlch gan deulu Tynwaun a bu perthnasau i Mrs Owen yn byw yno am nifer o flynyddoedd. Rywbryd yn y cyfnod hwnnw bu'r meibion, Tom a Rhys, yn cloddio Ffynnon Borfa ac ar adegau o sychder arferent bwmpio dŵr ohoni i'r sistern. Hyd yn oed yn haf poeth a sych 1976, nid aeth Ffynnon Borfa'n hesb. Yn oes poblogrwydd y dŵr potel, synnwn i ddim na ellid gwneud arian da o ddŵr Ffynnon Borfa.

Gorchwyl arall, cyn gynted ag y des i oed a ystyrid yn gyfrifol – tuag 11 neu 12, mae'n debyg – oedd cynnau'r lamp Bialaddin i oleuo'r tŷ. Y rheini a'r lampau Tilley oedd yn gyffredin, yn ychwanegol at y lampau llofft-stabal. I gynnau'r Bialaddin roedd angen arllwys ychydig bach o *methylated spirits* i ffynnon fach o gwmpas gwaelod y biben oedd yn mynd â'r paraffîn i'r fantell, a'i danio. Byddai gwres y tân *methylated spirits* yn poethi'r biben gan beri i'r paraffîn anweddu ar ei ffordd i'r fantell fyddai'n darparu'r golau. Ar yr amser cywir roedd angen cau'r man lle tywalltid y paraffîn i'r lamp yn dynn a defnyddio'r pwmp oedd yn gysylltiedig â ffynnon y paraffîn. Byddai'r pwysedd a achosid gan y pwmpio yn gwthio'r paraffîn i fyny'r biben a boethwyd gan wres y tân *methylated spirits*. O fethu rhoi amser i'r tân wneud ei waith, neu o fod yn rhy ddarbodus gyda'r hylif hwnnw, roedd perygl i fflamau mawr ddod o'r fantell a byddai'n rhaid ailgychwyn y broses. Wn i ddim beth fyddai agwedd pobol iechyd a diogelwch yr oes hon tuag at blentyn 10 neu 11 oed yn gwneud rhywbeth digon peryglus, a hynny weithiau, ar rai adegau o'r flwyddyn, pan fyddwn ar fy mhen fy hun yn y tŷ a'm rhieni allan yn godro.

Ychwaneger at y gorchwylion hyn y gwaith o gyfri'r defaid tac a ddeuai bob blwyddyn o Dynddôl, uwchlaw Ffair Rhos, a charthu'r beudy, a phan fyddai fy nhad yn cael ambell bwl o afiechyd fel y ffliw, a ddigwyddai bron yn ddieithriad bob gaeaf, roedd bywyd plentyn ifanc ar fferm fach yn un diwyd. Creaduriaid aflonydd oedd defaid, yn arbennig tua mis Chwefror pan fyddai'r llwydrew'n drwm ar y ddaear, a bydden nhw'n siŵr o ddod o hyd i fwlch a mynd i grwydro. Doedd hi ddim cynddrwg pan aent i dir fferm arall – y gofid oedd y bydden nhw'n mynd i'r ffordd fawr gyda'r perygl iddyn nhw grwydro ymhell. Pan fyddai Nhad yn dioddef un o'i ysbeidiau gaeafol o salwch, byddai'r baich yn syrthio ar fy mam ac roedd yn rhaid i minnau wneud fy rhan.

Roeddwn yn bendant nad dyna fyddai fy nyfodol a theimlwn rywfaint o bwysau oherwydd hynny. Fel y soniais, fyddwn i ddim yn disgrifio fy nyddiau ysgol, cynradd nac uwchradd, fel rhai arbennig o hapus, ond doedden nhw ddim yn rhai anhapus 'chwaith. Roedd cwmwl yr 11+ uwchben fy nyddiau cynnar, er bod Ysgol Sir Tregaron yn hyblyg iawn yn hyn o beth. Hyd yn oed os methai'r plentyn yr arholiad, roedd yn ddigon cyffredin iddo ef neu hi gael ei symud i fyny o'r ffrwd fodern i'r ffrwd ramadeg, ac i lawr hefyd, a byddai hynny'n digwydd bron bob tymor. Ac os oedd bachgen digon galluog yn mynnu mai gartre ar y fferm roedd ei ddyfodol, nid oedd yn anghyffredin iddo gael ei symud i'r ffrwd fodern fwy ymarferol i wneud lle i rywun arall yn y ffrwd ramadeg. Roedd ysgolion, a'r gyfundrefn addysg, hefyd yn derbyn bod bechgyn yn datblygu doniau academaidd yn hwyrach na merched a pheth cyffredin oedd canfod bechgyn yn llamu ymlaen o gwmpas y 15 oed. Ers dileu'r 11+, rwy'n ofni bod tynged plant yn cael ei phenderfynu'n gynt heddiw oherwydd yr holl brofion sy'n llethu plant ac athrawon. Gyda chyfundrefn addysg sy'n mynd yn fwy anhyblyg o flwyddyn i flwyddyn, a chyda dosbarthiadau sy'n llawer rhy fawr, nid yw'n hawdd i fachgen sy'n datblygu'n hwyr ddod i'r brig yng nghanol ei arddegau.

Disgybl cyffredin iawn oeddwn i yn fy mlynyddoedd cynnar yn yr Ysgol Sir. Gwir fod prysurdeb arnaf gartre ond yn hynny o beth doeddwn i ddim yn wahanol i berthnasau a chyfoedion gwledig. Y gwir oedd nad oeddwn yn gweithio mor effeithiol nac mor gydwybodol ag y dylwn. Gwneud yr isafswm o waith angenrheidiol i gadw mas o drwbwl gyda'r athrawon fyddwn i. Wnes i erioed gopïo gwaith cartre plentyn arall – o leiaf roeddwn i'n ddigon cydwybodol yn hynny o beth – a fedra i ddim cofio bod neb am gopïo fy ngwaith innau 'chwaith. Ac oherwydd 'mod i'n byw dair milltir o Dregaron, doedd dim temtasiwn i fy nenu allan i chwarae gyda'r nos, dim ond bwrw ymlaen gyda hynny o orchwylion oedd gen i i'w gwneud a throi at fy ngwaith cartre. Cadw 'mhen i lawr rywle yn y canol wnes i am fy mlynyddoedd cyntaf yn Ysgol Sir Tregaron. Nid bod hynny bob amser yn hawdd. Roedd yno athrawon caredig a wnâi'n siŵr fod pawb yn cael chwarae teg ond roedd gan un – ffigur pur adnabyddus yng Nghymru bryd hynny – ei ffefrynnau amlwg, a byddai'n ddidostur mewn gair a gweithred wrth y gweddill ohonon ni. Clywais eraill yn dweud mai ef oedd y dyn mwynaf y tu allan i'r stafell ddosbarth. Cofiaf gyd-weithwraig hŷn na mi yn y BBC a'i llygaid yn gloywi wrth sôn amdano fel un o'r dynion anwylaf a gyfarfu erioed. Ddywedais i ddim. Ddysgais i ddim ganddo, cymaint oedd fy ofn ohono, ofn brath ei dafod a'i ffordd sarhaus yn fwy hyd yn oed na'i gernod. Clywais ddisgyblion llawer galluocach na mi yn sôn amdano fel yr athro gorau a gawson nhw erioed. Rwy'n amau bod llond stafell o blant yn tynnu'r gwaethaf o rai athrawon. Daw hynny ag un o benillion Sarnicolaidd John Roderick Rees i gof:

Ym mytholeg cenedl
  Heddychwr a sant,
Yn athro ysgol
  'Roedd e'n dyrnu plant.

Un peth sicr, doedd Jack Rees ddim yn dyrnu plant. Diolch i'r drefn, erys gwersi pleserus a difyr yn y cof. Rwy'n cofio Mair Jones, merch dlws iawn o ardal y Bala, athrawes Cymraeg a Cherddoriaeth a ddaeth i Dregaron yn syth o'r coleg. Priododd yr arlunydd Elis Gwyn Jones – brawd y dramodydd W. S. Jones – rywbryd wedi hynny. Cyflwynodd ni i gerddi rhai o feirdd yr ardal, ac yn y wers gyntaf oll o'r gyfres cawsom ein cyflwyno i gywydd enwog B. T. Hopkins, 'Rhos Helyg', gan ysgogi difyrrwch anarferol. Yn y dosbarth roedd Eilian, mab ieuengaf Ben Hopkins, y mwyaf aflonydd o ddisgyblion. Achosodd yr ail wers fwy eto o embaras i Eilian, gan i ni gael ein cyflwyno i gerdd o waith J. M. Edwards. Arferai'r bardd hwnnw fynd ar wyliau i Frynwichell, cartre ei gyfaill Ben Hopkins, a bu'n rhaid i Eilian gyfrannu o'i wybodaeth am ddiddordebau a chymeriad y gŵr oedd erbyn hynny yn brifathro yr ysgol gynradd Gymraeg yn y Barri. Flynyddoedd yn ddiweddarach, holais Mair Jones a oedd hi'n ymwybodol pan roddodd y wers ar 'Rhos Helyg' fod mab direidus y bardd yn y dosbarth. Mynnodd ei bod, ond fedra i ddim bod yn gwbl sicr. Yn ddiweddar, drwy fy nghyfaill y Prifardd Cyril Jones, Pennant, y dysgais nad ffrwyth dychymyg Ben Hopkins oedd 'Rhos Helyg', ac ymwelais â'r rhostir yn ei gwmni. A sylweddoli gwir fawredd y cywydd.

Roedd tipyn o natur y bardd yn Eilian, er nad oedd hynny'n amlwg bryd hynny. Y môr fu ei atynfa, a threuliai ei amser hamdden yn dysgu *Morse code*. Cyhoeddodd gyfrol fach hyfryd am ei anturiaethau yn canwio i lawr yr Yukon, *By The Yukon*. Ailgyneuwyd ein cyfeillgarwch drwy'r gyfres o aduniadau yn 1997 i ddathlu canmlwyddiant sefydlu Ysgol Sir Tregaron – yn ein hachos ni, y disgyblion a gychwynnodd yn 1952. Gyda thristwch mawr y clywais am ei farw, wedi llithro oddi ar y llwybr wrth gerdded gyda'r nos uwchlaw'r môr ger Llanrhystud. Y tro olaf i ni gyfarfod oedd mewn aduniad ac yn eistedd wrth yr un bwrdd â ni roedd un arall a grwydrodd dipyn, Elinor Oliver – neu E. Smith Twiddy – o ardal Ysbyty Ystwyth, awdures cyfrolau am goginio a bwydydd Cymreig a Cheltaidd. Bu'r aduniadau hynny'n fodd i adfer sawl cyfeillgarwch ac ysgogi atgofion a fyddai'n gysur wrth dynnu ymlaen mewn dyddiau. Ymhlith y cymeriadau roedd y diweddar John Griffiths a aeth o Dŷ Capel Llangeitho i gadw tafarn Cilcennin a gweithio yng Ngholeg y Brifysgol, Aberystwyth; Dai Harvey, sosialydd tanbaid a fu'n gweithio yn adran gynllunio'r sir ac sy'n dal i fyw yn Nhregaron; Tom Griffiths, saer maen o Ben-uwch; Manod Rees, arlunydd, canwr ac eisteddfotwr dawnus; Dai Meredith, postmon a fu'n gadeirydd llywodraethwyr Ysgol Tregaron ac a'm dysgodd i chwarae gwyddbwyll; y Parch. Tim Morgan, offeiriad gwladgarol; Mima James – Morse wedyn – athrawes a gweinidog a chymeriad a hanner; a'r alluocaf yn ein blwyddyn, Gwyneth Morgan, Llangeitho. Un arall oedd Nesta Morgan, wedyn, cerddor a bardd, un arall o ferched dawnus ardal Ysbyty a Phontrhydygroes. A'r garfan fach a'n cadwodd ynghyd ac mewn cysylltiad â'n gilydd yn hwyrach yn y daith – y diweddar Tom Herbert Jones, Llwyngwinau, oedd gyda mi yn Ysgol Castell; Ann Jenkins (George bellach); Ann Harrhy; a Marged Phillips. Dyma gyfle hefyd i ailgysylltu gyda chyfoedion o Ysgol Castell Flemish – Einion Williams, Tyhen; John Jones, Trecoll; a'r diweddar Elwyn Benjamin, Esgairmaen, ac wedi hynny Pant, Llanddewi.

Drwy hap a damwain y digwyddai pethau y dylid bod wedi eu trafod yn ofalus. Rwy'n cofio dewis pynciau ar gyfer Lefel O. Roeddwn yn 14 oed a chofiaf ein bod mewn gwers Gemeg gyda Morgan ab Owen Ingram – enw gwerth ei gofnodi – pan ddaeth y prifathro i fewn. Gyda'r wers yn mynd yn ei blaen, eisteddodd Lloyd Jenkins y tu ôl i ddesg yr athro, clamp o ddesg labordy, a'n galw ato bob yn un. Wyddwn i ddim beth oedd pwrpas yr ymweliad annisgwyl ond pan ddaeth fy nhro i gofynnodd pa bynciau roeddwn am eu dewis ar gyfer Lefel O. Y gwir oedd nad oeddwn i wedi meddwl llawer iawn am y peth. Pynciau gwyddonol oedd mewn bri yn yr ysgol ac ro'n i'n hoffi Bioleg a Daearyddiaeth. Roedd Ffiseg yn opsiwn mwy diddorol na Hanes – dyna'r dewis – gan fod canran sylweddol yn pasio'r pwnc hwnnw o dan Robert Thomas. Felly, yn fympwyol a hollol fyrbwyll, er fy mod yn cael marciau da iawn mewn Ffrangeg, dewisais Fioleg, a Ffiseg yn hytrach na Hanes. Flynyddoedd lawer yn ddiweddarach cyfarfûm â'r athrawes Ffrangeg, Mrs Arlington, Cymraes Gymraeg o dref Aberteifi a aeth wedyn i Ysgol Sir Aberaeron, a dywedodd hithau, 'Rwy'n siŵr i chi ddifaru bo chi heb ddewis Ffrangeg.' Gwir, ond y dewis rhwng Cemeg a Daearyddiaeth oedd y broblem. Roedd y prifathro'n cymryd yn ganiataol y byddwn yn dewis Cemeg i gyd-fynd â Ffiseg a Bioleg a phan ddywedais wrtho 'mod i am ddewis Daearyddiaeth ac nid Cemeg aeth yn ddadl. 'Rhaid i chi gymryd Cemeg gyda'r pynciau yma,' meddai. 'Ond, Mr Jenkins,' meddwn innau, 'dwi ddim yn deall Cemeg ac rwy'n enjoio Daearyddiaeth.' Y diwedd fu iddo gytuno. O edrych yn ôl, rwy'n synnu i mi fod yn ddigon hyderus i ddadlau ag e ar y pwnc. Felly y bu, a heb fawr o ddoethineb personol nac o arweiniad dewisais bynciau gwyddonol. Pan fethais fy hoff bwnc, Bioleg, yn Lefel O maes o law, roedd Daearyddiaeth gen i i fynd gyda Chymraeg a Saesneg ar gyfer Lefel A, gan godi rhagor o aeliau ymhlith fy athrawon – troi o bynciau gwyddonol at y celfyddydau! Fy nadl i oedd os na fedrwn basio Bioleg ar y cynnig cyntaf, doedd dim pwynt gwneud Swoleg a Botaneg ar gyfer Lefel A. Gyda llaw, yn Nhregaron roedd Cymraeg yn orfodol ar gyfer Lefel O – y ddau bwnc, Cymraeg Iaith a Chymraeg Llên, i'r mwyafrif mawr ohonon ni, a rhywbeth a elwid yn Easy Welsh i'r newydd-ddyfodiaid o Loegr. Hyd yn oed mewn ysgolion lle roedd canran uchel a hyd yn oed mwyafrif y plant yn Gymry Cymraeg, rhaid oedd dewis yn fynych rhwng Cymraeg a Ffrangeg. Nid felly yn Nhregaron. Hwyrach na fu fy newisiadau yn rhy drychinebus. Cofiaf drafod flynyddoedd wedyn gyda chyfaill o wyddonydd fforensig, cyn-ddisgybl disglair o Ysgol Ramadeg Castell Nedd. Heblaw bod yn fachgen galluog yn y gwyddorau, roedd yn gerddor dawnus a fu'n aelod o Gerddorfa Ieuenctid Cymru. Ei farn ef oedd y dylai pob plentyn gael addysg gadarn yn y gwyddorau ac mai cymharol hawdd fyddai i rywun ymddiwyllio yn y celfyddydau wedi hynny. Nid mor hawdd – onid amhosib – i rywun a arbenigodd yn y celfyddydau droi at wyddoniaeth a chael rhywfaint o grap ar y pwnc. Wn i ddim a fu fy newisiadau mympwyol yn 14 oed yn fuddiol a doeth i'r yrfa ryfedd a ddilynais wedyn, ond wnaethon nhw ddim niwed. Bu gen i ddiddordeb sy'n parhau mewn gwyddoniaeth ac rwy'n cofio llawer iawn o'r hyn a ddysgais ar gyfer y cwrs Lefel O. O leiaf mae disgyblion heddiw yn cymryd ystod ehangach o bynciau ac nid oes raid iddyn nhw wneud dewisiadau tyngedfennol i'w dyfodol ar adeg pan maent yn ifanc ac anaeddfed. Mae gen i un anallu mawr, sylfaenol – fedra i ddim tynnu llun. Er amlygu peth dawn fel ffotograffydd maes o law, roeddwn, ac yr wyf, yn arlunydd anobeithiol. Mewn un arholiad celf yn fy nhrydedd flwyddyn ces 12 allan o 100, nad oedd yn argoeli'n dda ar gyfer pynciau fel Bioleg a Daearyddiaeth. Dylswn fod wedi sylweddoli hynny. Rywbryd yn y saithdegau, pan oeddwn yn gweithio yn y BBC, honnodd Alan Taylor, arlunydd oedd yn bennaeth yr adran cynllunio setiau ar gyfer rhaglenni teledu, y medrai ddysgu unrhyw un i dynnu llun. Trefnwyd dosbarth ar ôl oriau gwaith a bu nifer ohonon ni'n ffyddlon am wythnosau. Fedra i ddim cofio am y lleill, ond er pob ymdrech ar fy rhan i a phob anogaeth gan Alan, profwyd unwaith ac am byth na all pawb fod yn arlunydd.

Roeddwn am adael yr ysgol ar ôl gwneud Lefel O, ac er

bod fy rhieni am weld eu hail epil yn mynd i goleg, ceisiais am swydd gyda Llyfrgell Sir Aberteifi yn Aberystwyth. Roedd y gŵr blaengar hwnnw, Alun R. Edwards, yn sefydlu cwrs ar gyfer llyfrgellwyr ifanc dan hyfforddiant fyddai'n mynd i Goleg Loughborough yn dilyn dwy flynedd o waith a hyfforddiant ymarferol. Roedd dwy swydd yn cael eu hysbysebu. Cynigiais, ond yn aflwyddiannus. O'r pedwar ohonon ni ar y rhestr fer, roedd gan ddau Lefel A. Rhaid fod Mr Edwards yn fy ngweld yn greadur addawol a chefais sgwrs gydag e wedyn, a buon ni'n trafod pa bynciau y dylwn eu dewis ar gyfer Lefel A gyda golwg ar yrfa fel llyfrgellydd. Galwyd am gyngor aelod o'r adran bersonél ac awgrymodd hwnnw, ar ôl cael golwg ar fy ffurflen gais, y dylwn ddewis Cymraeg, Saesneg a Ffiseg! Ofnaf nad oedd gen i'r wyneb i fynd at Lloyd Jenkins gyda'r fath ddewis – ofnwn y byddai'n cael haint! Felly Cymraeg, Saesneg a Daearyddiaeth oedd fy newis. Fyddai hynny ddim yn debyg o gythruddo neb, er na fedrai Mrs Rees, athrawes Saesneg alluog, gelu ei syndod pan welodd fi yn ei gwers gyntaf yn y chweched dosbarth.

Rywbryd yn y pumdegau gwelwyd llai a llai o fechgyn yn mynd yn weision ffermydd – swydd fu'n fan cychwyn sawl gyrfa ddiddorol a phroffidiol am wn i. Rwy'n cofio Rhys Benjamin yn was yn Tyhen. Des i'w adnabod yn dda gan fod Einion Tyhen yr un oed â mi ac yn ffrind da o ddyddiau Ysgol Castell. Byddai Rhys yn prynu hen feiciau modur, eu hadnewyddu yn sgubor Tyhen gyda'r nos a'u gwerthu i weision ffermydd eraill. Y cof sydd gen i yw eu bod yn beiriannau digon trafferthus ond dyna gychwyn gyrfa Rhys, a fu'n cadw garej wedyn, a siop hen bethau yn ddiweddarach yn Aberystwyth, gerllaw'r Llew Du. Roedd ei enw ar y siop hyd yn gymharol ddiweddar.

Wedi i drefn y Senior a'r Matric ddiflannu, a chyflwyno tystysgrif Lefel O i bawb ar sail llwyddo mewn un pwnc, daeth pethau'n haws. O gael tystysgrif ac arni bum pwnc – gan gynnwys Saesneg Iaith – roedd yn bosib cael mynediad i Goleg Hyfforddi Athrawon. Ac nid oedd raid i'r pum pwnc fod ar yr un dystysgrif. Fel y dywedodd cyfaill a chyd-ddisgybl wrthyf flynyddoedd wedyn pan ddywedais wrtho nad oeddwn yn ei gofio yn y dosbarth Cymraeg na Saesneg yn y chweched dosbarth, 'Roeddwn i'n rhy fishi'n crynhoi pum pwnc Lefel O i fynd i Goleg Hyfforddi.' Wrth i'r angen am weision, a morynion o ran hynny, brinhau ar y ffermydd, trodd mwy a mwy eu golygon tua'r colegau hyfforddi. Hefyd, roedd grantiau digon hael i'n rhieni fforddio ein hanfon i'r colegau hynny. Dyna wnes innau, er i mi dderbyn ffurflen gais oddi wrth Alun Edwards am swydd llyfrgellydd dan hyfforddiant, ac yntau'n amlwg ddim wedi anghofio amdanaf. Anfonais lythyr cwrtais iawn yn diolch iddo, gan ddweud fy mod wedi ailfeddwl ac am anelu at yrfa wahanol – er nad oedd gennyf fawr o syniad beth fyddai honno.

Dechreuais fwynhau fy nghyfnod yn yr ysgol gan fod gen i'r nifer angenrheidiol o bynciau i fynd i Goleg Hyfforddi ar y cynnig cyntaf. Hefyd, roeddwn wedi syrthio dan gyfaredd John Roderick Rees. Roedd yn ysbrydoliaeth, a gwyddem am ei gampau eisteddfodol. Enillodd lu o gadeiriau mewn eisteddfodau lleol a'r wobr am 'Gasgliad o farddoniaeth heb ei chyhoeddi o'r blaen' yn Eisteddfod Genedlaethol Llangefni, 1957. Rhyngddo fe a Dai Lloyd Jenkins, y prifathro, oedd yn mynnu cymryd y rhan o'r cwrs oedd yn cynnwys *Blodeugerdd o'r Ddeunawfed Ganrif* – gweithiau Goronwy Owen, Ieuan Brydydd Hir, Iolo Morganwg, Edward Richard, Ystrad Meurig, a Morrisiaid Môn – ces ddwy flynedd a newidiodd ystod fy niddordebau a hwyrach gwrs fy mywyd. Roedd Lloyd Jenkins a John Roderick Rees yn athrawon ysbrydoledig: Lloyd Jenkins yn mynd i hwyliau mawr gyda 'Cywydd y Farn Fawr', ac roedd rhywbeth eithaf *subversive* am John Rees. Rwy'n ei gofio mewn gwers ar *Hen Atgofion* â W. J. Gruffydd yn sôn amdano'i hun yn isel ei ysbryd ar ôl darllen adolygiad na fyddai wedi disgwyl gweld ei debyg hyd yn oed yn y dyddiau cyn Lewis Edwards. Gwyddai John mai adolygiad

Saunders Lewis o *Ffrainc a'i Phobl* gan R. T. Jenkins yn *Y Llenor*, Haf 1930, oedd wedi cythruddo Gruffydd, rhywbeth oedd yn ysgogi rhyw deimlad ynom o fod *in the know*.

Roeddwn wedi dechrau dod fwy i'r amlwg ym myd chwaraeon ac athletau yn y cyfnod hwn – agor y bowlio i'r tîm criced, ysgrifennydd y clwb rygbi a des yn drydydd yn y ras 440 llath yn y sir, os trydydd digon cyffredin. Bûm yn arweinydd tŷ Teifi yn yr ysgol, fi a Beryl Lloyd, Llangybi, merch ddawnus o deulu nodedig. Chwaer iddi yw Rosanne Reeves. Beryl haedda'r clod i gyd am i ni ennill yr eisteddfod. Gwnes ymdrech lew yn y mabolgampau ond tŷ Aeron, dan arweiniad Marged Phillips a John Wyn Hughes, Pontrhydfendigaid, aeth â'r wobr honno. A John Wyn gipiodd y Victor Ludorum, a minnau'n ail. Er mai creadur digon diddawn oeddwn i yn y campau, mentrais gynnig am le yng Ngholeg Hyfforddi Dinas Caerdydd, coleg – a'm gwaredo – lle roedd pawb bryd hynny'n arbenigo mewn Addysg Gorfforol. Byrbwylltra llwyr, fel llawer tro cyn ac wedi hynny, ac yn wyrthiol, ces fy nerbyn!

Coleg a byd y campau

Tipyn o sioc oedd mentro i'r fath goleg. A dweud y gwir, wn i ddim beth wnaeth i mi gynnig am le yno. Prin oedd yr amser a dreuliais oddi cartre – wythnos o wyliau gydag Wncwl John ac Anti Sally a Jim a Dilys yn Llanafan bob haf, ambell wythnos gydag Wncwl Jacob ac Anti Sally, Y Lôn, Tyngraig, a John a Glyn, Anti Eluned a Hywel ym Mhengwndwn, a gwersyll Glan-llyn ambell flwyddyn. Tebyg i mi gael fy swyno gan y *brochure*, a ymddangosai'n fwy diddorol a deniadol nag un Coleg y Drindod, Caerfyrddin, fy ail ddewis, a'r colegau eraill y bûm yn ymholi yn eu cylch. I fynd yn ôl am funud at fy nghyfweliad gyda phrifathro'r coleg, W. T. Jones, ym mis Hydref 1958, mae gen i gof iddo fynd yn ddigon da a chofiaf drafod pa bynciau y byddwn yn dymuno'u dewis – yn ychwanegol at Addysg Gorfforol, wrth gwrs. Am ryw reswm, ni chaniateid dewis Cymraeg a Saesneg; rhaid oedd dewis rhwng y ddau – rhyfedd, ond felly roedd hi. Wrth gwrs, roedd Saesneg yn bwnc gorfodol yn Rhan 2. Gofynnodd a oeddwn yn ddigon hyderus fy Nghymraeg i'w gymryd fel ail brif bwnc, yn hytrach nag yn Rhan 3. Dywedais fy mod i, a gofynnodd a fyddwn wedi bod yn fwy cysurus yn cael y cyfweliad yn Gymraeg yn hytrach na Saesneg. Dywedais y byddwn i. Ymddiheurodd nad oedd hynny'n bosib gan na fedrai ef ei hun Gymraeg. Hynny fu, a chefais wybod ar ddiwedd y cyfweliad i mi gael fy nerbyn. Soniais wrth athrawes – nid un o Ysgol Sir Tregaron – am y cwestiwn ynglŷn â mater fy hyder yn y ddwy iaith, a'r ateb a roddais. Roedd hi'n ystyried fy nghyfaddefiad yn un annoeth.

Cabanau pren a ddefnyddid gan filwyr Americanaidd adeg

y rhyfel oedd rhan helaethaf y coleg, lle heddiw y saif Ysbyty Athrofaol Cymru, Y Mynydd Bychan, Caerdydd. Fe wnes i setlo yno'n ddigon cysurus. Bryd hynny, cyfanswm nifer y myfyrwyr – bechgyn yn unig – oedd 141 a hynny ar draws tair blynedd. Dwy flynedd oedd y cwrs am Dystysgrif Athro, gyda'r cyfle i barhau am flwyddyn ychwanegol i astudio Diploma mewn Addysg Gorfforol. Pan ddechreuais roedd hanner cant o fyfyrwyr yn y flwyddyn gyntaf, yr un nifer yn y drydedd a 41 yn yr ail, ffigur rhyfedd ond fel'ny roedd hi. Braf oedd cael cwmni dau arall o Dregaron. Roeddwn yn adnabod Gwilym Williams o Swyddffynnon yn dda. Er ei fod dair blynedd yn hŷn na mi, byddem yn teithio ar yr un bws ysgol a chan mai ei dad, Evan Rees Williams, oedd y gof yn Swyddffynnon roeddwn yn gyfarwydd â mynd gyda fy nhad i'r efail i bedoli Bess neu gael swch newydd i'r aradr. Roedd Gwilym yn fachgen cyhyrog, athletaidd gyda gwallt coch oedd wedi treulio'r ddwy flynedd orfodol yn y Lluoedd Arfog i rai o'i oed a'i amser – yn yr Awyrlu, os cofiaf yn iawn – cyn penderfynu mynd i goleg. Chwaraeodd rygbi i Gymry Llundain yn safle'r wythwr, rhwng dau chwaraewr rhyngwladol, John Leleu a Robin Davies. Yn ystod ei gyfnod yn y coleg symudodd i chwarae yn yr ail reng ac yna i'r rheng flaen. Bu'n gapten tîm y coleg yn ei ail flwyddyn ac wedi hynny bu'n chwarae fel prop i dîm Trecelyn cyn dychwelyd i'w sir enedigol yn Drefnydd Addysg Gorfforol Ceredigion.

Hefyd o Dregaron roedd Hefin Davies, oedd ddwy flynedd yn hŷn na mi yn yr ysgol, yntau wedi treulio dwy flynedd yn y fyddin, cricedwr dawnus yn ogystal â phêl-droediwr a chwaraewr rygbi da iawn. Yn ei gyfnod yn y Lluoedd Arfog datblygodd yn *gymnast* da ond fel cricedwr y cofiaf amdano. Clywais Roy James, athro yn Ysgol Ramadeg Ardwyn, Aberystwyth, yn sôn fwy nag unwaith am gêm rhwng Tregaron ac Ardwyn. Ac Ardwyn wedi sgorio dros 150 yn eu batiad, sgôr da i dîm ysgol, aeth John Richard Jones (John Wenallt) a Hefin i'r llain gan sgorio'r cyfan heb golli wiced. 'Y batiad gore gan ddau grwt ysgol weles i yn fy mywyd,' tystiodd Roy James.

Roeddwn i, o ran oed, yn syrthio'n daclus i'r flwyddyn wedi i'r gwasanaeth milwrol gorfodol orffen a'r flwyddyn cyn i'r cyfnod am Dystysgrif Addysg yn y colegau hyfforddi athrawon godi i dair blynedd. Felly, os oeddwn i barhau mewn addysg llawn-amser a hynny am y cyfnod byrraf posib, roedd hyn yn ddelfrydol. Ac roedd Coleg Hyfforddi Dinas Caerdydd yn ymddangos yn opsiwn deniadol a diddorol. Roedd, er hynny, yn dipyn o sioc i'r system. Roedd y coleg ar drothwy dod, os nad ydoedd eisoes, yn un o golegau amlycaf Prydain am gynhyrchu athletwyr a chwaraewyr mewn pob math o gampau. Dros y blynyddoedd gwelwyd enwau cyn-fyfyrwyr y coleg yn brigo ymhob agwedd. Maen nhw fel 'pwy yw pwy' ym myd y campau. Enwau fel Lynn Davies, a enillodd fedalau aur yn y naid hir yn y Gemau Olympaidd (1964), y Gemau Ewropeaidd (1966) a Gemau'r Gymanwlad ddwywaith wedi hynny (yn '66 a '70), a'r gwibiwr Peter Radford, a gafodd ddwy fedal efydd yng Ngemau Olympaidd 1960 ac a ddaeth yn amlwg ym myd gweinyddu athletau ac fel Athro yn y campau mewn gwahanol brifysgolion a Chadeirydd UK Athletics. Un arall oedd Bill Bell, yr Athro Bill Bell wedyn, oedd yn y flwyddyn o fy mlaen i ac a ddychwelodd i'r coleg fel darlithydd a gwneud llwyth o waith ymchwil o bwys rhyngwladol i effaith gweithgarwch corfforol ar ddatblygiad ac iechyd yr unigolyn. Dai Davies, golwr Cymru, Abertawe ac Everton, wedyn, a llu o chwaraewyr rygbi rhyngwladol fel Dewi Bebb – yr oeddwn eisoes yn ei adnabod drwy gylchoedd yr Urdd – a ddaeth i Gaerdydd o Goleg y Drindod i wneud Diploma mewn Addysg Gorfforol... Mae'n rhestr ddiderfyn. Daeth un, Alun Davies, oedd yn y drydedd flwyddyn pan oeddwn i yn fy mlwyddyn gyntaf, maes o law yn gyfarwyddwr addysg uchel iawn ei barch yn Ynys Manaw. Clywais gan gyfeillion y bu'n gefnogol iawn i'r ymgyrch i ddod â'r Fanaweg i fewn i

gyfundrefn addysg yr ynys ddiwedd yr wythdegau a dechrau'r
nawdegau.

Unwyd y coleg â Choleg Technegol Llandaf, Coleg Celf
Caerdydd a Choleg Technoleg Bwyd ac Astudiaethau Busnes
Caerdydd yn 1974, a newidiwyd enw'r coleg unedig droeon
wedi hynny – Athrofa Addysg Uwch De Morgannwg, Athrofa
Addysg Uwch Caerdydd, Athrofa Prifysgol Cymru, Caerdydd
(UWIC) a bellach Prifysgol Fetropolitan Caerdydd. Bellach
mae yno 12,000 o fyfyrwyr. Eto, drwy'r holl newidiadau
a datblygiadau, parhaodd y coleg i gynhyrchu dynion a
merched disglair ym myd y campau. Yn y flwyddyn o
'mlaen i roedd Dai Nash, Glyn Ebwy, wythwr rhyngwladol
a hyfforddwr cyntaf tîm rygbi Cymru. Yn yr un flwyddyn
roedd Clive Rowlands, a ddewiswyd yn gapten tîm rygbi
Cymru bron yn syth ar ôl iddo adael y coleg ac a ddaeth
yn olynydd i Dai Nash fel hyfforddwr Cymru. Bu'n rheolwr
y Llewod ac yn Llywydd Undeb Rygbi Cymru maes o
law. Roeddwn wedi cyfarfod Clive yng Ngwersyll yr Urdd
Glan-llyn cyn mynd i'r coleg ac wedi hoffi ei Gymreictod
gwerinol di-lol heb sôn am edmygu ei gyfrwystra ar y cae
rygbi. Mae gen i gof am gêm gyffrous iawn rhwng y coleg
a choleg St Luke's, Caerwysg (Exeter) a chwaraewyd ar gae
y Fyddin Diriogaethol ger Heol yr Eglwys Newydd. Roedd
St Luke's yn enwog fel coleg rygbi a'r tîm rygbi heb golli i
goleg arall mewn deuddeng mlynedd. Ond fe'u curwyd y
diwrnod hwnnw mewn gêm agos iawn, gêm a wnaed yn
fwy agos fyth am i fachwr tîm y coleg, Gareth Roberts, gael
anaf yn yr hanner cyntaf. Yn y dyddiau hynny ni chaniateid
i chwaraewr ddod i'r cae yn lle un a anafwyd a bu'n rhaid i
Goleg Caerdydd chwarae dros hanner y gêm gydag un dyn
yn brin. Cofiaf Clive Rowlands, y capten, yn cael gêm arwrol.
Roedd Gwilym Williams yn y tîm y diwrnod hwnnw. Roedd
Bill Morris o Aberaeron ar un asgell, a Dennis Perrott, fu'n
chwarae am flynyddoedd ar yr asgell i Gasnewydd, ar y
llall. Dai Nash oedd yr wythwr a Dave Matthews oedd y

maswr a sgoriwr unig gais y gêm; Mike Robbins a Dave 'Benji' Thomas oedd y canolwyr.

Yn y drydedd flwyddyn pan oeddwn i'n cychwyn roedd arwyr fel Hugh Davies o Ben-bre, bowliwr cyflym tîm criced Morgannwg, Myrddin John, Mr Codi Pwysau Cymru am ddegawdau – cystadleuydd, hyfforddwr, rheolwr a Llywydd Ffederasiwn Codi Pwysau Cymru – a Randall Bevan o Rydaman, pencampwr Prydain ar y trampolîn. Cymry Cymraeg i gyd, ac mewn coleg mor fychan roedd pawb yn adnabod ei gilydd. Des i adnabod Randall yn arbennig o dda am ei fod yn enedigol o'r un ardal â Graham Harries oedd yn rhannu stafell â mi yn yr hostel. A chan fod myfyrwyr y drydedd flwyddyn – a'r ail – allan yn lletya byddai Randall yn fynych yn gadael ei ddillad a'i offer yn ein stafell ni. Darganfu Graham a Hefin, fy nghyd-Dregaronwr, eu bod eisoes yn adnabod ei gilydd. Roedd y ddau yn y fyddin gyda'i gilydd a buon nhw'n ffrindiau agos am y ddwy flynedd nesaf. Roedd Graham yn fachgen amryddawn a chwaraeodd ran yn y ffilm *David* (1951). Brawd i James Griffiths, Aelod Seneddol Llanelli, yn enedigol o'r Betws, Rhydaman, oedd David Griffiths. Dechreuodd weithio dan ddaear yn 12 oed ond gorfu iddo roi'r gorau iddi wedi damwain yng nglofa Pantyffynnon. Dechreuodd ymddiddori mewn barddoniaeth, gan ennill cadeiriau a gwobrau cenedlaethol, a chafodd swydd gofalwr yn Ysgol Ramadeg Dyffryn Aman, lle bu'n ddylanwad ar ddisgyblion o dueddiadau llengar gan eu dysgu i gynganeddu yn ystod amser chwarae. Cyfrannodd golofnau dan yr enw Amanwy i bapurau lleol ac i'r *Cymro*. Gwnaed y ffilm *David*, portread clasurol o'r glöwr diwylliedig, fel rhan o ddathliadau'r Festival of Britain 1951, y sgript gan Aneirin Talfan Davies, gyda Graham yn chwarae rhan yr Amanwy ifanc.

Fel y dywedais, roedd canfod fy hun yng nghanol cynifer oedd eisoes yn enwau cyfarwydd ym myd y campau yn dipyn o sioc. Sioc arall oedd i ni gael ein hanfon ar ymarfer dysgu cynradd wedi dim ond pythefnos yn y coleg. Ces fy anfon i Ysgol Gynradd Gymraeg Pont Siôn Norton, Pontypridd, ysgol fechan gyda llai na deugain o ddisgyblion. Y tu draw i wal uchel roedd ysgol cyfrwng Saesneg gyda thros ddau gant o blant. Lai nag ugain mlynedd yn ddiweddarach roedd fy mhlant i fy hun yn yr ysgol, ond erbyn hynny roedd dau gant o blant yn yr ysgol Gymraeg a llai nag ugain yn yr ysgol Saesneg! Tyfodd addysg cyfrwng Cymraeg yn gyflym yn ardal Pontypridd. Cofiaf am styfnigrwydd cynghorwyr Llafur yn mynnu llesteirio twf addysg Gymraeg drwy gadw'r ysgol Saesneg ar agor hyd yn oed pan oedd y nifer i lawr i ddeunaw. Brwydr rhieni, llawer iawn ohonyn nhw'n ddi-Gymraeg, yw hanes twf yr ysgolion Cymraeg, brwydr y deuthum yn fwy cyfarwydd â hi pan ddychwelais i fyw i'r ardal ddeng mlynedd yn ddiweddarach.

Wythnos o arsylwi ac yna wythnos o gymryd ambell wers oedd trefn yr ymarfer dysgu cyntaf hwnnw. Byddwn yn teithio i fyny i Bontypridd ar y bws, newid bws sawl gwaith mewn gwirionedd, oherwydd roedd yr ysgol allan ar gyrion Pontypridd, ar y ffordd i Gilfynydd. Tair athrawes a gofiaf yno, Mrs Netherway y brifathrawes, Mrs Treharne a ddaeth yn brifathrawes ar ei hôl a Miss Anne Pugh. Un peth rwy'n ei gofio'n dda oedd bod y plant yn aml yn gythreuliaid drwg yn y gwersi arferol ond pan ddeuai darlithwyr o'r coleg i'm gwylio'n dysgu roedden nhw'n angylion bach, yn gwrando'n astud ac am y cyntaf gyda'u hatebion i bob cwestiwn. I'r gwrthwyneb oedd hi yn Ysgol Fodern Waterhall lle bûm ar fy ymarfer dysgu uwchradd – ymddwyn yn dda fel arfer a chwarae'r diawl pan oedd darlithydd yno! Flynyddoedd wedyn, pan gynhaliwyd cinio dathlu hanner canmlwyddiant sefydlu Ysgol Pont Siôn Norton, a ninnau wedi cael gwahoddiad am i Gwen, fy ngwraig, dreulio rhai tymhorau'n dysgu yno, medrwn ymffrostio mai fi oedd yr unig athro a fu'n dysgu yn yr ysgol yn y pumdegau!

Bu'r ffaith i mi gael fy anfon i wneud ymarfer dysgu ym

Mhontypridd yn fodd i adnewyddu cysylltiad gyda changen o deulu fy nhad – ei gyfnither Margaretta, neu Modryb Gretta i mi. Er nad yw'r berthynas deuluol yn arbennig o agos erbyn hyn, rwy'n cadw cysylltiad gyda'r gangen yna o'r teulu. Hynny, mae'n debyg, oherwydd agosatrwydd fy nhad at Modryb Gretta. Hi aeth ag ef i'r ysgol ar ei ddiwrnod cyntaf a hi dorrodd y newydd iddo fod ei fam wedi marw. Aeth ei thad, Henry Williams, i lawr i'r 'gweithe' i fod yn löwr yn Abercwmboi, ond rywsut fe gafodd waith yn y byd yswiriant gan ddringo i fod yn rheolwr swyddfa'r Prudential ym Mhontypridd. Roedd yn un o hoelion wyth Capel yr Annibynwyr, Sardis, Pontypridd, yn ddiacon ac ysgrifennydd y capel, ac yn ôl Berwyn Lewis, a fu'n ysgrifennydd y capel mewn cyfnod diweddarach, yn athro Ysgol Sul a enynnai barch y bobol ifanc. Mynnu aros gyda'i mam-gu yn Swyddffynnon a wnaeth Modryb Gretta, ac yno y cyfarfu ei gŵr ac yntau'n fyfyriwr yng Ngholeg Ystrad Meurig. Roedd ef yn fachgen a gollodd ei rieni'n ifanc, pan oedd tua 7 oed. Gofalwyd amdano gan ei frawd hynaf ond mynd i lawr y pwll glo yn 14 oed a fu ei dynged, lle cafodd ddamwain ddifrifol a cholli ei goes. Llwyddodd ei frawd i sicrhau'r cyfle iddo fynd i Ystrad Meurig ac yna i Goleg Dewi Sant, Llanbedr Pont Steffan. Bu'n offeiriad yn Llangatwg-yng-nglyngoed, ger y Fenni, a bu farw cyn yr Ail Ryfel Byd, gan adael fy Modryb Gretta yn weddw gyda dwy ferch fach, Betty, sydd hefyd wedi marw ers nifer o flynyddoedd, a Nan, sy'n dal yn fyw ym Mhontypridd, yn ei hwythdegau hwyr ac yn fam-gu a hen fam-gu siriol a diwyd.

Roedd eraill o'r teulu niferus yn agos aton ni, amryw ohonyn nhw, fel fy Modryb Gretta, wedi treulio cyfnodau o'u plentyndod gyda pherthnasau yn ardal Swyddffynnon. Yn eu plith roedd y Parch. H. James Williams, gweinidog, athronydd a diwinydd uchel ei barch gyda'r Annibynwyr yn y Foel a'r Trallwng; Richard Williams, Abercwmboi; a Meurig Williams, Pontrhydfendigaid wedi hynny. Roedd fy nhad yn agos at y tri brawd yma hefyd. Bachgen direidus a bywiog, yn ôl yr hanes, oedd Richard, ac un tebyg oedd ei fab Richard 'Dickie' Williams (1925–97), a fu'n chwarae rygbi tri-ar-ddeg gyda Leeds a Hunslet. Enillodd 13 o gapiau i dîm Cymru a 12 o gapiau i dîm Prydain ac ym marn gwybodusion y gêm yng ngogledd Lloegr ef oedd y maswr gorau o Gymro yn hanes y gêm tri-ar-ddeg, gwell hyd yn oed na Gus Risman, David Watkins a Jonathan Davies. Chwaraeodd Dickie, oedd hefyd yn bianydd clasurol dawnus, rygbi'r undeb i Aberpennar a Bryste lle gwelwyd ef gan y sylwebydd teledu ffraeth a gwreiddiol Eddie Waring, a'i perswadiodd i droi at y gêm tri-ar-ddeg. Tipyn o gymeriad oedd Richard y tad, a bargeiniodd yn galed gyda Chlwb Rygbi'r Gynghrair Leeds, gan sicrhau swydd iddo'i hun ac i'w ferch, Megan, a oedd newydd orffen yn y coleg, ar ben y cytundeb a gafodd ei fab. Dechreuodd bregethu yng nghapeli Cymraeg Swydd Efrog a pherswadio'i frawd, H. James Williams, i anfon ei hen bregethau iddo! Mab i'r ieuengaf o'r brodyr, Meurig Williams, Pontrhydfendigaid, oedd David 'Dias' Williams sy'n dal record sgorio clwb pêl-droed Aberystwyth o 476 o goliau mewn 433 o gemau. Chwaraeodd i'r clwb rhwng y blynyddoedd 1966 ac 1983. Yn drist iawn, bu farw o ganser flwyddyn wedi rhoi'r gorau i chwarae. Enwyd eisteddle newydd y clwb, Eisteddle Dias, ar ei ôl, ac fe'i hagorwyd yn swyddogol gan John Charles. Roedd Dickie a Dias yn ddau gefnder llawn a minnau'n gyfyrder i'r ddau.

Ond i fynd yn ôl i'r coleg. Tra oeddwn i yno roedd adeilad newydd yn cael ei godi yng Nghyncoed a nifer y myfyrwyr yn saethu i fyny. Yn fy mlwyddyn i roedd yn agos at hanner ein nifer yn siarad Cymraeg a thros yr hanner naill ai wedi bod yn y Lluoedd Arfog neu'n athrawon heb gymhwyster yn dysgu ar ddau draean cyflog athro trwyddedig. Felly roedd yno lawer o fechgyn ifanc – fel Graham, a'm cyd-Dregaroniaid Gwilym a Hefin – oedd eisoes wedi profi tipyn ar fywyd. Pan oeddwn i'n fy ail flwyddyn y daeth merched i'r coleg am y tro cyntaf, nid bod hynny'n gymaint o newid ag y gellid disgwyl. Roedd colegau merched yn y Barri, y Coleg Celfyddydau Cartref yn Llandaf a'r Coleg Technoleg Bwyd ac Astudiaethau Busnes yn Colchester Avenue a oedd – neu yn sicr a ddaeth – yn goleg lle darperid hefyd hyfforddiant ymarferol i gywion newyddiadurwyr mewn llaw-fer, teipio a'r gyfraith. Tuedd merched y Brifysgol oedd edrych i lawr eu trwynau ar rapsgaliwns y coleg hyfforddi. Ac, wrth gwrs, roedd yr ysbytai a'r nyrsys. Y farn gyffredinol oedd mai'r ddau beth sicraf mewn bywyd oedd marwolaeth a nyrs! Fel y nodais, roedd y Cymry'n fwy niferus na'r gweddill. Deuai llawer o'r estroniaid o Swydd Efrog, Cernyw neu o'r siroedd dros y ffin fel Caerloyw. Un o sêr fy mlwyddyn i oedd D. John Davies, bachgen o Gwm Cynon os cofiaf yn iawn, a oedd eisoes, er mai dim ond 18 oed ydoedd, yn aelod o bac nerthol – bryd hynny – Clwb Rygbi Castell Nedd. Roedd yn 'all-rounder' ac roedd darogan gyrfa ddisglair iddo. Chwaraeodd unwaith i Gymru, yn erbyn Iwerddon yn 1962, gêm a ohiriwyd tan yr hydref canlynol oherwydd achos o'r frech wen yn y De. Aeth i chwarae rygbi'r gynghrair i Leeds yn syth wedyn ac yn ddiweddarach ymunodd â Dewsbury, a bu farw'n ddisymwth o drawiad ar y galon ar ddiwedd gêm i ail dîm y clwb yn erbyn Batley yn Ebrill 1969. Darganfuwyd bod ganddo galon anarferol o fawr. Roedd yn 28 oed. Bachgen hawddgar a dymunol, cyfaill da, na chyflawnodd yr addewid a ddangosodd yn ei ddyddiau coleg.

Roedd rhyw amrywiaeth ryfedd o ddoniau a diddordebau yn ein blwyddyn, gan gynnwys nifer o bêl-droedwyr dawnus o'r Gogledd – fel y diweddar Owen Maelor Edwards, oedd hefyd yn unawdydd bas da, o Rosllannerchrugog. Cafodd gap i dîm amatur Cymru yn ystod ei dymor cyntaf yn y coleg. Ymhlith y gweddill roedd Ian Furlong o Langefni; Dic Parry o Borthmadog; a John Roberts o Sir Ddinbych – pob un ohonyn nhw wedi chwarae i dîm ysgolion Cymru. Un arall oedd Eryl Jones o Aberaeron, golwr a ddychwelodd i'w fro enedigol i fod yn brifathro Ysgol Gynradd Felin-fach. Roedd asgwrn cefn y tîm pêl-droed i gyd yn Gymry Cymraeg ac arferent siarad Cymraeg â'i gilydd yn ddi-baid wrth chwarae. Cofiaf Peter Cross, pêl-droediwr dawnus o Benarth a chwaraeodd i Brifysgolion Prydain tra oedd yng Ngholeg y Brifysgol, Bangor, yn sôn am hyn. Roedd Peter yn astudio Cymraeg yn y chweched dosbarth dan Alwyn Prosser yn Ysgol Ramadeg Penarth ac yn chwarae i dîm lleol mewn gêm yn erbyn y coleg. 'Er mai dysgu Cymraeg fel ail iaith oeddwn i, roeddwn i'n deall pob gair roedden nhw'n ddweud, ac roedd y ffaith 'mod i'n deall beth oedden nhw'n ddweud yn rhoi'r hanner eiliad yna i ymateb i'w symudiadau nhw,' meddai. 'Rwy'n cofio dod oddi ar y cae a John Roberts yn edrych yn amheus arna i a dweud yn Saesneg – "Fe gest ti yffach o gêm dda!" Ddwedes i ddim ond diolch.'

Roedd Godfrey Collins, a gofiaf fel myfyriwr hŷn na'r mwyafrif ohonon ni, wedi cynrychioli Cymru fel bocsiwr amatur a chwaraewr tennis bwrdd. Brawd iddo oedd Malcolm Collins, bocsiwr amatur llwyddiannus iawn a gafodd fedalau arian yng Ngemau'r Gymanwlad yn Vancouver yn 1954 ac yng Nghaerdydd yn 1958, er darogan y byddai'n ennill yr aur yng Nghaerdydd. Bu'r ddau frawd yn gweithio fel cysodwyr gyda'r *Western Mail* a'r *South Wales Echo* yng Nghaerdydd. Arferai Malcolm, hefyd, sgrifennu am ornestau bocsio amatur i'r *Echo*. Dychwelyd i fyd argraffu wnaeth Godfrey wedi rhai blynyddoedd yn dysgu. Un arall a ymddiddorai yng 'ngwyddor felys y sgwâr' oedd Gwyn Morgan, cyn-löwr o Bontypridd a brawd i'r dyfarnwr bocsio Adrian Morgan. Roedd yntau sawl blwyddyn yn hŷn na mi, ac yn un o'r ychydig o blith fy nghyfoeswyr y cadwais mewn cysylltiad â hwy wedi dyddiau coleg. Parhaodd i fyw ym Mhontypridd a bu'n athro Addysg Gorfforol ac yna'n athro anghenion arbennig yn Ysgol Gyfun Coedylan. Un arall y cedwais gysylltiad ag e ar ôl dyddiau coleg oedd Mike Robbins o'r Eglwys Newydd, Caerdydd, canolwr a wrthododd bob cyfle i chwarae rygbi dosbarth cyntaf gan aros gyda Chlwb Tredelerch, Caerdydd.

Yn nhîm cyntaf y coleg yn fy nghyfnod i, ef oedd yr unig un hyd y medraf gofio nad oedd, neu na fu, yn chwarae i glwb dosbarth cyntaf. Gorffennodd ei yrfa yn ddirprwy brifathro Ysgol Esgob Llandaf.

Cyfaill arall o blith y Cymry Cymraeg, ac un, yn rhyfedd iawn, y bu i mi golli pob cysylltiad ag e wedi dyddiau coleg, oedd D. Gwyn Evans o Abercraf a aeth i fyd addysg bellach yn y Rhondda. Rhyfedd, oherwydd roedd un o'i blant, yr actor Daniel Evans, yn Ysgol Gyfun Gymraeg Rhydfelen yr un flwyddyn â fy mab hynaf, Gildas. Mab arall i Gwyn yw'r cyn-gefnwr rygbi rhyngwladol Luc Evans. Yn gymharol ddiweddar y des i wybod bod Daniel yn fab i fy nghyd-fyfyriwr. Er na welais mohono ers dyddiau coleg, clywais hanes David 'Benji' Thomas o dro i dro, canolwr y cyfeiriwyd ato eisoes a oedd wedi cynrychioli tîm rygbi Cernyw cyn dod i'r coleg. Bu'n hyfforddi Cernyw er 1976 gan arwain y tîm i rownd derfynol pencampwriaeth siroedd Lloegr ac i fuddugoliaeth enwog yn y gystadleuaeth dros Swydd Efrog yn 1991 a'i ddewis yn hyfforddwr rygbi'r flwyddyn yn Lloegr. Yn 2013 cafodd Anrhydedd Oes yn dilyn bron hanner canrif o gyfraniad i hyfforddi rygbi yng Nghernyw, a chael ei anrhydeddu'n aelod o Orsedd Cernyw. Cawn bytiau o'i hanes gan y diweddar Len Truran, o gwmni cyhoeddi Dyllansow Truran, a gyhoeddodd fy nghyfrol Saesneg *Goodbye Johnny Onions* yn 1988. Roedd Len hefyd yn gyn-fyfyriwr o'r coleg yn y cyfnod yn syth wedi'r rhyfel, yr un fath â T. Llew Jones, pryd y darperid cwrs carlam – deunaw mis – am Dystysgrif Athro i rai a fu yn y Lluoedd Arfog.

Penderfynais yn fuan iawn nad y cae rygbi fyddai fy lle i a phan gynigiodd rhai o fy nghyfeillion o Swydd Efrog gyfle i mi chwarae i dîm hoci'r coleg, fe'i derbyniais. Chwaraeais drwy gydol y flwyddyn gyntaf, fi a Derek Williams o Bontarddulais, mewnwr da na welai fawr o obaith am le yn un o dimau rygbi'r coleg. Cawsom lawer o hwyl ac roedd y caeau anwastad a lleidiog yn sicrhau nad oedd fawr o fantais gan y chwaraewyr gwir ddawnus. Ni chofiaf lawer am aelodau eraill y tîm heblaw bod yna fachgen o Swydd Efrog o'r enw Frank Moody a oedd yn llinach y teulu o focswyr enwog o Bontypridd, Tim Henderson a oedd hefyd o Swydd Efrog a Keith Frear o Cleckheaton, eto yn Swydd Efrog. Rwy'n meddwl mai tua hanner y tîm oedd yn chwaraewyr hoci o ddifri, yn eu plith y capten, gŵr barfog o'r enw Bernie, Tim Henderson a Frank Moody. Am y gweddill ohonon ni, wedi dod drosodd o ryw gamp arall oedden ni. Roedd hi'n gêm eithaf garw ac mae gen i dolc yn fy nghoes chwith i brofi hynny.

Cofiaf fy ngêm gyntaf yn dda iawn. Roeddwn yn chwarae cefnwr chwith, a chyda'r tîm arall yn ymosod o ochr arall y maes trawodd un o'u chwaraewyr y bêl yn uchel i'r canol. Dim ond fi a'r golwr oedd ar ôl yn amddiffyn, a rhyw flaenwr canol go fawr o'r tîm arall yn carlamu amdani. Glaniodd y bêl ychydig o fy mlaen a chan ddefnyddio fy sgiliau criced trewais y bêl ar yr *half-volley* a thasgodd yn syth i dwll stumog fy ngwrthwynebydd. I lawr ag e, wedi colli ei wynt yn lân, a bu oedi yn y chwarae am rai munudau nes iddo ddod ato'i hun. Doeddwn i ddim yn wybodus iawn am y rheolau ac ofnwn y cawn fy hel oddi ar y cae am chwarae'n beryglus. Ond na, cawson ni ergyd rydd am i'r creadur oedd ar lawr ddefnyddio'i gorff i atal y bêl. Rwy'n meddwl i'r digwyddiad hwnnw fod yn ddigon i sicrhau fy lle yn y tîm am o leiaf hanner y tymor.

Y drefn gyda hoci yw bod dau ddyfarnwr, gyda'r ddau dîm yn darparu bobo un. Cymro o gyffiniau Porthmadog o'r enw John Roberts oedd ein dyfarnwr rheolaidd ni a chawn lawer o gynghorion ganddo yn ystod y chwarae. 'Gwranda, Tregaron, cadw ben y pastwn yna i lawr neu bydd rhaid i mi dy gosbi di!' Oherwydd y caeau lleidiog ac anwastad doedd dim cymaint â hynny o alw am sgiliau a chofiaf un gêm lle roedd y cylch o flaen un o'r goliau bron iawn dan ddŵr. Bob tro y deuai'r bêl i'r rhan honno o'r maes bron nad oedd raid ceibio amdani, gyda'r dŵr a'r llaid yn tasgu i bobman. Bûm hefyd yn aelod o'r tîm rhedeg traws gwlad yn fy mlwyddyn gyntaf ac yn aelod achlysurol o'r tîm athletau – y ras 440 llath. Cofiaf un achlysur yn dda, sef pencampwriaeth traws gwlad y colegau hyfforddi yn Llundain. Yn y tîm roedd Gogleddwr a fu yn y llynges fasnach cyn dod i'r coleg, creadur difyr os anystywallt ar adegau. Wedi'r ras aethon ni allan am sbri gan nad oedd angen dal trên yn ôl i Gaerdydd tan wedi hanner nos. Roeddem wedi trefnu i gyfarfod ger un o'r llewod yn Sgwâr Trafalgar ond doedd dim argoel o'r cyn-longwr. Aeth tridiau heibio cyn iddo ailymddangos gyda rhwymau o gwmpas ei ben. Soniodd rywbeth am drio mynd i fyny grisiau symudol oedd yn dod tuag i lawr, a syrthio. Pan dynnwyd y rhwymau i ffwrdd canfuwyd bod chwarter uchaf un o'i glustiau wedi ei dorri i ffwrdd yn lân. Darganfuwyd ymhen ychydig fisoedd, diolch i fyfyriwr a chanddo gysylltiad â nyrs yn un o ysbytai Llundain, mai wedi bod mewn rhyw ymrafael go filain yr oedd ein cyfaill. Beth bynnag, roedden ni'n falch iawn o'i weld yn ôl gan y bu sawl cyfarfod o'r clwb traws gwlad yn trafod pryd a sut roedd rhoi gwybod i awdurdodau'r coleg am ei ddiflaniad. Ni fu'r penwythnos hwnnw'n un arbennig o ddisglair yn hanes y clwb.

Er penderfynu nad oeddwn am geisio cynrychioli'r coleg yn y gamp, o dro i dro byddai'n rhaid chwarae ambell gêm rygbi o ddifri. Yng nghanol cynifer o chwaraewyr o'r safon uchaf, doedd hwn ddim yn lle da i lynghyryn chwe throedfedd a dwy fodfedd nad oedd yn pwyso ond deg stôn a hanner. Rwy'n cofio'n rhy dda am gêm yn y gystadleuaeth rhwng y blynyddoedd. Gan fod prinder o chwaraewyr ail reng a gormod o chwaraewyr rheng ôl – mae yna rai pethau sydd ddim yn newid! – cefais fy newis i chwarae yn yr ail reng yn erbyn y drydedd flwyddyn. Gan ein bod eisoes wedi curo'r ail flwyddyn roeddem yn teimlo braidd yn hyderus. Yn anffodus, un tebyg i mi oedd aelod arall yr ail reng, bachgen gyda'r cyfenw Wood, o gyffiniau Caerloyw. Fy ngwrthwynebydd i yn y lein oedd Hugh Davies, y cricedwr, oedd hefyd yn gyn-gapten tîm rygbi'r coleg. Digon yw dweud i mi gael prynhawn i'w anghofio. Cosfa. Yn ffodus i mi, cafodd Hugh anaf i'w figwrn ddiwedd yr hanner cyntaf a gorfod gadael y cae a chafwyd gêm gyfartal. Rwy'n cofio achlysur arall tebyg pan oeddwn mewn pac oedd unwaith eto yn cael ei chwalu – diffygion yr ail reng eto, yn ddi-au. Roedd olwyr medrus a dawnus gennym, ac er gwaethaf gwendidau'r ail reng roedden nhw'n llwyddo i wneud gwyrthiau gyda briwsion. Wedi cael rhyw lun o feddiant o dan ein pyst ni, dyma nhw'n dechrau rhedeg y bêl. Aeth y chwarae'n ôl a blaen o asgell i asgell a minnau'n ymlwybro i ryw gyfeiriad lletraws i fyny'r cae yn lluddedig. Yn sydyn roeddwn ar linell pump-ar-hugain y gwrthwynebwyr pan daflodd un o'n hasgellwyr y bêl i mi, yr unig un oedd ar ôl wrth ei ysgwydd. Llwyddais i garlamu a phlymio drosodd am gais cyn cael fy nhaclo. Enghraifft ardderchog o 'backing-up' oedd y ddedfryd. Yr unig dro yn ystod y gêm i mi fod yn y lle iawn ar yr amser iawn.

Roedd yna lawer o frawdgarwch a pharodrwydd i helpu'n gilydd i ddatblygu sgiliau. Rwy'n cofio cyd-fyfyriwr o'r enw Ken Allen a ddaeth i'r coleg o rywle yn Essex ond a anwyd yn Llanelli ac a fu'n byw yno nes ei fod yn 8 oed. Medrai gynnal sgwrs dda yn Gymraeg o hyd a chefais wersi tennis bwrdd defnyddiol ganddo.

Soniais eisoes am Derek Williams, fy nghyd-aelod o'r tîm hoci. Roedd yntau hefyd yn Gymro Cymraeg, ac yn gyfaill da yn ein blynyddoedd coleg. Aeth yn athro i Lundain wedyn a gwneud gwaith canmoladwy gyda ieuenctid Clwb Rygbi Cymry Llundain. Wedi rhai blynyddoedd, priododd a mynd i Seland Newydd lle bu'n bennaeth Addysg Gorfforol mewn ysgol yn Auckland. Roedd Derek yn un o'r bechgyn hynny a chanddo'r ddawn i wneud yn dda mewn tipyn o bopeth – un da mewn gymnasteg a gemau o bob math. Rwy'n ei gofio'n rhoi cynnig ar y ras ganllath dros y clwydi, a chan nad oedd fawr neb yn y coleg yn ymddiddori yn y gamp honno ar y pryd, bu yn y tîm. Cofiaf un achlysur yn arbennig. Yn ei wynebu roedd sawl un a oedd yn arbenigo yn y gamp, gan gynnwys pencampwr Cymru ar y pryd. Ffwrdd â nhw gyda Derek, oedd yn fachgen eithaf byr, yn hwylio'n braf dros y clwydi a'r lleill yn eu taro, baglu a mynd i bob math o drafferthion. Rwy'n amau i un o'r cystadleuwyr orffen gyda'r glwyd olaf am ei ganol! Enillodd Derek yn gyffyrddus. Yn dilyn yr anhrefn cynhaliwyd ymchwiliad a chanfod bod y clwydi i gyd wedi eu gosod lathen yn rhy bell i lawr y trac. Mae athletwyr sy'n arbenigo yn y gamp yn mynd dros y glwyd gyda'r un goes yn arwain – y chwith fel arfer. Yn y ras roedd pob un wedi taro'r glwyd gyntaf a cholli eu cydbwysedd. Pob un ond fy nghyfaill o Bontarddulais! Roedd Derek yr athletwr greddfol yn mynd dros un glwyd gyda'i goes chwith yn arwain a'r nesaf gyda'i goes dde, fel roedd hi'n dod! Yn anffodus, penderfynodd y stiwardiaid ailosod y clwydi ac ailredeg y ras. Chafodd Derek ddim cystal llwyddiant yr eildro.

Fe fyddai pethau difyr o'r fath yn digwydd o dro i dro. Pan oeddwn yn fy ail flwyddyn, cynrychiolwyr y coleg yn y ras ganllath oedd y gwibiwr Olympaidd Peter Radford a'r chwaraewr rygbi Dewi Bebb. Rhyfedd o fyd, coleg – ac un bychan – gyda thîm athletau oedd yn cynnwys dau wibiwr o'r safon yna. Yn yr un flwyddyn â mi roedd gwibiwr arall, Colin Willis o Felin-foel, nai i'r mewnwr Rex Willis a gafodd bartneriaeth ddisglair gyda Cliff Morgan yn nhimau Caerdydd a Chymru yn y pumdegau. Rwy'n cofio nifer o athletwyr y coleg yn cystadlu mewn un ras yn hen Stadiwm y Maendy, yn eu plith Peter Radford. Roedd Peter yn y lôn agosaf at y cychwynnwr ac yn y lôn bellaf roedd Russ Jones o Lanelli, rhedwr da a oedd yn enwog am gychwyn cyn y gwn. Yn ôl ei arfer, aeth Russ amdani, y tro hwn dipyn yn rhy gynnar. Roedd llygad dyn y gwn ar Peter ac erbyn iddo danio roedd Russ lathen i lawr y trac. Roedd y rhedwyr eraill i gyd wedi gweld Russ yn mynd cyn y gwn ac yn disgwyl clywed y ddwy ergyd i'w galw'n ôl, yn ôl yr arfer bryd hynny. Ond ni ddaeth, a'r canlyniad fu i Radford a'r lleill benderfynu nad oedd dim amdani ond rhedeg. Enillodd Russ o bum llath. Wedi tipyn o drafod a dadlau penderfynwyd ailredeg y ras, gyda'r canlyniad disgwyliedig.

Gwibiwr arall yn y flwyddyn o fy mlaen yn y coleg oedd Bill Morris, cyn-ddisgybl o Ysgol Sir Aberaeron a chyfaill mawr Clive Rowlands. Cafodd Bill ddau gap i Gymru ar yr asgell, y cyntaf yn erbyn yr Alban yn Murrayfield yn 1963, pan giciodd Clive y bêl i ebargofiant, a'r ail yn y gêm ganlynol yn erbyn Iwerddon. Flynyddoedd wedyn cofiaf gyfarfod Glyn Morgan, un o'r 'Pump Mawr', sef dewiswyr tîm Cymru, a'r ddau ohonon ni yn cofio am dacl Bill ar y cawr o Albanwr, Mike Campbell-Lamerton – tacl a sicrhaodd ail gap iddo. Chwaraeodd Bill i Lanelli a Phontypŵl ac roedd yn gweithio yn Adran Addysg Bellach Dinas Caerdydd pan ddes ar ei draws eto yn y saithdegau. Brawd Glyn Morgan, gyda llaw, oedd y cenedlaetholwr gweriniaethol a'r dyn busnes Trefor Morgan. Roedd David, mab Glyn, yn y flwyddyn ar fy ôl yn y coleg ac yn rhedwr traws gwlad da iawn.

Un arall o 'nghyfoedion coleg y des ar ei draws wedyn oedd Anthony Moss-Davies o'r Drenewydd, *gymnast* da ond gormod o unigolyn i fodloni awdurdodau'r coleg. Aeth i Ganada a bu'n brifathro coleg cymunedol yng nghylch yr Arctig. Priododd ferch o blith yr Inuit – neu'r Eskimos – a chofiaf gyfarfod y ddau yn Eisteddfod Genedlaethol Bangor yn 1971. Ugain mlynedd yn ddiweddarach roeddwn yn Reykjavík, Ynys yr Iâ, yn siarad mewn cynhadledd ryngwladol, ac ymhlith y siaradwyr eraill roedd Rosemarie Kuptana, llywydd yr Inuit Tapiriit Kanatami (Sefydliad Cenedlaethol yr Inuit yng Nghanada), a oedd yn adnabod Moss-Davies yn dda ac yn canmol ei waith yn fawr. Byd bach. Caf sôn am y gynhadledd honno yn nes ymlaen.

Roedd darlithwyr arbennig yn y coleg. Un o'r mwyaf lliwgar a diddorol oedd Syd Aaron, yr hyfforddwr gymnasteg – dyn o ogledd Lloegr oedd wedi chwarae rygbi'r gynghrair a hyd yn oed yn ei bedwardegau yn chwarae i dîm pêl-fasged Cymru.

Roedd yn *gymnast* o fri ac yng Nghaerdydd dechreuodd ymddiddori yn y trampolîn a dod yn un o arloeswyr y gamp. Addysgodd ei hun a Randall Bevan yr un pryd. Mae hanes amdano, pan oedd yn fyfyriwr yng Ngholeg Carnegie, yn ymdrechu'n hir i gyflawni rhyw gamp ac yn ystod y nos yn tybio ei fod wedi datrys y broblem. Cododd, mynd i'r gampfa – dringo i fewn drwy'r ffenest – a cheisio gwneud y gamp. Yn y broses, torrodd ei wddf ac yno y daethpwyd o hyd iddo fore trannoeth yn methu symud. Wn i ddim a yw'r stori'n gwbl wir ond gwn iddo dorri ei wddf ac na fedrai droi ei ben i'r ochr dde. Cofiaf ef yn sôn sut y bu'n rhaid iddo ailddysgu gwneud popeth – gan gynnwys cerdded. Fe, yn fwy na neb, roddodd ei stamp ar y coleg a'i sefydlu'n un o brif golegau addysg gorfforol Prydain. Enwyd campfa yn y coleg yng Nghyncoed ar ei ôl. Cadwais gysylltiad ag e wedyn gan yr arferai ddod â myfyrwyr i Wersyll yr Urdd Glan-llyn ar gyfer gweithgareddau hwylio a mynydda. Un arall oedd Roy Bish, a arbenigai mewn rygbi ac athletau, ac a oedd, goelia i, yn un o hyfforddwyr rygbi mwyaf dylanwadol a blaengar Cymru – er nad oedd ganddo ddawn Carwyn James i drin pobol. Cofiaf ei ddadansoddi meistrolgar o ddulliau a thactegau tîm Ffrainc – a oedd yn y pumdegau, yn arbennig yn ystod capteniaeth Jean Prat, wedi dod yn rym ar y llwyfan rhyngwladol gan ddatblygu dulliau a thactegau mwy dyfeisgar na'r gwledydd eraill. Aeth Bish i'r Eidal ar ôl hynny i ddatblygu'r gêm yn y wlad honno. Bu i mi adfer cysylltiad gydag Eric Thomas, y dirprwy brifathro, pan ddes i weithio i'r BBC, a'r tro olaf i ni gyfarfod oedd yn angladd Hywel D. Roberts, Pennaeth yr Adran Addysg.

Penderfynais beidio â chynnig am le yn y flwyddyn diploma. Mae'n debyg mai prin iawn oedd y rhai a wnaeth yr un dewis â mi – yr unig un arall y gwn i amdano oedd y diweddar Elwyn Huws a fu'n Drefnydd Addysg Gorfforol yr Urdd, Pennaeth Glan-llyn a phennaeth canolfan hamdden yn Sir Fôn wedi hynny. Yn y cyfnod hwnnw roedd Cymry

Cymraeg, yn arbennig y rhai oedd yn gwneud Cymraeg fel ail brif bwnc, yn cael tipyn o ffafriaeth, diolch i Hywel D. Roberts, ac er y gwyddwn na ddylwn gael lle yn y flwyddyn diploma, nid oeddwn yn siŵr na fyddai Hywel yn llwyddo i fy nghael i arni rywsut. Bu'n garedig iawn wrthyf, yn enwedig gan i mi fod yn aelod o dîm areithio'r coleg yn y gystadleuaeth ryng-golegol am Frisgyll *Y Cymro*, a ddarlledid ar y radio a'r teledu. Aeth Geraint Lloyd Owen a minnau cyn belled â'r rownd gyn-derfynol. Geraint oedd y seren, a fi yn ei gysgod. Ofnwn y byddai hynny hefyd o help i gael lle ar y cwrs diploma a phenderfynais ddweud nad oeddwn am gael trydedd flwyddyn, i arbed embaras i mi fy hun a phawb arall. Heblaw am hynny, roeddwn yn cael trafferth gyda fy mhigwrn a bu hynny'n help i mi wneud y penderfyniad, hytrach yn anarferol, o gyhoeddi nad oeddwn am dreulio blwyddyn arall yn y coleg.

Doedd gen i ddim busnes i fod yn y fath gwmni o gwbl. Eto, roedd yna ysbryd cyfeillgar a phawb yn barod i helpu'i gilydd. Treuliwn dipyn o amser yn y rhwydi criced yn ymarfer. Medrwn, fel bowliwr, wneud i'r bêl wyro y naill ffordd neu'r llall yn yr awyr a bu'r diweddar Ken Pugh, cricedwr a chwaraewr rygbi dawnus fu'n fewnwr tîm Abertawe am nifer o flynyddoedd wedi hynny, yn garedig wrthyf. Roedd Ken eto'n Gymro Cymraeg, o Frynaman. Ni fu gan y coleg dîm criced yn ystod fy nghyfnod i. Yr un gamp y bu i mi ddod ymlaen yn dda ynddi oedd nofio. Es i'r coleg heb fedru nofio o gwbl a dod oddi yno yn nofiwr eithaf da. Heblaw am chwarae criced a badminton yn ystod 1965, pan oeddwn yn byw a gweithio yn Aberystwyth, yr unig gamp i mi barhau i wneud rhywbeth â hi ar ôl gadael y coleg oedd nofio. Stuart Griffiths o Aberaeron, cyn-golwr Clwb Pêl-droed Aberystwyth, oedd hyfforddwr nofio'r coleg – a'r hyfforddwr pêl-droed hefyd. Roedd ei frawd, Gordon, yn flaenwr canol yn nhîm Aberystwyth a chwaraeodd i dîm amatur Cymru ac fe'i cofiaf wedi hynny'n gweithio i'r CCPR (Cyngor Canolog dros Hamdden Corfforol). Ym Mhwll y Gymanwlad y caem ein gwersi a chymerais at nofio fel y chwyaden ddiarhebol. A dweud y gwir, fedra i ddim cofio bod yna nofwyr o'r safon uchaf yn y coleg yn fy nghyfnod i, er bod yna amryw oedd yn nofwyr da ac yn barod i helpu rhai fel fi oedd yn frwd os nad yn ddawnus iawn. Arferwn fynd i glwb nofio'r coleg hefyd, fyddai'n cyfarfod yn hen bwll Guildford Crescent, tua hanner ffordd i lawr Churchill Way – pwll y deuthum yn gyfarwydd iawn ag e flynyddoedd wedyn pan ymunodd Trystan â Chlwb Nofio Dinas Caerdydd. Nid oedd tîm nofio gan y coleg ond cynrychiolais fy mlwyddyn yn y gala flynyddol yn erbyn y blynyddoedd eraill, rhywbeth nad oedd yn golygu llawer ond a oedd yn swnio'n eithaf da ar y CV.

Flynyddoedd wedyn, â'r plant yn fach, es ati o ddifri i'w dysgu i nofio a daeth Trystan yn nofiwr da iawn. Roedd Eleri a Gildas yn dda a Ffion yn weddol. Fe wnaethon nhw i gyd gynrychioli'r ysgol gynradd a Chlwb Nofio Pontypridd ac aeth Trystan ymlaen i gynrychioli Clwb Nofio Dinas Caerdydd a Chymru. Roedd cyffro arbennig i'r cystadlaethau rhwng y clybiau, gyda Chaerdydd yn cystadlu'n gyson yn erbyn Ysgol Fonedd Millfield a charfan gref Torfaen. Mae'n gamp sydd angen ymroddiad aruthrol a phan nad oedd ond yn ei arddegau cynnar byddai Trystan yn ymarfer am ddwyawr ym Mhwll y Gymanwlad cyn mynd i'r ysgol a dwyawr ar ôl ysgol. Golygai hyn fy mod yn mynd ag e i lawr i Gaerdydd erbyn chwech y bore, yna mynd ag e am frecwast mawr yng nghantîn y BBC yn Llandaf – lle roeddwn yn gweithio erbyn hynny – cyn ei roi ar y trên yn ôl i Bontypridd ac Ysgol Gyfun Rhydfelen. Byddai'n dod i lawr ar y trên ar ôl ysgol a minnau'n mynd ag e adre wedi'r sesiwn – tua chwech o'r gloch. Rwy'n cofio iddo ddweud wrthyf flynyddoedd wedyn y byddai'n cwympo i gysgu mewn ambell wers a'r athrawes yn ei ddeffro gyda'r geiriau, 'Trystan Griffiths, wyt ti'n cysgu yn fy ngwers?' 'Na, Miss, canolbwyntio o'n i,' fyddai'r ateb bob tro. Bûm yn gwneud peth hyfforddi gyda Chlwb Pontypridd ond gyda Chlwb Caerdydd y gwnes fy nghyfraniad mwyaf i'r gamp. Bûm yn Swyddog y Wasg i'r clwb am flynyddoedd ac am gyfnod i Gymdeithas Nofio Amatur Cymru, gan sgrifennu adroddiadau cyson i'r *Western Mail* a'r *South Wales Echo* am gystadlaethau nofio a thimau polo dŵr Caerdydd a Maindee Olympic, Casnewydd. Roedd Caerdydd yn cystadlu yng nghynghrair Cymru tra bod Maindee yn y gynghrair Brydeinig ond yn ymarfer ym Mhwll y Gymanwlad, Caerdydd. Roedd tua hanner tîm Caerdydd hefyd yn aelodau o glwb Maindee Olympic, clwb gwirioneddol lwyddiannus. Ar un adeg, nhw oedd Manchester United y byd polo dŵr.

Roedd nifer o nofwyr enwog iawn yn y clwb pan ofynnodd Bryn Williams, y prif hyfforddwr, i mi weithredu fel Swyddog y Wasg – Roland Lee (Lloegr a Phrydain, fu'n gystadleuydd yng Ngemau Olympaidd Los Angeles, 1984, ac yn Seoul a Barcelona wedi hynny); Mike Peyrebrune (Yr Alban a Phrydain, dull cefn); a Mark Taylor (Cymru a chapten Prydain yng Ngemau Olympaidd Moscow, 1980, dull rhydd). Myfyriwr Addysg Gorfforol yng Nghyncoed oedd Mike Peyrebrune ac aeth rhagddo i fod yn hyfforddwr nofio yng Ngholeg Loughborough. Pan gychwynnais weithredu fel Swyddog y Wasg i'r clwb roedd Colin Cunningham – un arall o gyn-sêr Lloegr a Phrydain – yn hyfforddwr cynorthwyol i Bryn Williams ac yn ddiweddarach dychwelodd Dave Haller yn brif hyfforddwr y clwb. Dave oedd wrth y llyw pan sefydlwyd Clwb Dinas Caerdydd yn wreiddiol drwy uno nifer o glybiau llai o fewn ac o gwmpas y brifddinas, ac yn ogystal â datblygu doniau lleol byddai'n denu nofwyr o rannau eraill o Brydain. Cymeriad carismataidd iawn ydoedd. Treuliodd gyfnod yn Hong Kong ac ef oedd hyfforddwr David Davies o Benarth a enillodd fedal efydd yn Athen yn 2004 ac arian yn Beijing yn 2008. Treuliais wyth mlynedd ddiddorol fel Swyddog y Wasg ond erbyn i Trystan basio'i brawf gyrru a medru teithio'n ôl a blaen ar ei ben ei hun roeddwn yn awyddus i wneud llai. Pan fyddwn yn mynd i lawr i un o'r pyllau ymarfer – Pwll y Gymanwlad neu'r Ganolfan Chwaraeon – ddwywaith bob dydd roeddwn yn y man a'r lle am bob gwybodaeth. Cytunais i barhau ar yr amod fy mod i'n cael pob gwybodaeth drwy Trystan neu ar y ffôn ond ni chawn y cydweithrediad a ddymunwn gan Bryn Williams, a phan fynegodd rhywun arall ddiddordeb yn y gwaith tua 1992 roeddwn yn fwy na pharod i ymddeol. Yn anffodus, gweld y swydd fel cam i hyfforddi wnaeth fy olynydd ac ni fanteisiodd ar y cysylltiadau yr oeddwn wedi eu meithrin gydag adrannau chwaraeon y papurau newydd. Er mai gweithio'n ddi-dâl oeddwn i, roedd angen ymroddiad oedd yn ddim llai na phroffesiynol.

Prin yw diddordeb y papurau mewn campau fel nofio ond os oes gan glwb rywun sy'n barod ac yn medru darparu copi cywir a phrydlon ar eu cyfer fe'i defnyddir yn llawen. Ces ysbeidiau o gydweithio gydag Anita Lonsbrough, enillydd y fedal aur yng Ngemau Olympaidd Rhufain, 1960, yn y 200 metr dull broga. Cynhelid pencampwriaeth dridiau ym Mhwll y Gymanwlad, Caerdydd, bob Sulgwyn, wedi ei noddi gan Speedo, y cwmni sy'n gwneud offer a dillad nofio, ac Anita oedd eu prif swyddog y wasg. Roedd yn benwythnos prysur, ac yn ogystal â bod yn weithgar gyda'r trefniadau bydden ni'n lletya nofwyr o wledydd eraill – bu nofwyr o garfanau Canada, y Swistir a Denmarc yn aros yn ein cartre dros y blynyddoedd, a byddai Trystan yn ei dro yn mynd i gystadlu yn yr Almaen, Llydaw, yr Unol Daleithiau a Phortiwgal, gan aros gyda theuluoedd yn y gwledydd hynny. Daliodd ati drwy gydol ei gyfnod yn y coleg – UWIC – ond rhoddodd y gorau iddi wedi hynny, yn bennaf oherwydd trafferth gyda'i ysgwydd. Dechreuodd ymddiddori wedyn mewn cystadlaethau lled-eithafol fel rasys sy'n cynnwys dringo dros waliau uchel, stryffagli drwy laid ac ati. Er ei fod yn athro ysgol prysur, mae'n dal i gystadlu ac yn parhau i hyfforddi ffitrwydd, a bu am gyfnod yn hyfforddwr nofio hefyd. Caf sôn amdano eto wrth ymdrin â'r teulu.

Dyn bach yr Urdd

WEDI DWY FLYNEDD ddifyr yng Ngholeg Hyfforddi Dinas Caerdydd, ymgeisiais am swydd Trefnydd yr Urdd yn Sir Benfro. Hywel D. Roberts a dynnodd fy sylw at y swydd a thebyg iddo roi geirda anrhydeddus i mi – mwy na fy haeddiant, rwy'n amau. Er syndod i mi, fe'i ces a dyna gychwyn cyfnod hapus a diddorol yn fy mywyd.

Cychwynnodd fy nghysylltiad â'r Urdd pan ddaeth Mrs Edith Williams yn brifathrawes Ysgol Castell Flemish. Hi oedd olynydd Mrs Dinah Jones. Gwraig weddw gymharol ifanc oedd Mrs Williams o ardal Bwlch-y-groes, Sir Benfro, ardal W. R. Evans a Bois y Frenni, ardal a drwythwyd yn y traddodiad eisteddfodol a'r Urdd. Hi sefydlodd Aelwyd Castell Flemish, Aelwyd gymunedol ardderchog. Doedden ni ddim yn gystadleuol iawn – hynny yw, doedden ni ddim yn cystadlu yn Eisteddfodau'r Urdd, er i mi unwaith gynnig ar y stori fer yn Eisteddfod Genedlaethol yr Urdd, Llanbedr Pont Steffan, 1959 a chael y drydedd wobr. Bobi Jones oedd y beirniad. Rwy'n cofio noson gymdeithasol i Aelwydydd Sir Aberteifi yn Nhalgarreg, a dyna'r tro cyntaf i mi glywed Eirwyn Pontshân, y Parch. Ted Grey, a oedd yn offeiriad yn y parthau hynny, ac Ifan Isaac y Trefnydd Sir ac eraill yn mynd trwy'u pethau. Noson gofiadwy. Rwy'n cofio mynd i gyngerdd lansio Eisteddfod yr Urdd Llanbedr Pont Steffan a gweld Parti Dawns Aelwyd Aberystwyth am y tro cyntaf, a oedd yn cynnwys Eddie Jones, Bow Street, Iwan Bryn Williams ac – er na wyddwn ei henw ar y pryd – merch o'r enw Gwen Williams, a gymerodd y cam rhyfeddol, bendith arni, i 'mhriodi rhyw chwe blynedd yn ddiweddarach.

Clybiau Ffermwyr Ifanc oedd o'n cwmpas ni gartre ac roedd clybiau llewyrchus yn Nhregaron, Bronnant a Phontrhydfendigaid, er bod clwb Bont yn Aelwyd hefyd, er mwyn gallu ymuno yng nghystadlaethau Drama a Siarad Cyhoeddus yr Urdd. Bu Aelwyd yn Nhregaron gyda Nan Davies, Pontargamddwr, yn warden arni ond daeth i ben wedi i Nan fynd at y BBC ym Mangor. Ni fu Aelwyd lwyddiannus yn Nhregaron wedyn, 'gormod o *experts* oedd am fod yn geffyle blân' yn ôl Ifan Isaac. Yn ogystal â'r Clwb Ffermwyr Ifanc cofiaf fod cangen lewyrchus o Gymry'r Groes yn y dref a honno'n gysylltiedig ag Eglwys Sant Caron dan arweiniad y Parch. – Archesgob wedyn – George Noakes. Symudwyd y caban pren a fu'n gartre i Aelwyd Tregaron i Wersyll Llangrannog i'w ddefnyddio fel caban chwaraeon maes o law.

Lle da oedd y gwersylloedd bryd hynny, ac o hyd am wn i, i wneud cysylltiadau. Clywais ddweud mai'r rheswm gorau dros fynd i brifysgol yw i wneud cysylltiadau a all, yn y dyfodol, fod o ddefnydd. Fe wnes i lawer o gysylltiadau diddorol ac amrywiol yn fy nyddiau coleg ond ddim agos mor werthfawr a pharhaol â'r cysylltiadau a wnes i drwy'r Urdd, yn arbennig yn y gwersylloedd. Roedd gwersyllwyr go aeddfed yn dod i Lan-llyn am wyliau bryd hynny – rhai ohonyn nhw wedi aros yn 25 am flynyddoedd! Dyma le i wneud cyfeillion o bob rhan o Gymru a phob cefndir cymdeithasol. Bymtheng mlynedd yn ôl ces gais i drefnu ymweliad â Chaerdydd i ddirprwyaeth o Lorient, Llydaw, oedd am ganfod beth oedd effaith S4C ar economi'r brifddinas. Ces docynnau iddyn nhw i gyngerdd nos Sadwrn yn Neuadd Dewi Sant, cyngerdd gyda Cherddorfa Genedlaethol Cymru y BBC dan arweiniad Owain Arwel Hughes. Cawson ni wahoddiad hefyd i'r derbyniad ar ôl y cyngerdd ac roedd yn syndod i'r Llydawyr fod Owain a minnau'n hen gyfeillion a'n bod ein dau'n sgwrsio gyda'n gilydd yn Gymraeg. Bu'r ddau ohonon ni yng Ngwersyll Glan-llyn ar yr un pryd pan oedden ni yn yr ysgol uwchradd.

Yn y coleg roedd yn orfodol gwneud traethawd estynedig ar gyfer y cwrs Addysg a dewisais yr Urdd fel pwnc fy nhraethawd. Rwy'n cofio'n glir mynd i Swyddfa'r Urdd yn Aberystwyth a chael fy nghyfeirio at Dafydd Jones, cyn-Drefnydd y mudiad yn Siroedd Dinbych a Fflint, ac yntau'n rhoi tomen o ddefnyddiau a llyfrynnau i mi a rhan o'i fore i siarad â mi am y mudiad. Felly pan ddywedodd Hywel D. Roberts wrthyf fod yr Urdd yn ystyried penodi ail Drefnydd yn Siroedd Morgannwg a Gwent roeddwn yn llawn diddordeb ac yn gyfarwydd â hanes y mudiad. Trefnodd i mi fynd am sgwrs gyda'r Cyfarwyddwr, R. E. Griffith. Erbyn hynny, anghofiwyd am y syniad o gael Trefnydd arall i Forgannwg a Gwent, er mor ddymunol ydoedd, ond roedd siawns dda y byddai swydd debyg ar gael yn Sir Benfro. Ac felly y bu. Roedd Awdurdod Addysg Sir Benfro'n awyddus i weld penodiad o'r fath ac wedi ymrwymo i dalu 75 y cant o gyflog a chostau Trefnydd.

Byddai Sir Benfro, ar ryw ystyr, yn fy siwtio'n well. Roedd – ac y mae – rhan uchaf y sir yn un o'r ardaloedd Cymreiciaf a chyfoethocaf ei diwylliant yng Nghymru. Roeddwn eisoes wedi dod i adnabod nifer o bobol ifanc y sir yng Ngwersyll Glan-llyn, fel y diweddar Peter John, dyn garej lliwgar, barfog a thalentog o Grymych. Ac roeddwn yn adnabod eraill o ardal Clunderwen oedd yn ddisgyblion yn Ysgol Ramadeg Arberth, lle bu Desmond Healy'n athro Cymraeg. Hefyd, ni fu Trefnydd amser llawn yn y sir ers dyddiau Tom Bevan, telynor oedd yn enedigol o ardal Rhydaman ac a adawodd i weithio i'r Awdurdod Addysg tua 1952 pan oedd yr Urdd mewn trafferthion ariannol gyda dyled i'r banc o £8,000 – swm sylweddol bryd hynny a chyfnod anodd yn hanes y mudiad. Un ffordd o leihau'r ddyled oedd osgoi penodi pan ddelai swydd yn wag, a dyna ddigwyddodd yn achos Sir Benfro. Felly roedd lle i ddatblygu yn y rhan Gymraeg o'r sir. Hefyd, er nad oedd gen i fawr o syniad sut i fynd o gwmpas y gwaith, disgwylid i mi ddatblygu gwaith y mudiad yr ochr isaf i'r Landsker, sef y ffin ieithyddol sy'n ymestyn ar draws y sir o Newgale i Benblewin, y cylchdro rhwng Arberth a Chlunderwen. Bryd hynny, nifer fechan iawn o ysgolion cynradd o dan y Landsker oedd hyd yn oed yn dysgu Cymraeg a doedd dim llawer o'r ysgolion uwchradd yn ei dysgu 'chwaith. Ond am y tro byddai digon o waith yn y gogledd heb boeni gormod beth i'w wneud yn y de.

Cynigiais am y swydd, a gorfod wynebu llond stafell o bobol yn cynrychioli Cyngor yr Urdd, Pwyllgor yr Urdd Sir Benfro a chynrychiolwyr o Awdurdod Addysg Sir Benfro. Beth bynnag, ces fy mhenodi. Roedd hyn yn berffaith gan y byddwn yn cychwyn yn syth wedi i mi orffen fy arholiadau terfynol yn y coleg. Gofynnwyd i mi fynd ar fy union at Ifan Isaac yng Ngwersyll Llangrannog i godi pebyll yng nghwmni Lyn Rees, Castellnewydd Emlyn – y Parch. Lyn Rees wedi hynny – a Wyn James, Beulah, Ysgrifennydd Cyffredinol UCAC maes o law. Heblaw am frecwast, roedd un o gogyddion y gwersyll, Winnie Young o Langrannog, yn dod i wneud y bwyd i ni. Lyn fyddai'n gwneud brecwast – rhoi wyau yn y tegell ac wedi i hwnnw ferwi roedd yr wyau'n barod i'w bwyta a'r dŵr yn ferw i wneud te! Wythnos o ddyrnu pegiau i'r ddaear ac yna wythnosau'n ddirprwy bennaeth y gwersyll. Deufis o gyflog yn mynd i'r banc heb ei gyffwrdd, heb ddim i'w wario ar fy nghadw. Wedi gorffen gwaith am y dydd awn i lawr i draeth Cefn Cwrt. Doedd e ddim yn draeth mewn gwirionedd, dim ond cerrig mawr a gwymon. Ond gyda'r llanw i mewn gellid nofio allan a thrwy dwll yn y graig oedd tua 200 llath allan i'r môr. Profiad cyffrous, oherwydd byddai cyfeiriad llif y dŵr yn newid ac un funud byddwn yn nofio'n wyllt yn erbyn y llif a'r eiliad nesaf byddai'n troi a byddwn yn tasgu allan y pen arall fel corcyn o botel bop. Lle i'r Swogs fynd wedi i'r plant glwydo oedd traeth Cefn Cwrt ac roedd y daith iddo braidd yn beryglus ar hyd llwybr cul ar ochr y graig. Yn ôl a glywais, rhoes rheolau iechyd a diogelwch ddiwedd ar anturiaethau o'r fath. Yn yr wythnos codi pebyll yn y blynyddoedd canlynol arferwn redeg lan o'r traeth ar ôl bod yn nofio – ffordd dda o adfer ffitrwydd wedi gaeaf o segurdod corfforol.

Y cam cyntaf wedi cael y swydd gyda'r Urdd oedd pasio'r prawf gyrru, gan fod cerbyd yn mynd gyda'r swydd – fan Ford Thames bum mlwydd oed Ifan Isaac. Dechreuais wersi gyrru ar unwaith ac, yn ffodus (iawn), llwyddais i basio'r prawf ar y cynnig cyntaf. Rwy'n cofio geiriau'r testar, 'You have your pass certificate, but I suggest you have a good read of the *Highway Code* before you start speeding around the country on your own.' Pe gwyddai mai fy nheithiau cyntaf ar fy mhen fy hun oedd o Langrannog i Lan-llyn ac yn ôl i Langrannog, tybed a fyddwn wedi pasio? Ni ellid dymuno gwell swydd i gychwyn ynddi, yn hwyl a miri'r gwersylloedd a'r deufis o gyflog yn syth ar ôl gadael y coleg.

Roedd yna gymeriadau, tynnwyr coes diarhebol. Mae gen i frith gof o George Davies, o Lanwrda, a ddeuai bob haf i Langrannog – ei gofio pan awn yn swyddog o'r coleg ydw i, oherwydd bu farw tua 1960. Mae stori am George yn prynu copi o bob papur newydd yn siop y pentref un diwrnod, eu cadw'n ofalus dan hen sach yn ei gaban am flwyddyn gron ac, ar yr union ddydd y flwyddyn wedyn, yn dod i fewn i'r caban swyddogion gan ddweud, 'Drychwch, bues i'n y pentref a meddwl bysech chi'n lico gweld cwpwl o bapure.' Byddai'r swyddogion yn treulio wythnosau heb glywed radio na gweld teledu ac yn colli pob amgyffred o amser, felly roedd gweld papur newydd yn amheuthun. Wrth weld pawb yn darllen y papurau, eisteddai George yn gwrando ar yr ymateb. 'Rwy'n siŵr bo fi wedi darllen y stori yma rywle o'r blaen. Rhyfedd!' Wedyn bydden nhw'n edrych ar y dyddiad a gweld bod hwnnw'n iawn, heb sylwi ar y flwyddyn, a byddai rhyw benbleth yn syrthio dros y lle. Y cwbl er mwyn i George gael ychydig o hwyl. Yng Nglan-llyn y cyfarfûm â Dafydd Iwan gyntaf a chyfnewid llinellau o gynghanedd gydag e, a'i weld yn tyfu'n ganwr poblogaidd gyda'r gwersyllwyr, gan addasu caneuon Woody Guthrie i'r Gymraeg, 'Mae'n wlad i mi ac mae'n wlad i tithau...'

Daeth yr haf yn y gwersylloedd i ben a bant â fi am Sir Benfro yn y Ford Thames gyda theipiadur a phecyn o bapur sgrifennu swyddogol gyda fy enw, fy nghyfeiriad a bathodyn yr Urdd arno. Er i mi gyfarfod nifer o bobol Sir Benfro yn y gwersylloedd, doeddwn i ddim yn adnabod y sir. Bûm yno ar dripiau pan oeddwn yn yr ysgol gynradd ac yn y coleg: ymweld â'r Eglwys Gadeiriol yn Nhyddewi, Tre-fin – o barch i Crwys – ac Abergwaun, lle glaniodd y Ffrancwyr yn 1797, a chlywed hanes Jemeima Niclas. Fydd neb yn mynd drwy Sir Benfro i unlle, heblaw i borthladd Abergwaun am Iwerddon, a doedd pobol fel fi ddim yn mynd ar wyliau i lefydd felly bryd hynny.

Bûm yn lletya am gyfnod byr gyda Vivian a Gwen Morgan yn Main Street, Abergwaun, uwchben yr hen borthladd. Roedd Viv yn frodor o'r ardal ac yn brifathro Ysgol Gynradd Tre-fin a Gwen yn ferch i'r Parch. Parry Roberts, Mynachlog-ddu. Y diweddar John Garnon, Urddwr amlwg, athro yn Aberystwyth ac un a oedd yn enedigol o Abergwaun, a drefnodd y llety ar fy nghyfer. Lle ardderchog i wneud cysylltiadau, rhai ohonyn nhw'n ddefnyddiol i fy ngwaith ac eraill, wel, am eu bod yn ddiddorol. Mewn dim o dro roeddwn yn adnabod D. J. Williams, Waldo Williams, J. J. Evans, Tyddewi, a llu o weinidogion fel Young Haydn, Felin-ganol, Stanley Lewis, Pentowr, a Richard Edwards, gŵr o Ffair Rhos a oedd yn feddyg llysieuol (*herbalist*) a gweinidog Capel y Goedwig, Bedyddwyr, yng Ngwdig. Roedd Richard Edwards yn byw drws nesaf i D.J. Cofiaf D.J. yn dweud stori wrtha i am wraig gyntaf Richard Edwards. Toc wedi i D.J. gael ei ryddhau o'r carchar yn dilyn llosgi Ysgol Fomio Penyberth, roedd Mrs Edwards yn trio llosgi pentwr o sbwriel yn yr ardd, heb gael fawr o hwyl arni. Gwelodd hi D.J. yn ei ardd y drws nesaf ac meddai hi, 'O, Mr Williams bach, allwch chi ddod i'n helpu i gynnau'r tân 'ma?' 'Wrth gwrs,' atebodd D.J. 'Rwy'n awdurdod ar gynnau tân!' Wyddai'r greadures ddim ble i edrych!

Cawn wahoddiad yn aml am swper nos Sul ar aelwyd D.J. Welais i erioed dŷ mor llawn o lyfrau. Roedd silffoedd o gwmpas pob stafell, a'r rheini'n llwythog o lyfrau. Ymfalchïai D.J. yn ei bwdin reis oedd, yn ôl ei ddisgrifiad ef ei hun, fel teisen 'yn naddu fel tomen yn y gwanw'n'. Y gwir yw, roedd yn bwdin blasus iawn. Roedd ei wraig, Sian, yn bur fusgrell yn gorfforol, er ei bod yn sionc ei meddwl a'i sgwrs. Roedd D.J. yn gwmnïwr difyr ond roedd angen sicrhau bod rhai sylltau yn y boced cyn mynd ar ei gyfyl oherwydd fe dynnai bamffledyn o rywle, un o gyhoeddiadau diweddaraf y Blaid, ei ganmol i'r cymylau a mynnu ein bod yn prynu copi. Rwy'n cofio trafodaeth ryw dro a rhywun yn gofyn 'Petai D.J. yn cael cynnig O.B.E. am ei gyfraniad i lenyddiaeth Cymru, a fyddai'n derbyn?' Dylwn nodi nad ystyrid derbyn anrhydeddau o'r fath yn bwnc mor ddadleuol bryd hynny. Onid oedd R. E. Griffith newydd dderbyn O.B.E.? Mynnai un o'r cwmni y byddai D.J. yn derbyn a phan fyddai'n mynd gerbron y frenhines y byddai'n tynnu pentwr o bamffledi o'i boced a dweud, 'Ma'am, I'm sure you would like to buy these excellent booklets and make a small contribution to Plaid Cymru!' Lawer gwaith, a minnau'n dychwelyd o ben uchaf y sir wedi hanner nos, cyfarfûm ag ef yn cerdded ar draws y Parrog o Wdig i Abergwaun wedi bod yn ymweld â rhai o ffermydd bras Pencaer yn hel arian i Gronfa Gŵyl Ddewi Plaid Cymru. Rwy'n credu bod Sir Benfro'n codi mwy o arian nag unrhyw sir tuag at y gronfa honno, diolch i D.J., ac ymhlith rhai o'r cyfranwyr mwyaf hael roedd ffermwyr y gwyddwn yn bur dda eu bod ymhlith cefnogwyr mwyaf pybyr y Torïaid!

Cofiaf Gwen yn derbyn llythyr annwyl iawn oddi wrth D.J. wedi iddo glywed am ein dyweddïad. Roedd Gwen wedi bod yn weithgar gyda'r Blaid ers ei dyddiau yng Ngholeg Harlech a Choleg y Brifysgol, Caerdydd, a bwriodd i fewn i'r gwaith pan ddaeth i Sir Benfro. 'Byddwch yn ysbrydoliaeth ac yn gysur mawr i'ch gŵr,' oedd barn bendant D.J. Roedd D.J. yn ddyn cryf ac yn ei gyfnod yn y Rhondda bu'n focsiwr a reslar digon abal. Roedd hefyd yn *gymnast* da ac mae stori amdano'n gwneud *handstands* ar dŵr coleg Aberystwyth, ac un arall amdano'n neidio allan drwy ffenest ar lawr eithaf uchel, troi'n ddeheuig yn yr awyr a gafael yn y sil gyda blaenau ei fysedd cyn tynnu ei hun i fyny ac yn ôl i'r stafell. Hynny i gyfeiliant sgrechiadau nifer o ferched a dybiai ei fod am ei ladd ei hun! Dylwn nodi, hefyd, fod D.J. yn fyr iawn ei olwg! Rwy'n ei gofio'n sôn wrthyf un tro sut y bu iddo fynd i ymdrochi yn y môr bob dydd am flwyddyn gyfan. Ar y pryd – roedd hyn cyn iddo briodi – roedd yn cyd-letya ag athro yn Ysgol Gynradd Abergwaun, gŵr o Fôn yr wyf yn ei gofio'n iawn er na fedraf gofio ei enw. Cais y gŵr o Fôn oedd ar i D.J. ei ddihuno bob bore cyn iddo fynd i'r traeth. 'Pam ydych chi'n moyn i fi eich deffro?' holodd D.J. Yr ateb oedd, 'Er mwyn i fi gael gorwedd yn fy ngwely a meddwl cymaint callach ydw i na chi!'

Ymhlith y llu o bobol yr Urdd roedd cymeriadau gwreiddiol, difyr, diwylliedig, hamddenol – pobol Sir Benfro hyd at fêr eu hesgyrn. Dyna W. D. Williams, cawr o gorff ac o gymeriad oedd yn brifathro Ysgol Gynradd Crymych. W.D. oedd Ysgrifennydd Pwyllgor Sir yr Urdd, dyn â'i fys ym mhob brywes a oedd yn ymwneud â phopeth oedd yn digwydd yn yr ardal. Doedd e ddim y mwyaf trefnus o ddynion ond rywsut deuai popeth i fwcwl yn y diwedd. Roedd e'n Urddwr i'r carn. Roedd ganddo hen flesar werdd a wisgai i Eisteddfod Genedlaethol yr Urdd bob blwyddyn. Ar y boced roedd bathodyn gwreiddiol y mudiad, un crwn gyda'r Ddraig Goch yn y canol a'r geiriau Urdd Gobaith Cymru Fach mewn cylch o'i chwmpas. Hwn oedd y bathodyn a luniwyd gan y Fonesig Edwards, gwraig y sylfaenydd. Ugain mlynedd yn ddiweddarach, yn 1944, y lluniwyd y bathodyn triongl presennol.

Byddai Eisteddfod Sir Benfro yn cychwyn am 9 y bore ac yn gorffen tua 10.30 y nos. Rwy'n cofio un a gynhaliwyd yn Neuadd Clunderwen tua 1964. Cyrhaeddais oddeutu 8.30 y bore a daeth W.D. a'r beirniaid toc wedyn a'r maes parcio'n llenwi gyda phlant o bob rhan o'r sir. Doedd yno neb i stiwardio, neb ond dwy o ferched ffyddlon Mynachlog-ddu a fyddai'n dod bob blwyddyn i gofnodi enwau'r enillwyr a llenwi'r tystysgrifau. Tebyg fod W.D. wedi gofyn i nifer o athrawon a phrifathrawon stiwardio ond byddai'r rheini'n brysur gyda'u plant am dipyn. 'Griffiths, cer di i'r llwyfan i ddachre pethe ac fe gymra i'r arian wrth y drws,' meddai. Yn y man daeth W.D. i'r llwyfan a'm tro i oedd cymryd yr arian wrth y drws. Rywbryd yn y prynhawn roedd y cystadlaethau gymnasteg i ddisgyblion ysgolion uwchradd dan 15 oed. 'Griffiths, ti wedi g'neud P.T.,' meddai. 'Cer i feirniadu'r ddwy gystadleuaeth ymarfer corff yna.' Trwy lwc, dau dîm oedd yna i gyd, un tîm bechgyn ac un tîm merched a'r ddau o Ysgol Ramadeg Greenhill, Aberdaugleddau. Doedd yr ysgol ddim yn dysgu Cymraeg ond tybiwn fod cael yr ysgol i mewn i gylch yr Urdd yn rhan o'r broses genhadu. Fel mae'n digwydd, roedd y prifathro'n Gymro Cymraeg ond yr un brwd o blaid Eisteddfod yr Urdd oedd yr athro Addysg Gorfforol. Roedd Denzil Thomas yn enedigol o Ystalyfera ac yn ganolwr a chwaraeodd rygbi i Lanelli a Chymru gan anfarwoli ei hun drwy ennill y gêm i Gymru yn erbyn Iwerddon yn Lansdowne Road yn 1954 gyda gôl adlam yn y funud olaf. Y sgôr oedd 12–9. Roedd Denzil yn llawn cystal athro gymnasteg ag ydoedd o chwaraewr rygbi ac roedd safon tîm y bechgyn yn aruthrol. Nhw aeth ymlaen i ennill y gystadleuaeth yn Eisteddfod Genedlaethol yr Urdd y flwyddyn honno.

Un arall o arferion W.D. fyddai mynd at y drws i gymryd arian tua 10.30 y nos wrth i'r eisteddfod dynnu tua'i therfyn a nifer o fechgyn ifanc yn chwilio am rywle i fynd am hwyl wedi i'r tafarnau gau. Byddai W.D. yn barod ar eu cyfer ac yn cymryd eu hanner coronau, 'Dewch nawr, bois bach, at yr Urdd.' A'r rheini'n cyrraedd eu seddau mewn pryd i ganu 'Hen Wlad Fy Nhadau'! Weithiau, os byddai'r eisteddfod yn mynd braidd yn hwyr a'r cystadlu'n parhau a bois y dablen wedi setlo yn eu seddau, fe welid techneg ddihafal W.D. o gadw trefn ar gynulleidfa eisteddfodol anystywallt. Byddai rhywun yn gweiddi 'Cer gatre'r ffŵl' o rywle yng nghanol y neuadd a W.D. yn pwyntio'n annelwig i gyfeiriad y cyfarchiad ac yn ateb yn nhafodiaith odidog Sir Benfro, 'Wê, wê, ma fe Sion Barleycorn wedi cyrra'dd, wên i'n meddwl na fydde fe'n hir.' Roedd 'Sion Barleycorn' yn amau fod W.D. wedi ei adnabod, ac mai callach fyddai iddo gau'i ben. Ychydig yn wahanol, ond yr un mor effeithiol, oedd dull Jason Lewis, prifathro Eglwyswrw, a W. R. Evans o drin cynulleidfa o hyrddod eisteddfodol – dweud stori dda wrthyn nhw. Un arall dawnus am drin cynulleidfa eisteddfodol oedd D. J. Morgan, Llanddewi Brefi, colofnydd 'Pant a Bryn' yn y *Welsh Gazette* 'slawer dydd. Tueddai i fritho'i feirniadaeth gyda 'Chi'n deall?' braidd yn rhy aml. 'Odw, odw,' meddai rhyw globyn swnllyd o ganol y gynulleidfa. Chwerthin mawr. 'O, 'na fe, 'te, os w't ti'n deall ma pawb yn deall,' meddai D.J. fel fflach.

Roedd Aelwydydd rhagorol wedi goroesi yn y sir ers dyddiau Tom Bevan. Côr o bobol ifanc oedd Aelwyd Castell Haidd, yn cyfarfod yn Ysgol Gynradd Cas-lai, dan arweiniad Miss Bessie Hughes, ac yn tynnu ar gylch eang oedd yn ymestyn o Gastell y Garn (Roch) i fyny i Wdig a draw i Gas-blaidd, llawer ohonyn nhw'n bobol ifanc ffermydd ar hyd y ffin ieithyddol. Roedd Aelwyd Crymych, wrth gwrs, dan arweiniad W. D. Williams bob amser yn ymddisgleirio gyda chymeriadau fel Peter John y garej a'i frawd Huw, a Beti Wyn o Hermon a'i brawd Eurig Wyn, a ddaeth yn Aelod Seneddol Ewropeaidd, a chriw o ferched hwyliog. Wedyn roedd Aelwyd Crosswell. Rywbryd wedi fy amser i y dechreuwyd galw'r pentref yn Ffynnon-groes ac erbyn hyn mae'r enw hwnnw wedi ei dderbyn yn swyddogol. Cafodd Crosswell lwyddiannau gyda chystadleuaeth Noson Lawen yr Urdd dan arweiniad Ifor Davies, prifathro Ysgol Gynradd Llwynihirion, Brynberian. 'Mishtir' oedd e i bawb yn yr ardal, hen ac ifanc. Dyn mwyn, tawel, gwirfoddolwr parod ei gymwynas a fedrai arwain criw o bobol ifanc fywiog a'u troi'n griw dawnus, diwylliedig, gan gyfoethogi ardal. Ysywaeth, mae'r diboblogi a fu'n gymaint o bla i'r Gymru wledig bellach wedi taro'r ardal hon hefyd, ac Ysgol Llwynihirion wedi hen gau.

Enillodd Aelwyd Crosswell y gystadleuaeth Noson Lawen yn Eisteddfod Genedlaethol yr Urdd Llanbedr Pont Steffan, 1959, ac uchafbwynt y perfformiad oedd 'Angladd y Mochyn Du'. Priodol oedd hyn, gan i'r faled enwog gael ei seilio ar farwolaeth mochyn Parcymaes, Brynberian, a'r awdur oedd John Owen (1836–1915) o Eglwyswrw, gwas fferm a aeth rhagddo i fod yn weinidog a golygydd amlwg gyda'r Methodistiaid. A difaru'i enaid am gyfansoddi cân a ddaeth yn boblogaidd drwy Gymru benbaladr. Howard Lewis, Siop Brynberian, cefnder i Gwen fy ngwraig, a ganodd y faled y noson honno yn Llambed wrth i gynhebrwng y mochyn fynd ar draws llwyfan y Noson Lawen.

Cafodd Aelwyd Crosswell lwyddiant eto gyda'r Noson Lawen yn Eisteddfod Genedlaethol Aberdâr. Y tro hwnnw cafwyd eitem ddoniol ac annisgwyl. Cynhaliwyd cystadleuaeth y Noson Lawen yn y babell fawr y noson cyn seremoni'r Cadeirio. Roedd un o gymwynaswyr y fro wedi cyflwyno cadair i'r Eisteddfod, ond nid darparu cadair a wnaeth. Roedd y cymwynaswr wedi *gwneud* cadair a doedd neb wedi'i gweld tan y funud olaf. Fe'i gosodwyd dan orchudd ar ochr y llwyfan ac yno roedd hi noson cystadleuaeth y Noson Lawen. Arweinydd Noson Lawen Aelwyd Crosswell oedd Wil Morris, Wil Bach, saer o Benygroes, pentref bach heb fod ymhell o Crosswell. Athrylith o arweinydd, ffraeth a sydyn fel mellten ei ymateb ydoedd. Rywbryd rhwng dwy eitem yn y Noson Lawen eisteddodd Wil ar y gadair a datgymalodd honno oddi tano. Doedd dim yn mynd i gael y gorau ar y saer bach ac aeth ati i roi'r gadair yn ôl wrth ei gilydd. Eisteddodd arni i wneud yn siŵr ei bod yn iawn ond datgymalodd am yr eildro a'r diwedd fu i Wil daflu'r darnau oddi ar y llwyfan.

Roedd y gynulleidfa mewn sterics yn meddwl bod hon yn sgets oedd yn rhan o'r noson! O leiaf roedd yn well na phe byddai'r gadair wedi chwalu dan ben-ôl John Gwilym Jones brynhawn trannoeth! Bu'n rhaid i Drefnydd yr Eisteddfod, Dafydd Jones, fynd i siop ddodrefn yn Aberdâr i brynu cadair ben bore trannoeth. Rwy'n tybio i Wil fynd i'w fedd heb wybod y stori i gyd.

Cyn cyrraedd Sir Benfro roeddwn wedi clywed gan y Parch. Dafydd Henry Edwards, a oedd newydd gychwyn ar ei weinidogaeth yn Aber-cuch a Chilfowyr. Pan oeddwn i yn fy mlwyddyn gyntaf yn Ysgol Sir Tregaron roedd Dafydd, o Ffair Rhos, yn y chweched dosbarth. Gwyddwn yn dda amdano gan fod Enid, ei chwaer, a Lottie fy chwaer innau yn ffrindiau. Roedd yn fardd, yn Brifardd Eisteddfod Genedlaethol yr Urdd Dolgellau, 1960. Rhoddodd ei fryd yn gynnar ar fynd i'r weinidogaeth ac fe'i cofiwn fel pregethwr dawnus gyda llais cyfoethog pan oedd ond yn fachgen ysgol. Roedd yn nai i'r Parch. Richard Edwards, y meddyg llysiau yn Abergwaun y soniais amdano eisoes. Pan oedd Dafydd tua 15 oed gofynnodd Richard Edwards iddo beth roedd am fod wedi gadael yr ysgol. 'Pregethwr,' atebodd Dafydd. 'Pregethwr!' meddai Richard Edwards. 'Ddim byth! Sdim llais 'da ti.' Doedd Dafydd ddim am newid ei feddwl a phenderfynodd Richard Edwards nad oedd dim amdani ond cryfhau llais ei nai. Aeth y ddau i fyny i'r bryniau uwchben Gwarffordd, cartre Dafydd, un i ben un bryn a'r llall i ben bryn arall a'r ddau'n gweiddi siarad â'i gilydd. Os yw ansawdd llais Dafydd yn brawf o rywbeth, dyma ymarfer allai fod o fudd i actorion proffesiynol. Beth bynnag, roedd Dafydd wedi sefydlu parti Noson Lawen a gafodd lwyddiant yng Ngŵyl Fawr Aberteifi ac am gofrestru'r parti fel Aelwyd. Cychwyn campus i Drefnydd mewn sir a swydd newydd.

Roedd cymdeithas gref o bobol ifanc yng Nghapel y Bedyddwyr, Jabez, Cwm Gwaun, dan arweiniad y Parch. a Mrs. H. J. Roberts, a chofrestrodd y gweinidog y gymdeithas fel Aelwyd yr Urdd. Gwnaeth Rheithor Cilgerran, D. J. Lloyd, gŵr o Landdewi Brefi, yr un modd gyda'i glwb Cymry'r Groes. Atgyfodwyd Aelwyd Tre-fin dan arweiniad ffermwr, Ieuan Griffiths, Segrwyd, oedd yn casglu ceir Rolls-Royce fel hobi. Atgyfodwyd Aelwyd Abergwaun dan arweiniad y Parch. Stanley Lewis, o bentref Rhydgalen ger Llanfarian, Ceredigion, yn wreiddiol, a oedd newydd ddod yn weinidog Pentowr.

Ni ellid honni bod y gwaith yn feichus, er ei fod yn cynnwys ysgogi gweithgarwch Urddawl ymhlith yr ysgolion. I lawer ohonyn nhw, golygai'r Urdd roi pob gwaith ysgol o'r neilltu o ddechrau Chwefror a chlatsho bant gyda'r gwaith eisteddfodol – rhywbeth oedd y tu hwnt i 'mhrofiad i. Medrwn alw mewn nifer o ysgolion cynradd gwledig ar yr adeg honno o'r flwyddyn, fore neu brynhawn, a'r cyfan oedd i'w glywed oedd côr neu barti unsain neu barti cydadrodd wrthi'n ymarfer. Rhyfedd mor dda oedd rhai o'r partïon hyn, a rhai ohonyn nhw o ysgolion bychain iawn. Rwy'n cofio Ysgol Llwynihirion yn dod yn ail yn y parti unsain yn Eisteddfod Genedlaethol yr Urdd tua 1962. Parti dan 12? Roedd o leiaf un dan 8 ynddo! Gwelais a chlywais dalentau a ddaeth yn enwau rhyngwladol yn yr eisteddfodau hynny, yn eu plith Leah-Marian Jones, Ysgol Brynconin, Llandysilio, ac Eirian James o Ysgol Bridell ger Cilgerran.

Cylch Dewi oedd y mwyaf trefnus, lle roedd Ruthy James, prifathrawes Ysgol Gynradd Carnhedryn, yn ysgrifenyddes. Ei thad oedd Thomas James, gwneuthurwr clocsiau yn Pebidiog, Ysgeifog. Lluchiodd Waldo englyn Saesneg i ganol cywydd i gyfarch Thomas a'i briod Annie ar achlysur eu priodas aur:

Fifty years' love above the bog, – they made
　　The most of Pebidiog;
　　How did they thrive in Sgeifog?
　　Mid the clay he made the clog.

Mr James oedd prifathro Ysgol Solfach, dyn hawddgar o gymoedd Morgannwg oedd yn frwd iawn dros wehyddu, a byddai'r ysgol yn cael cyntaf, ail a thrydydd yn y Genedlaethol yn y cystadlaethau hynny bob blwyddyn. Rai blynyddoedd yn ôl, ar un o deithiau cerdded Cymdeithas Edward Llwyd, dechreuais sgwrsio gyda dynes ifanc hardd a chanfod ei bod yn dod o Solfach. Soniais am y cymeriad o brifathro brwd a gofiwn yn yr ysgol a'i gamdreiglo diarhebol. 'Fe oedd fy nhad,' meddai wedi ysbaid! Mae'n amlwg na wnaeth ei dreigladau anarferol ddim niwed iddi hi, gan iddi raddio yn y Gymraeg.

Rwy'n tybio mai tua pymtheg o blant oedd yn Ysgol Llanrhian i gyd, ysgol eglwys lle roedd Grace Davies yn brifathrawes. Ac eto, byddai'n cynhyrchu partïon unsain ardderchog flwyddyn ar ôl blwyddyn. Er hynny, fydden nhw byth yn mynd ymhellach nag Eisteddfod Cylch Dewi oherwydd yn y cylch hwnnw roedd Ysgol Gynradd Camrose South, un o'r ysgolion cynradd prin tu hwnt i'r Landsker lle dysgid Cymraeg. Roedd yn Camrose South dros 200 o blant, a phob un o'r athrawon – ac eithrio'r prifathro, George John – yn siarad Cymraeg. Doedd neb yn fwy brwd dros yr iaith na Mr John a byddai'r ysgol yn cystadlu ar bopeth, ac yn ennill yn y Genedlaethol yn gyson. Trist meddwl bod yr ysgolion yna i gyd, heblaw am Solfach, wedi hen gau. Hyd yn oed Camrose South. Aeth John Evans, a oedd yn ddirprwy yno, yn brifathro Solfach maes o law. Un eraill o athrawon Camrose oedd Eluned Hughes, a oedd yn arweinydd Clwb Ffermwyr Ifanc Keeston, a chawn wahoddiadau cyson i gynnal noson o ddawnsio gwerin yno.

Roedd y twmpathau dawnsio gwerin yn eu hanterth yn ne Ceredigion, gogledd Penfro a gorllewin Sir Gaerfyrddin, gyda phobol yr Urdd yn gyrru'r brwdfrydedd. Mor boblogaidd oedden nhw, yn wir, fel mai'r cyfan oedd ei angen oedd sicrhau rhywun i alw'r dawnsfeydd, llogi neuadd a gwneud hanner dwsin o alwadau teleffon ac fe lenwid neuaddau Llandudoch, Aber-porth, Crymych, Penrhiw-llan neu Gastellnewydd Emlyn yn fyr rybudd iawn. Ifan Isaac ac Alun Morgans, Beulah, oedd y galwyr arferol, a minnau hefyd, ac ymhen ychydig ymunodd Gareth Owens, Aelwyd Aber-cuch, gyda'r gwaith. Gwnaeth yr Urdd waith arwrol yn poblogeiddio dawnsio gwerin Cymreig drwy Gwennant Davies a'r Gymdeithas Ddawns Werin, ac am ryw ddegawd – 1960–70 – bu'r twmpath dawns yn adloniant cymdeithasol pwysig, poblogaidd a chyfan gwbl Gymraeg yn y De-orllewin. Er mai dawnsiwr digon trwsgl oeddwn i, disgwylid i mi wneud fy rhan ac yn ogystal â galw mewn twmpathau yn Sir Benfro cawn gais i roi noson mewn clybiau ieuenctid eraill, yn arbennig y Clybiau Ffermwyr Ifanc – yn eu plith Keeston, Clunderwen a Threletert.

Lle arall yr arferwn gynnal noson ddawnsio gwerin ynddo bob haf oedd mewn gwersyll cydwladol a gynhelid yn Ysgol Ramadeg Doc Penfro, ysgol ac iddi asgell breswyl bryd hynny. Roedd y Gymraeg yn cael parch yn yr ysgol honno, a phennaeth yr adran Gymraeg oedd Islwyn Griffiths, a fu wedyn yn ddarlithydd yng Ngholeg Hyfforddi Caerllion-ar-Wysg. Daeth Eiry Lloyd Jones (Palfrey wedyn) o Lanfyllin yn athrawes at Islwyn yn yr adran Gymraeg ac atgyfodwyd brwdfrydedd dros waith yr Urdd yn yr ysgol. Yn y cyfnod rhwng 1948 ac 1960 bu'r Urdd yn cynnal gwersylloedd cydwladol yng Nghanolfan Pantyfedwen, Y Borth. Dyma un o arbrofion nodweddiadol fentrus y mudiad, o gofio mor agos oedd y cyntaf, yn 1948, i ddiwedd y rhyfel, a bod cynrychiolaeth o bobl ifanc o'r Almaen yn bresennol. (Mae'n werth cofio i Eisteddfod Gydwladol Llangollen gychwyn y flwyddyn flaenorol ac iddyn nhw groesawu'r côr cyntaf o'r Almaen yn 1949. Hywel D. Roberts, a gollodd frawd yn y rhyfel, a'u cyflwynodd gyda'r geiriau cofiadwy, 'Gadewch i ni groesawu'n cyfeillion o'r Almaen.') Bu Islwyn Griffiths yn weithgar gyda'r gwersylloedd cydwladol a phan benderfynodd yr Urdd roi'r gorau i'w trefnu fe ddigiodd, gan drefnu a chynnal gwersyll cydwladol bob haf i bobl ifanc o bob rhan o'r byd yn Ysgol Ramadeg Doc Penfro. Profiad difyr oedd cynnal twmpath dawns i'r fath gasgliad o bobol ifanc, ac yn arbennig gweld ymateb yr Affricaniaid i rythmau gosgeiddig y dawnsiau Cymreig. Y cyfan fedrwn i ei wneud oedd eu hannog i ddilyn y patrymau cywir a gadael iddyn nhw ymateb i'r gerddoriaeth yn eu dulliau gwreiddiol eu hunain. Dychwelwn yn flynyddol ar gais Islwyn, ac ailsefydlu Adran yr Urdd yn yr ysgol oedd fy nhâl am y noson o ddawnsio i'r gwersyll cydwladol.

Dwy ysgol uwchradd arall gefnogol iawn i'r Urdd yng ngwlad y 'Down-belows' oedd yr Ysgol Ramadeg i Ferched, Taskers, Hwlffordd, lle roedd Miss Rees, dynes benderfynol o Lanelli, yn brifathrawes, ac Ysgol Fodern Prendergast. Roedd y Gymraeg yn cael pob chwarae teg yn Taskers, a darperid cyrsiau Cymraeg iaith gyntaf i'r nifer fechan o ferched ymhob blwyddyn oedd yn siarad Cymraeg gartre. Sefyllfa hollol wahanol oedd hon i'r hyn ydoedd yn Ysgol Ramadeg y Bechgyn yn y dref, lle na chydnabyddid bodolaeth y Gymraeg. Yn Taskers y cyfarfûm â Gwen, pennaeth yr adran Gymraeg a'm gwraig ymhen rhai blynyddoedd, ac mae'n dal i sôn am y ffordd y byddai Miss Rees yn ei hysbysu, 'Ma dyn bach yr Urdd wedi dod i'ch gweld chi, Miss Williams.' Cyd-deithio i Bwyllgor Cylch Dewi ddaeth â ni at ein gilydd. Profiad rhyfedd oedd cerdded i fyny'r lôn i'r ysgol a theimlo llygaid 300 o ferched yn fy ngwylio. Fel y nodais, roedd y merched a oedd yn siarad Cymraeg gartre yn cael gwersi arbennig ac un ohonyn nhw oedd Anna Williams o Landysilio, prif ddisgybl yr ysgol. Dangosodd ddawn trefnu unigryw bryd hynny ac aeth i'r BBC, lle bu am flynyddoedd yn gweinyddu Cystadleuaeth Canwr y Byd Caerdydd. Un benderfynol oedd – yw – Anna ac anaml y mentrwn ei hatgoffa fy mod yn ei chofio'n brif ddisgybl Taskers oherwydd fe wyddwn beth fyddai'r ateb, 'Ac rwy i'n cofio pan o'ch chi a Gwen yn caru, 'fyd!' Roedd Ysgol Prendergast yn gefnogol i bethau Cymraeg, yn enwedig dawnsio gwerin, a Rhiannon Herbert o Faenclochog, cyfnither i'r Prifardd Eirwyn George, yn athrawes yno.

Un o'r gorchwylion ymylol difyr a ddeuai ar fy nhraws yn flynyddol yn Sir Benfro oedd trefnu rhagbrofion i ddewis tîm Sêr y Siroedd Sir Benfro, rhaglen radio'n wreiddiol ond a droswyd wedyn i'r teledu, a chydweithio ag Alun Williams a Gwyn Williams, Bangor. Ar gyfer mwyafrif y cystadlaethau doedd dim problem ond rwy'n cofio gorfod chwilota o gwmpas de'r sir am grŵp pop un flwyddyn, a dod o hyd i Don Wade and the MH4 yn Aberdaugleddau. Fe aethon nhw i Lundain wedyn i drio gwneud eu ffortiwn. Chlywais i ddim mwy amdanyn nhw. Ond y seren a ddaeth i'r amlwg yn nhîm Sir Benfro oedd y delynores Susan Drake o Drefdraeth. Yn nes ymlaen byddai ein llwybrau'n croesi eto a hithau'n enwog ar y llwyfan rhyngwladol. Byddai'n dweud wrth bawb mai fi a fu'n gyfrifol am ei hymddangosiad cyntaf hi ar deledu! Des i adnabod ei rhieni'n dda, pobol a wnaeth aberth ac ymdrech fawr i sicrhau pob cyfle iddi ddatblygu a meithrin ei doniau cerddorol.

O edrych yn ôl, profiad arswydus oedd mynd yn Drefnydd i le fel Sir Benfro yn 20 oed a chael fy ngorfodi i arfer â siarad â phawb. Ar Bwyllgor Ieuenctid y Sir roeddwn yn gorfod ymwneud â chyrnols a rhai cymeriadau yr ystyriwn hwy yn ddigon gwrth-Gymreig o waelod y sir – tad Jim O'Rourke, un o arweinyddion y sgowtiaid, oedd un ohonyn nhw. Rwy'n cofio cael dadl ffyrnig gydag e mewn cynhadledd ieuenctid yn y Cilgwyn, Castellnewydd Emlyn, am iddo wrthwynebu cael grwpiau trafod Cymraeg. Dysgodd Jim Gymraeg a bu'n Drefnydd y sir rai blynyddoedd ar fy ôl ac yn brif weithredwr yr Urdd maes o law. Cofiaf gyfarfod ei dad eto yn y cyfnod hwnnw ac roedd yn braf canfod ei falchder yn llwyddiant Jim. Os oeddwn yn ei ystyried yn dipyn o elyn ar y pwyllgor ieuenctid, des i'r casgliad wedyn ei fod yn y bôn yn hen greadur digon dechau.

Cofiaf ymweld ag Ysgol y Preseli am y tro cyntaf a chael croeso gan y prifathro, W. R. Jones, a Desmond Healy, pennaeth y Gymraeg, a oedd erbyn hynny wedi symud o Ysgol Arberth.

Ces baned o de ganddo, sgwrs barchus ac yntau'n fy ngalw'n Mr Griffiths. Wrth groesi'r iard ar fy ffordd allan dyma griw o ddisgyblion yn rhedeg ata i, 'Yffach, Gwyn, be ti'n neud 'ma?' Bechgyn a merched oedd y rhain a fu'n wersyllwyr yng Nglan-llyn rai wythnosau ynghynt a minnau'n un o'r swogs.

Yn Ysgol Uwchradd Abergwaun roedd Miss Dilys Williams, chwaer Waldo, yn athrawes y des i'w hadnabod yn dda ac roedd yno bob amser groeso, fel ag yn Ysgol Uwchradd Tyddewi, lle roedd Mari Evans, merch y cyn-brifathro, J. J. Evans – awdur *Morgan John Rhys a'i Amserau* a *Llawlyfr y Cynganeddion* – yn bennaeth yr adran Gymraeg.

A minnau wedi cychwyn yn lletya gyda Viv a Gwen Morgan yn Abergwaun, cafodd Gwen ryw bwl sydyn o afiechyd a bu'n rhaid i mi chwilio llety arall. Treuliais y ddwy flynedd nesaf gyda Miss Eileen Lewis ym Mhantyffynnon, mewn rhan o Wdig a gafodd yr enw Stop and Call yn lleol. Mae'n debyg y bu tafarnau anghyfreithlon yn yr ardal ar un adeg ac os byddai swyddogion y tollau o gwmpas rhoddid cerdyn yn y ffenest gyda'r gair 'Stop' arno, a'i newid i 'Call' wedi iddyn nhw fynd. Hen ferch yn tynnu ymlaen oedd Miss Lewis, gyda chyfoeth o straeon a dywediadau. Nai a nith iddi yw Ieuan Lewis, cyfarwyddwr teledu i BBC Cymru, a'r gantores ac arweinyddes corau ieuenctid Marilyn Lewis, y ddau o Wdig. Roedd hi'n ferch i gapten llong oedd yn gyfaill i Dewi Emrys, a phan fyddai ei thad adre o'r môr byddai'r ddau'n seiadu tan doriad gwawr. Mi fedrai Miss Lewis adrodd tipyn go lew o'r gerdd 'Pwllderi' – cerdd dafodieithol enwocaf yr iaith Gymraeg, goelia i:

Yr haf fu ino, fel angel ewn,
Â baich o rubane ar ei gewn.
Dim ond fe fuse'n ddigon hâl
I wasto'i gifoth ar le mor wâl,
A sportan wrth hala'r hen gropin eithin
I allwish sofrins lawr dros y dibin.
Fe bange hen gibidd, a falle boddi
Tae *e'n* gweld hinny uwchben Pwllderi.

Yr arfer o wreca, neu ysbeilio llongau, oedd gan Dewi Emrys fan yna, meddai Miss Lewis, gan ddweud bod sawl teulu mas ar Bencaer wedi dod i arian oherwydd y llongau a ddrylliwyd ar greigiau'r penrhyn. Roedd hi'n un dda am sylwadau bachog. 'Cheso i ddim iechyd sbeshal eriŵed,' byddai hi'n dweud, 'ond fel iet y weun, rwi 'ma o hyd.' Mae 'iet y weun' ar dir corsiog ac oherwydd hynny mae'r postyn sy'n ei chynnal braidd yn sigledig, ond yno bydd hi dros y cenedlaethau.

Roedd Stop and Call yn gornel o gymeriadau. Ar ben yr heol lle roeddwn i'n lletya roedd dwy chwaer, dwy hen ferch, un ohonyn nhw'n brifathrawes Ysgol Gynradd Llanycefn – neu Llancewn ar lafar gwlad. Rywle tua'r canol roedd Mr a Mrs Mabe yn byw. Bu farw Mr Mabe yn ystod y cyfnod y bûm i'n lletya gydag Eileen Lewis. Fe'i cofiaf yn ddyn tal, golygus. Dywedodd Miss Lewis iddi ei glywed yn sôn sut y bu iddo gyfarfod toili ar y ffordd i Rosycaerau. 'Wedd e'n gweld y bobol hyn yn dŵad, a tima fe'n sefyll wrth ochor y feidir, ond wên nhw'n hwpo fe i'r clawdd a chimrid dim sylw ohono fe. Er wedd e'n nabod pob un ohonyn nhw. A'r wthnos wedyn, wê angla'n mynd ffor'ny gyda'r un bobol welodd Mr Mabe.' Roeddwn i'n dwlu ar y dafodiaith eithafol gyfoethog ac fe gawn i sgwrs bron bob bore gyda Mrs Mabe. Nodwedd o dafodiaith yr ardal yw'r defnydd o 'fe' wrth siarad â rhywun, lle'n arferol y defnyddir 'ti' neu 'chi' neu 'chdi'. Roedd corgi gyda Mrs Mabe ac fe fyddai hi'n siarad yn annwyl amdano. Yn aml fe fyddwn i mewn penbleth ai cyfeirio ata i ynteu'r ci roedd yr hen wraig. Brawddegau fel 'Na, sano'n leico'r tewi wêr 'ma.' Dyna, mae'n debyg, gychwyn fy niddordeb yn nhafodiaith Dyfed.

Cymeriad arall oedd Dai Miles, siop Stop and Call. Un o arferion drwg staff yr Urdd bryd hynny oedd y smocio trwm, ac mewn gwersyll a chynhadledd staff byddai'r awyr yn dew o fwg sigaréts. Byddai Syr Ifan ab Owen Edwards yn pregethu'n aml yn erbyn yr arfer. 'Mi fasa'n well i chi feddwi'n chwil beipan unwaith yr wythnos na smocio'ch hunain i farwolaeth,' oedd ei gyngor. Gan mai R. E. Griffith, y Cyfarwyddwr, oedd y pechadur mwyaf, doedd neb yn cymryd sylw. Gwennant Davies, Pennaeth y Gwersylloedd a Materion Tramor yr Urdd, oedd un o'r ychydig rai nad oedd yn smocio o gwbl, ac wedi iddi ddioddef hen beswch cas am ysbaid go lew aeth at y meddyg. Cynghorodd ef hi i smocio llai! Mae'n dda gen i ddweud iddi fyw nes ei bod dros gant oed. Er i mi fynd drwy'r coleg heb smocio, ildiais i'r demtasiwn i wneud yr un fath â'r lleill pan ymunais â staff yr Urdd. O dipyn i beth ceisiais roi'r gorau i'r sigaréts a phrynu pibell, gan smocio baco o'r enw Three Nuns. Wedi mynd i fyw i Stop and Call es i siop Dai Miles am owns ohono. Doedd dim Three Nuns gan Dai ond doedd e ddim am fy ngweld i'n mynd o'r siop heb brynu dim. 'Wês neb yn smoco hwn'na nawr. Hwn ma pawb yn smoco nawr,' meddai ac estyn owns o Erinmore i mi. 'Odi e'n faco da?' holais innau. 'Baco da? Baco da?' atebodd Dai. 'Gwrandwch, gallwch chi gnoi e, boeri e mas, sychu e a smoco fe wedyn!'

Roedd y cyfleusterau gweithio yn anobeithiol. Doedd gen i ddim swyddfa na ffôn, dim ond teipiadur dan y gwely. Roedd ciosg teleffon ger siop Dai Miles a fan'ny y bydden i'n gwneud tipyn o fy ngwaith. Roedd yn bosib gwneud galwadau hir ar rai adegau o'r dydd am bedair ceiniog – hen geiniogau – sef llai na dwy geiniog yn ein harian ni. Clywais yn ddiweddar fel yr arferai Bernard Baldwin drefnu'r Rasys Nos Galan yn Aberpennar a Llanwynno, lle mae bedd Guto Nyth Brân. Fel minnau, doedd ganddo ddim ffôn a byddai pawb yn hel ceiniogau iddo'u defnyddio yn y ciosg ar y stryd. Gellir cyflawni llawer gydag adnoddau prin.

Toc wedi i mi gyrraedd Sir Benfro ces wahoddiad i ymaelodi â Fforddolion Dyfed. Cymdeithas o feirdd a gweinidogion a charedigion y pethe oedd rhain. Fedrwn i ddim deall pam roedd crwtyn 20 oed yn cael y fath anrhydedd. Wedi i mi dderbyn y gwahoddiad y cwympodd y geiniog. Y Ford Thames, hen fan Ifan Isaac, oedd y rheswm a gwnaed yn ddigon clir fod disgwyl i mi ddod â Waldo Williams i'r cyfarfodydd. Gwyddai'r pen-Fforddolion nad gorchwyl hawdd fyddai hyn, ond disgwylid i mi lwyddo i'w gael e i o leiaf dri o bob pedwar cyfarfod. Llwyddais yn eithaf da ac mae gen i atgofion melys o fynd ag e i gyfarfodydd ym mhen uchaf y sir. Cymerwn fy nyletswydd o ddifri a byddwn yn galw bron yn ddyddiol i'w atgoffa yn ystod yr wythnos cyn bob cyfarfod. Roedd e'n byw gyda'i chwaer, Mrs Mary Francis, yng Ngwdig bryd hynny. Creadur digon oriog oedd e, weithiau'n garlamus a doniol, dro arall yn synfyfyriol dawedog. Rwy'n cofio un tro gyrru i Gilgerran a 'nôl cyn belled â Threfdraeth cyn iddo ddweud gair wrtha i. Yna, dyma fe'n gofyn yn sydyn, 'Shwt 'sech chi'n gweud, "I haven't got a cap" yn Gymra'g?' Fe'i siomwyd pan atebais, 'Sdim cap 'da fi.' Tawelwch eto, ac wedyn dyma fe'n gofyn, "Sech chi ddim yn gweud "Sdim un gap 'da fi"?' Dywedais 'mod i'n gyfarwydd â'r ffurf yna ond na fyddwn yn ei arfer am mai Cardi oeddwn i. Eglurodd ei ddamcaniaeth fod yr 'un' yna'n cyfateb i'r fannod amhendant 'a' (Saesneg) – nad yw'n bod yn y Gymraeg – ond bod yr 'un' yna yr un fath â'r fannod amhendant yn y Wyddeleg. Dylanwad y Wyddeleg oedd ar iaith Dyfed, synfyfyriai Waldo. Ymsefydlodd llwythau Gwyddelig yn Nyfed a rhai rhannau eraill o Gymru yn yr oesoedd cynnar.

Fel siaradwr cyhoeddus gallai fod yn ysbrydoledig neu'n affwysol o anniddorol. Llwyddwyd i'w berswadio un mis i roi darlith i'r Fforddolion, a fu yna fawr o lun ar bethau y noson honno. Yna, dros baned o de wedi'r ddarlith – ar un o'r munudau hynny pan fydd pawb yn tawelu'r un pryd – torrodd llais Waldo'r distawrwydd: 'A dweud y gwir, wen i'n mwynhau'n iawn yn carchar.' Roedd y carchar yn agos i gae pêl-droed y Vetch, hen gae clwb Abertawe, a gwyddai Waldo'n iawn beth oedd yn digwydd o wrando ar floeddiadau'r dyrfa. Soniodd am ryw lofrudd a oedd yno'r un pryd ag e hefyd, er na wyddai ar y pryd pwy ydoedd. Fe gawson ni ddarlith gwerth ein harian wedyn. Mae hanes amdano'n traddodi

darlith athronyddol iawn i ddosbarth nos – roedd Waldo'n
ŵr tu hwnt o wybodus a dysgedig. Am awr a hanner bu'r
dosbarth – a Waldo – yn ymbalfalu yn y niwl. Ac yntau ar fin
gorffen, cododd Waldo ei olygon a syllu'n hir tua'r to, fel y
gwnâi. 'Wedi ailfeddwl,' meddai, a saib arall, 'sanai'n credu
bo fi'n cytuno'n iawn â beth wedes i wrthoch chi heno. Gwell
i chi anghofio'r cwbwl. Mi ro i gynnig arall arni wthnos
nesa.'

Cafodd Gwennant Davies y syniad o'i wahodd i annerch
cynhadledd Senedd yr Ifanc yr Urdd yn Llangrannog un
flwyddyn, ac er fy niffyg brwdfrydedd innau fe sgrifennodd
ato a chytunodd Waldo i ddod. Wrth ei gyflwyno, dywedodd
arweinydd y Senedd, Morwenna Williams o Sir y Fflint,
rywbeth i'r perwyl fod 'Mr Williams, rŵan, am ein hannerch...'
Mae pobol Sir Benfro hefyd yn hoff iawn o ddefnyddio'r 'am'
yn y cyswllt yna – hynny yw, bod rhywun 'yn mynd i wneud
rhywbeth', nid ei fod o reidrwydd yn awyddus i'w wneud, sef
yr ystyr arferol yng ngweddill Cymru. Roedd Waldo wedi ei
oglais yn fawr iawn gan yr 'am' a chawsom anerchiad cyfan,
a difyr, am yr 'am'. O leiaf roedd yn ddoniol i gynrychiolwyr
Penfro, Caerfyrddin a Cheredigion, ond rwy'n amau a oedd
cynrychiolwyr y siroedd eraill yn ei ddeall i gyd. Nid oedd yn
llefarwr eglur ac roedd ei Gymraeg yn dafodieithol iawn.

Fe fu, un adeg, yn ddarlithydd poblogaidd ar gyrsiau
penwythnos a gynhelid i athrawon. Mewn cwrs yng
Nghanolfan yr Urdd, Pantyfedwen, roedd Waldo yn ei stafell
yn paratoi at drannoeth pan ddaeth cnoc ar y drws. 'Mr
Williams,' meddai rhyw athrawes ifanc, swil. 'Newch chi
ddod lawr i weud stori wrthon ni?' Wedi tipyn o bwyso, fe
gytunodd. Dywedodd ei stori ac aeth 'nôl at ei ddarlith. Wedi
ysbaid dyma gnoc eto, athrawes arall yn ymbil arno i ddod
i ddweud stori. Bu angen mwy fyth o ymhŵedd y tro hwn,
ond i lawr y daeth e. Pan ddigwyddodd yr un peth y trydydd
tro, ar ddiwedd ei stori sleifiodd Waldo'n dawel i sedd yng
nghefn y stafell – roedd y lolfa ym Mhantyfedwen yn hir ac

eithaf tywyll yn y pen pellaf. Yr hyn welodd e oedd prifathro Eglwyswrw, y diweddar Jason Lewis, yn mynd 'mlaen ac ail-ddweud y stori mewn dynwarediad perffaith – lais ac ystum – o berfformiad Waldo. Wedi iddo orffen, cerddodd Waldo ymlaen o'r cefn a phawb yn anghysurus nawr, yn poeni beth fyddai ei ymateb. Y cwbl a ddywedodd oedd:

Dynwaredwr di-dwrw – a gefais,
  Mi gofiaf am hwnnw;
  I mi, hawdd nawr, medde nhw,
  Siarad o Eglwyswrw.

Gallaf dystio bod y stori yna'n wir bob gair, gan i mi ei chlywed gan Waldo a Jason. Roedd yn englyn a luniwyd mewn sefyllfa ddigon od. Rhyfeddach fyth oedd yr un a luniodd yn ystod egwyl o Ysgol Haf Plaid Cymru yn y Gogledd. 'Wedd yn brynhawn rhydd ac fe es i ar y beic ar hyd lan y môr,' meddai Waldo. 'Wên i wedi troi oddi ar y brif ffordd a ffeindio traeth bach tua Phwllheli. Wê neb yn agos, dim tŷ, dim byd, a wêdd hi'n brynhawn twym. Fe dynes 'nillad a mewn â fi i'r môr – heb drywsus nofio na dim byd. Wên i ond wedi bod yn y dŵr am funude pan ddaeth llond car o Saeson, agor cefen y car a dod â llwyth o fwyd mas a câl picnic. Wrth ddisgwyl iddyn nhw fynd fe lunies englyn.'

Dihangaf rhag y dynged – a heb ddrons
  Bydd raid i mi fyned.
  Rhedaf tua'r ymwared
  Yn borc noeth i Birkenhead.

Cyhoeddwyd yr englyn yn *Y Flodeugerdd o Englynion Ysgafn* dan y teitl 'Ymdrochi ym Mhwllheli'. W. R. Evans, Bwlch-y-groes a'r Barri, ddywedodd wrtha i am Waldo'n myfyrio uwchben y newydd fod Gwilym R. Tilsley wedi'i ethol yn Archdderwydd ac yn ceisio cynganeddu Tilsley. Y llinell ddaeth o'r diwedd oedd 'Y Tilsleys ar y teilslawr'. Y noson honno cafodd Waldo'r newydd fod y Parch. a Mrs Tilsley'n dod i dreulio rhai dyddiau gyda'i chwaer, Mrs Francis, a'i bod hithau'n mynd i gael teils newydd ar lawr y stafell molchi. 'Wês rhywun wedi meddwl g'neud traethawd ymchwil ar elfen broffwydol y gynghanedd?' synfyfyriodd Waldo.

Roedd Waldo wedi ei eni ar aelwyd Saesneg ei hiaith yn Hwlffordd a dysgodd Gymraeg gyda'i gyfoedion wedi i'w dad fynd yn brifathro Mynachlog-ddu a Llandysilio wedi hynny. Saesneg a siaradai gyda'i chwiorydd oni bai bod rhywun arall yn y cwmni. Cofiaf fod yn ei gwmni e a Dilys – roedd Dilys yn lletya gyda Benny Lewis, yr adeiladwr, a'i wraig, Elsie, mas ar Bencaer – pan gododd rhyw bwynt gramadegol astrus ac aeth yn ddadl dwym. Mewn chwinciad roedd y ddau'n dadlau a thrafod gramadeg y Gymraeg yn Saesneg!

Roedd rhyw hiwmor diniwed, ysgafn yn perthyn iddo. Cyhoeddais rai o'r straeon hyn mewn erthygl ar wefan BBC Cymru ac am wn i maen nhw yno o hyd. Soniodd wrthyf sut y bu i ryw jôc fach ei gael allan o dwll lawer gwaith. Roedd yn darlithio ar gwrs yng Ngholeg Harlech a nifer o Saeson, fel y byddan nhw, yn cwyno am ansawdd y bwyd ac wedi cychwyn deiseb. 'Wê nhw'n pwyso arna i i arwyddo, ond wên i ddim yn teimlo y dylwn i a finne'n ddarlithydd,' meddai Waldo. 'Fe wedes i wrthyn nhw, "Any comments I have to make about the food will appear in *Reader's Digest.*" Ges i lonydd wedyn.'

Un o'r straeon gorau a glywais amdano oedd un gan Jason Lewis, y 'dynwaredwr di-dwrw' o Eglwyswrw. Roedd Syr John Rhŷs, pan oedd yn Brifathro Coleg yr Iesu, Rhydychen, wedi derbyn dirprwyaeth o blith y myfyrwyr yn gofyn am well cyfleusterau ymolchi, gan gynnwys baddonau. Dadleuai Syr John nad oedd y myfyrwyr yn y coleg am fwy na deufis ar y tro, a'i fod e a'i wraig yn mynd i Ddinbych-y-pysgod am fis bob haf ac yn ystyried bod hynny'n ddigonol! Mewn rhyw sylw ar sail yr hanesyn hwnnw, roedd Saunders Lewis wedi cyfeirio at Syr John Rhŷs fel 'That man who never washed under his armpits.' Ymatebodd Waldo gyda'r limrig a ganlyn, a adroddai, mae'n debyg, gan acennu'r odl ar sill olaf 'gesél' a 'dresél'.

> Mae dyn a adwaenir fel S.L.,
> Yn golchi o dan ei ddwy gesel,
> Ond nid oedd John Rhŷs
> Byth yn tynnu ei grys,
> Dim ond rhoi ei styds ar y dresel!

Yng nghyfarfod ymadawiad W.R. â Bwlch-y-groes i fod yn brifathro Ysgol Gymraeg y Barri, roedd disgwyl i Waldo ddweud gair. Cododd ar ei draed, chwilio ei bocedi i gyd, unwaith, ddwywaith... ond ni ddaeth o hyd i ddim byd. Syllodd tua'r to, cau ei lygaid a dechrau adrodd. Pa un a oedd yn adrodd o'i gof ynteu'n cyfansoddi wrth fynd yn ei flaen, doedd neb yn siŵr, ond cafwyd cywydd ysbrydoledig. Does neb yn siŵr ai dyna'r union gywydd a gyhoeddwyd yn *Beirdd Penfro* – 144 o linellau o hyd! Y cwbl ddywedodd e wrtha i am y cywydd hwnnw oedd fod yn rhaid iddo wrth brofiad personol cyn y medrai farddoni ar unrhyw bwnc. 'Wên i'n gwbod bod Wil [W.R.] wedi bod yn whariwr rygbi da ond weno i'n gwbod dim am rygbi a fedrwn i gyfeirio dim at hynny yn y cywydd.' Stori arall yw honno amdano mewn rhaglen deledu a ddarlledwyd yn fyw. Roedd amryw o Gymry adnabyddus eraill yn y rhaglen a gofynnwyd i bob un enwi'r Cymro neu Gymraes fwyaf erioed yn eu tyb hwy. 'Samson, siŵr o fod,' oedd ateb Waldo. Pam Samson? 'Wel, mae Carreg Samson ger Abercastell a'r llall yng Nghwm Gweun. Os wedd 'i gerrig e mor bell â 'na wrth 'i gily, rhaid bod e'n ddyn mowr,' oedd eglurhad Waldo.

Bu hwn yn gyfnod pryd y dechreuais ymhél o ddifri â sgrifennu. Roedd y Fforddolion yn ysgogiad, gyda beirdd fel Idwal Lloyd, prifathro Blaen-ffos, un a oedd yn mynnu cynganeddu enwau pawb a phopeth. Un o Dre-fin oedd Idwal, bardd da a ddaeth yn agos at gipio'r Gadair Genedlaethol droeon. Un o'i gyfrolau, ymgais i egluro'r gynghanedd i'r byd Seisnig, oedd *Celtic Word Craft* a gyhoeddwyd gan Dyllansow Truran, Cernyw, tua 1985. Roedd Idwal o'r farn y dylai'r Saeson fod yn ymwybodol o'r gynghanedd gan fod cyflythrennu yn rhan o'u hen draddodiad barddol, yn wir o ddraddodiad barddol gogledd Ewrop i gyd, yn arbennig Ynys yr Iâ. Ymhlith aelodau'r Fforddolion roedd W. J. Gruffydd (Elerydd), Jâms Nicholas, Aled Gwyn, Desmond Healy, Eirwyn George a'r Parch. T. R. Jones. Lyn John, Esgairordd, Blaen-ffos, trafeiliwr bwydydd anifeiliaid a dyn llengar a diwylliedig, oedd pennaf ysgogydd y gymdeithas.

Noda Eirwyn yn ei hunangofiant, *Fel Hyn y Bu*, fod pump o'r Fforddolion wedi ennill cadair mewn rhyw eisteddfod neu'i gilydd o fewn yr un mis. Nid yw Eirwyn yn nodi pryd roedd hyn ond byddwn yn amcan mai rywbryd yn Hydref 1962 y bu. Roedd Idwal Lloyd wedi ennill cadair yn Rhoshirwaun, Eirwyn wedi ennill cadair Eisteddfod Aber-cuch, Dafydd Henry Edwards wedi cipio cadair Bancyfelin, T. R. Jones yn fuddugol yn Eisteddfod Bryngwenith a minnau yn Eisteddfod Trewyddel. Nid fy mod i'n gweld fy hun fel rhyw lawer o fardd, er i mi drio llunio ambell soned yn fy nyddiau ysgol a bod Meuryn wedi cyhoeddi un ohonyn nhw yn ei golofn farddol yn *Y Cymro*. Ond o leiaf dysgais gynganeddu, ac i Idwal Lloyd y bo'r diolch am hynny. Enillais Gadair y Fforddolion rywbryd tua thymor yr hydref 1964. Daeth Eluned Phillips i'r amlwg gyntaf yn y cyfnod hwn a churo pawb ohonon ni yn yr eisteddfodau lleol, a bu fy nghyfaill Eirwyn George yn drech na mi amryw o weithiau hefyd. Mae gen i gof i mi gystadlu yn adran lenyddol Eisteddfod Ieuenctid y Sir tua 1962 – eisteddfod i rai dan 25 gyda'r hawl i gystadlu yn y Gymraeg a'r Saesneg. Enillais bopeth y bu i mi gystadlu ynddo, heblaw dod yn gyfartal gyntaf am yr englyn – ac yn ail a thrydydd yn yr un gystadleuaeth. Bron nad aeth y gynghanedd yn obsesiwn gen i bryd hynny.

Waeth i mi gyfaddef nad oedd baich Trefnydd yr Urdd yn rhy drwm. Arferwn gyfrannu ambell ysgrif Gymraeg i'r

County Echo, papur wythnosol ardal Abergwaun. Y Parch. Stanley Lewis oedd yn gofalu am y dudalen Gymraeg. Hefyd, gyda chymorth Meurig Brown, un o aelodau Aelwyd Castell Haidd, llwyddais i ddwyn perswâd ar y *Western Telegraph*, papur wythnosol sylweddol – er gwrth-Gymreig – â'i brif swyddfa yn Hwlffordd, i dderbyn colofn Gymraeg wythnosol am waith yr Urdd yn y sir. Roedd Meurig hefyd yn weithgar gyda'r Ffermwyr Ifanc a fe oedd yn gyfrifol am golofn y mudiad hwnnw yn yr un papur. Sylwaf, pan welaf gopi achlysurol o'r *Western Telegraph*, ei fod yn parhau i sgrifennu erthyglau ar faterion amaethyddol i'r papur.

Roedd Adroddiad Albemarle (1960), adroddiad a gomisiynwyd gan y Llywodraeth mewn ymateb i'r farn fod sefyllfa pobol ifanc mewn cyflwr argyfyngus, yn galw am sefydlu mwy a mwy o glybiau ieuenctid. (Beth ddyweden nhw heddiw?) Lle roedd hynny'n broblem fawr mewn dinasoedd a threfi, nodwyd y dylai awdurdodau lleol benodi a thalu arweinyddion. Roedd galw hefyd ar i fudiadau ieuenctid gwirfoddol gydweithio. Yn sicr, roeddem yn gwneud hynny. Byddai'n ddiddorol cymharu'r sefyllfa bryd hynny â fel ag y mae heddiw. Bryd hynny roedd athrawon, gweinidogion ac eraill yn barod i ymgymryd â'r gwaith o gynnal clybiau ac Aelwydydd yn ddi-dâl. Heddiw, aeth dyletswyddau athrawon mor feichus fel na ellir disgwyl iddyn nhw ymgymryd â gwaith gwirfoddol o'r fath ac aeth cymdeithas yn dlotach a phroblemau cymdeithasol a diweithdra'r ifanc o ddrwg i ddigalon.

Roeddwn ar delerau da gyda staff addysg bellach a threfnyddion yr Awdurdod Addysg – Dewi Davies y Swyddog Addysg Bellach, Gethin Jones y Trefnydd Cerdd, Teifryn Michael y Trefnydd Addysg Gorfforol, a fu ei hun yn aelod o staff yr Urdd, a Tony Davies, bachwr clwb rygbi Arberth, a oedd yn briod â chyfnither i Gwen, fy ngwraig ymhen ychydig flynyddoedd. Ar ddiwedd fy mlwyddyn gyntaf dywedodd Dewi wrthyf ei fod yn hysbysebu am Swyddog Ieuenctid a'm hannog i gynnig. O edrych yn ôl, roedd angen chwilio 'mhen i. Wnes i ddim cynnig. Pam? Teyrngarwch i'r Urdd a'r teimlad na roddais ddigon o flynyddoedd o wasanaeth i'r mudiad, am wn i. Hefyd, nid oedd gennyf radd a chredwn yn sicr, pe cawn i'r swydd, mai yno y byddwn i weddill fy mywyd. Gwyddwn nad swydd am oes oedd yr Urdd – mae pethau wedi newid ers hynny. Eto, roeddwn i mor ddedwydd yn Sir Benfro, a thrwy beidio ag ymgeisio fe roddais heibio'r cyfle i aros yno. Dyna, o safbwynt byw, y lle y bûm hapusaf yn fy mywyd. Yno y cyfarfûm â Gwen, a byddwn wedi ei chyfarfod petawn wedi cael swydd gyda'r Cyngor Sir, gan y bu'r ddau ohonon ni'n aelodau o Gymdeithas Cymrodorion Hwlffordd. Fe ddywedir mai'r lle y bu i chi dreulio eich blynyddoedd cyntaf yn gweithio yw un o'r llefydd pwysicaf yn eich calon. Mae'n wir yn fy hanes i.

Dychwelwn o hyd am rai dyddiau i'r sir, Gwen a minnau, fel rheol i aros ar fferm Cae Rhys uwchben Abereiddi a cherdded llwybr yr arfordir i Borthgain, a chael peint amser cinio yn y Sloop gyda'r arlunydd Alun Davies, a wnaeth stiwdio o'r rhes bythynnod gyferbyn, a mwynhau cinio gyda'r nos yn y Shed. Rywbryd tua 1962 ceisiodd y Parch. Dafydd Henry Edwards, y Parch. D. Carl Williams, Trewyddel, a minnau gerdded dipyn o lwybr arfordir y sir. Roedd rhywun wedi dweud wrthon ni ei fod wedi ei agor bryd hynny. Doedd e ddim, a'r cyfan lwyddon ni i'w wneud oedd y darn o Landudoch i Bwllderi. Coffa da am Dafydd yn pechu'r saint mewn erthygl ddifyr iawn yn *Seren Gomer* yn sôn am 'roi heibio seboni wyneb a phobol am wythnos'.

Heb os, bu gwelliannau ers fy nyddiau i. Mae arwyddion ffordd dwyieithog bellach, ond yn fy amser i lleoedd ar lafar gwlad oedd Trefdraeth – neu Dudrath – ac Abergwaun a Threwyddel. A diflannodd ambell anghenfil o enw fel Trevine. Dysgir Cymraeg drwy holl ysgolion y sir ac y mae ambell ysgol cyfrwng Cymraeg islaw'r Landsker hyd yn oed. Dyna un peth da a ddeilliodd o uno'r tair sir dan yr enw Dyfed pan ad-drefnwyd llywodraeth leol yn 1974, ac er dychwelyd i drefn y tair sir wedyn, parhawyd i ddysgu Cymraeg yn yr ysgolion 'down below'.

Yr inc yn fy ngwaed

BU GENNYF GOLOFN wythnosol yn y *Western Telegraph* am o leiaf ddwy flynedd, sgrifennwn ambell ysgrif i'r *County Echo*, Abergwaun, a byddwn yn cynhyrchu rhyw lun o gylchgrawn neu fwletin newyddion digon poblogaidd o'r enw *Dolen Gyswllt* ar gyfer yr Aelwydydd ac Adrannau'r ysgolion uwchradd. Roedd y bobol ifanc yn falch o weld eu henwau mewn print ac roedd rhai'n barod iawn i anfon cyfraniadau ataf. Y ffordd y byddwn yn ei gynhyrchu oedd teipio'r cyfan ar grwyn Roneo, dull poblogaidd o gynhyrchu dalennau printiedig yn y cyfnod hwnnw. Byddai Carey George, golygydd a pherchennog y *County Echo*, yn caniatáu i mi ddyblygu'r cyfan ar y peiriant Roneo yn ei weithdy. Roedd y crwyn yn costio wyth o hen geiniogau yr un, sef ychydig dros dair ceiniog yn arian heddiw – gwerth tua 39 ceiniog heddiw o gymryd chwyddiant i ystyriaeth – ac fe dalwn am y papur a rhoi ceiniog neu ddwy nawr ac yn y man at yr inc.

Roedd Carey George yn ddyn hael a charedig, a beth bynnag, fe gâi ambell stori neu ysgrif i'r colofnau Cymraeg a fyddwn i byth yn gofyn am dâl. Weithiau byddwn yn ailgylchu ambell un o'r ysgrifau hynny a'u darlledu yn *Cywain* a *Trem*, rhaglenni Cymraeg a ddarlledid yn y bore ar Wasanaeth Cymru'r BBC (BBC Welsh Home Service). Dyna gychwyn yr arbrawf o ddarlledu rhaglenni Cymraeg ar y radio yn y bore, arbrawf llwyddiannus yn yr ystyr y gwelwyd bod cynulleidfa ar gyfer rhaglenni yr adeg yna o'r dydd, ond a arweiniodd at sefydlu'r rhaglen Saesneg *Good Morning Wales* a dileu'r rhaglenni Cymraeg – ergyd gas i ddarlledu Cymraeg ar y pryd. Daethpwyd â rhaglenni Cymraeg yn ôl i'r bore maes o law, yn gyntaf drwy rannu'r amser rhwng y Gymraeg a'r Saesneg, ac wedyn gyda datblygiad y donfedd VHF a sefydlu Radio Cymru yn 1977.

Pan hysbysebodd yr Urdd am Swyddog Cysylltiadau Cyhoeddus yn 1964, cynigiais am y swydd a'i chael. Dechreuais gyda'r gwaith rywbryd yn yr hydref a rhannu stafell yn Swyddfa'r Urdd yn Aberystwyth gyda hen gyfaill, John Meirion Hughes, a oedd wedi cychwyn fel Trefnydd Môn ac Arfon ar yr un pryd ag y cychwynnais i yn Sir Benfro, ac a ddyrchafwyd yn Drefnydd Eisteddfod a Gŵyl. Symudodd y ddau ohonon ni o'r maes i'r pencadlys bron yr un pryd. Priododd Gwen a minnau yng Nghapel y Priordy, Caerfyrddin, ar ddydd byrraf 1964, y dydd byrraf a'r noson hwyaf fel y nododd un o nifer o siaradwyr ffraeth yn y brecwast. Buom yn byw yn Llanbadarn, mewn tŷ gyferbyn â'r eglwys o'r enw Tanyfynwent, am ddeg mis ac yna yn Llan-non, mewn clamp o dŷ oedd yn eiddo i Blaid Cymru.

Am y tro cyntaf roedd gen i ffôn, ysgrifenyddes ardderchog o'r enw Carys a chyfleusterau swyddfa. Roeddwn i wedi dysgu teipio – dau fys – yn gywir a chyflym ond roedd yn braf cael arddweud llythyrau, er na fûm i erioed yn un da am grynhoi meddyliau ar fy nhraed. Un o gyfrifoldebau'r swydd oedd golygu *Yr Aelwyd*, cylchgrawn newyddion misol yr Urdd. Cyhoeddwyd *Yr Aelwyd* am y tro cyntaf yn 1940 ac er ei fod yn ddolen gydiol rhwng Aelwydydd ac Adrannau'r Urdd, fe fu ar un adeg yn gylchgrawn mwy cyffredinol. Yn rhifynnau'r blynyddoedd cynnar gwelwyd ymhlith y cyfranwyr enwau fel T. Gwynn Jones, T. I. Ellis, T. Rowland Hughes a T. E. Nicholas. Ysbrydolwyd Rowland Hughes i lunio'i ddwy gerdd 'Steil' a 'Salem' ar ôl gweld atgynhyrchiad du a gwyn o'r ddau lun *Salem* a *Diwrnod Marchnad yng Nghymru Gynt* o waith Sydney Curnow Vosper yn *Yr Aelwyd*, Mawrth 1942, a chyhoeddwyd y cerddi yn rhifyn Mehefin yr un flwyddyn. Bu R. E. Griffith yn olygydd y cylchgrawn am dros ugain mlynedd, J. Cyril Hughes am rai blynyddoedd wedyn a Gwenda Ellis Jones am gyfnod byr. Byr iawn fu fy nghyfnod innau, mymryn dros flwyddyn. Roedd *Yr Aelwyd* erbyn fy nghyfnod i wedi datblygu'n gylchgrawn newyddion ac erthyglau am yr Urdd. Roeddwn yn mwynhau'r gwaith o sgrifennu a chynllunio'r cylchgrawn a thrio dod o hyd i luniau a mynd yn ôl a blaen at yr argraffwyr, y *Cambrian News*.

Roeddwn wedi canfod yr hyn y dymunwn ei wneud. Edrychwn ar fy swydd fel un i gael sylw i'r Urdd yn y papurau newydd ac rwy'n meddwl i mi lwyddo'n iawn a dod ar delerau da gyda gohebwyr y *Western Mail* a'r *Liverpool Daily Post*. Toc wedi i mi fynd i weithio yn y pencadlys, penderfynodd y Bwrdd Croeso gyflwyno gwobr arbennig i'r Urdd a'm dyletswydd i oedd sicrhau hynny fedrwn o gyhoeddusrwydd i'r digwyddiad. Huw T. Edwards, yr undebwr o'r Gogledd, oedd Cadeirydd y Bwrdd Croeso ar y pryd. Cofiaf sgrifennu datganiad gweddol hir am y digwyddiad ac i hwnnw gael ei gyhoeddi'n fawr ar draws tudalen flaen y *Welsh Gazette*. Hwnnw oedd rhifyn olaf y *Gazette*, y papur y byddai fy rhieni'n ei gael yn wythnosol. Dylwn fod wedi cadw copi, er nad oedd dim byd i ddynodi mai fi oedd awdur prif stori rhifyn olaf y papur. Bu gen i golofnau wythnosol yn *Y Cymro*, *Baner ac Amserau Cymru* a'r *Swansea Herald of Wales*, chwaer bapur wythnosol poblogaidd ac eang ei gylchrediad y *South Wales Evening Post*. Roedd y math yma o waith yn fy siwtio i'r dim. Y broblem fwyaf oedd nad oedd modd i Gwen gael swydd – a hithau wedi rhoi'r gorau i swydd pennaeth adran yn Hwlffordd i fy nilyn i – a doedd byw mewn tref gyda phrifysgol fel Aberystwyth ddim yn rhad. Hefyd, roedd gwragedd darlithwyr, llawer ohonyn nhw'n athrawon profiadol, yn chwilio am swyddi. Wedi saith neu wyth mis dyma benderfynu symud o'r tŷ ar rent yn Llanbadarn i dŷ ar rent tipyn is yn Llan-non a chafodd Gwen swydd dros dro yn syth yn Ysgol Sir Aberaeron. Roedd hynny'n gwneud i mi deimlo'n well a hithau wedi rhoi'r gorau i swydd dda er fy mwyn i. Bryd hynny y des i adnabod John Elfed Jones a

Sheila, oedd yn byw yn y pentref, John yn ddirprwy bennaeth Gwaith Dyfrdrydan Cwm Rheidol ac yn arwain Aelwyd y pentref, heb sôn am fod yn aelod o fand dawnsio gwerin y Gwerinwyr. Flynyddoedd wedyn ces y mwynhad enfawr o'i helpu gyda'i hunangofiant, *Dyfroedd Dyfnion*. Aflonydd oeddwn i yn y cyfnod hwnnw, er bod bywyd yn Aberystwyth yn ddymunol. Roeddwn ym mro fy mebyd ac roedd bywyd cymdeithasol digon da yno – yr Aelwyd, y clwb badminton, a chwaraewn griced yn yr haf. Yna daeth galwad annisgwyl gan Gwyn Jones, golygydd *Y Cymro*, yn gofyn a fyddai gen i ddiddordeb mewn swydd gyda'r papur yng Nghroesoswallt. Roedd y cyflog yn well, tai'n rhatach yn yr ardal honno a gobaith Gwen o gael swydd barhaol yn llawer gwell. Hefyd, gan y dymunwn barhau ym maes cysylltiadau cyhoeddus, teimlwn fod arnaf angen mwy o brofiad o fyd y papurau newydd. Yn y cyfnod hwnnw, cysylltiadau gyda'r wasg, radio a theledu oedd cysylltiadau cyhoeddus. Erbyn heddiw mae'r holl faes wedi ehangu'n aruthrol gyda datblygiad marchnata ac yna'r rhwydweithio cymdeithasol uniongyrchol drwy drydar a'r gweplyfr. Hefyd, yn y cyfnod hwnnw, y drefn gyda newyddiadurwyr oedd gadael yr ysgol ar ôl gwneud arholiadau Lefel O neu Lefel A a mynd i weithio ar bapur wythnosol fel newyddiadurwr dan hyfforddiant. Roedd hynny wedi apelio ataf a bu bron i mi ymgeisio am swydd o'r fath gyda'r *Cambrian News* ar ôl gwneud Lefel O ond i mi ymgeisio – yn aflwyddiannus – am swydd yn Llyfrgell Ceredigion. Bu'r syniad o yrfa newyddiadurol yng nghefn fy meddwl yn gynnar ond wyddwn i ddim yn iawn sut i fynd o gwmpas pethau. Erbyn hyn medrwn deipio'n iawn a sgrifennu darn o ryddiaith Gymraeg digon taclus, ond doedd gen i ddim llaw-fer a fawr ddim profiad o weithio yn erbyn y cloc a chynhyrchu stori'n gyflym.

Beth bynnag am amheuon o'r fath, chymerais i ddim eiliad i feddwl cyn dweud y byddwn wrth fy modd yn gweithio i'r *Cymro*. Ac ar 2 Ionawr 1966, dechreuais weithio ar *Y Cymro*,

Caxton Press, Croesoswallt. Cartre'r papur oedd adeilad hynafol Fictorianaidd gyferbyn â hen orsaf y dref – gorsaf oedd wedi cau cyn fy amser i. Un o nifer o bapurau wythnosol oedd yn eiddo i gwmni papurau newydd Woodalls oedd *Y Cymro* ac felly roedd y swydd yn cynnig cyfle i sgrifennu i bapurau eraill o fewn y grŵp, yn arbennig y *Border Counties Advertizer*, papur ardal Croesoswallt a gogledd Maldwyn, a'r *Montgomeryshire Express*, a oedd yn gwasanaethu'r rhan fwy deheuol o Sir Drefaldwyn. Er mai yng Nghroesoswallt, yn Swydd Amwythig, roedd y pencadlys, cwmni yn gwasanaethu Cymru – yn arbennig y Gogledd – oedd Woodalls. Heblaw am y *Border Counties Advertizer* a phapur tref ac ardal Amwythig, na chofiaf ei enw ond a gaewyd toc wedi i mi ymuno â'r cwmni, roedd y gweddill yn gwasanaethu'r Gogledd. Yn eu plith roedd y *North Wales Chronicle* ym Mangor, y *Denbighshire Free Press*, y *Wrexham Leader*, sef y mwyaf ohonyn nhw i gyd, a'r *Flintshire Leader*. Yn ogystal â hynny roedd *Farm News*, papur wythnosol arall, *Teacher in Wales*, a gyhoeddid bob pythefnos, a'r misolyn sgleiniog *Country Quest*.

Fel lleoedd cynhyrchu papurau newydd yn y cyfnod hwnnw, lle brwnt, swnllyd, aflêr i weithio ynddo oedd Woodalls, gyda'r adeilad yn crynu pan fyddai'r peiriant argraffu'n troi a'r papurau'n llifo'n rhaeadraidd ohono. Roedd rhyw ramant a chyffro i'r lle. Ac os mai'r *Wrexham Leader*, a gyhoeddid ddwywaith yr wythnos, oedd yn dod ag elw i'r cwmni, roedden ni'n ymwybodol bod *Y Cymro* yn bapur o ddylanwad a'i lais yn cyfrif. Roedd ei gylchrediad bryd hynny bron iawn yn 12,000. Honnid y bu ei gylchrediad yng nghyfnod golygyddiaeth John Roberts Williams yn 30,000. Mae'n wir fod cynifer â hynny'n cael eu hargraffu ond, yn ôl rhai, roedd nifer fawr yn cael eu dychwelyd. Wn i ddim. Mae un peth yn sicr, roedd yn bapur a oedd yn cael ei brynu a'i ddarllen yn eang ar lawr gwlad. Ces fy synnu o glywed, pan es i weithio arno, fod *Y Cymro* yn cael ei ddarllen ymhob tŷ yn ardal y Berth – nid pawb fyddai'n ei brynu, ond byddai'r teuluoedd yn cyfnewid papurau, un yn prynu'r *Cambrian News*, un arall y *Farmer and Stockbreeder* ac un arall *Y Cymro* ac yna'n eu pasio ymlaen i'w gilydd. Rwy'n cofio i R. E. Griffith roi rhyw awgrym y byddai gadael yr Urdd a mynd at *Y Cymro* rywsut yn iselhau fy statws mewn cymdeithas! Nid bod hynny'n fy mhoeni – roedd y cyflog yn dipyn gwell. Hefyd, roedd *Y Cymro* yn bapur o dras gyda dynion fel John Eilian a Percy Ogwen Jones (tad Bedwyr Lewis Jones a Geraint Percy Jones) wedi bod yn gweithio arno – John Eilian yn gyn-olygydd y *Times of India* a Percy Ogwen wedi gweithio i bapurau mwyaf Llundain ochr yn ochr â chewri fel Hugh Cudlipp. Ac, wrth gwrs, John Roberts Williams.

Os mai Sir Benfro yw'r lle y bûm hapusaf yn byw ynddo, *Y Cymro* a Chroesoswallt a roddodd y mwynhad mwyaf o ran gwaith. Nid bod fawr o'i le ar ardal Croesoswallt fel lle i fyw, 'chwaith. Mewn pentref cyfagos o'r enw Pant, islaw cwrs golff Llanymynech, y bu i Gwen a minnau brynu ein tŷ cyntaf, byngalo newydd tair stafell wely ar ei ben ei hun a gardd go lew o'i gwmpas. Ei gost oedd tua £2,000, morgais 95 y cant a Nhad a Mam yn darparu'r ernes. Methiant fu pob ymdrech i gynilo yn Aberystwyth. Am fywyd cymdeithasol, y duedd oedd edrych tua Wrecsam, gan i Gwen gael swydd yn Ysgol Morgan Llwyd wedi cyfnodau byr o ddysgu mewn ysgol breswyl i ferched ger Amwythig ac yn Ysgol Gynradd Maesmawr, Sir Drefaldwyn, lle roedd prifathrawes oedd yn elyniaethus at y Gymraeg. Y cylch arall roedden ni'n troi ato oedd Llanfyllin, lle roedd W. J. Jones, oedd yn bennaeth yr adran Gymraeg yn yr ysgol uwchradd, a'i briod, Marged – rhieni Eiry Palfrey – yn rhedeg popeth. W.J. oedd awdur *Gwarchod Pawb*, cyfrol ddoniol wedi ei seilio ar ei brofiadau yn yr Home Guard a gyhoeddwyd ymhell cyn bod sôn am *Dad's Army*. Rwy'n ei gofio'n dweud stori am brofiad doniol arall o'r cyfnod hwnnw na chynhwysodd yn ei gyfrol. Roedd uchel swyddog o Sais wedi dod i wylio Gwarchodwyr De

Ceredigion ar *manoeuvres* ar Fanc Sion Cwilt, ymarfer oedd yn cynnwys defnyddio bwledi go iawn. Roedd popeth yn mynd yn iawn wrth i'r bechgyn fartsio'n ôl a blaen nes i sgyfarnog dasgu allan o'r eithin. Bang! Dwy ergyd gyda'i gilydd. Roedd y Sais yn lloerig, yn dawnsio gan gynddaredd o weld y fath ddiffyg trefn a disgyblaeth – nes i rywun godi'r sgyfarnog a sylwi bod y ddwy fwled wedi taro'i phen. Tawelodd y Sais a chydnabod yn wylaidd na welodd gystal saethu yn ei fywyd.

Sôn am filwriaeth, cymeriadau eraill y des i'w hadnabod yn dda oedd y Cyrnol Len Jones a'i briod, y ddau'n byw mewn byngalo modern yn llawn hen greiriau. Er ei gefndir milwrol, roedd y Cyrnol Len yn Gymro a chenedlaetholwr tanbaid. Hefyd, deuthum i adnabod Telynores Maldwyn, Nansi Richards Jones, casglwraig arall y bûm yn ei chartre droeon. Bu'r Ŵyl Gerdd Dant yn Llanfyllin yn y cyfnod hwnnw, er i glwy'r traed a'r genau, a gychwynnodd yng nghyffiniau Croesoswallt, achosi llu o anawsterau. Arswydus oedd gweld y pentyrrau o anifeiliaid marw'n cael eu llosgi wedi iddi nosi ac, wrth gwrs, teimlwn yn anghysurus yn teithio o ardal Croesoswallt, yn enwedig adre i Geredigion, rhag i mi ledaenu'r clwy.

Ces gynnig swydd ar y papur gan fod Gwyn Jones yn gadael y sedd olygyddol i sefydlu adran newydd i is-olygu a chynllunio papurau Saesneg y grŵp, a Llion Griffiths yn cael ei ddyrchafu'n olygydd. Felly roeddwn innau'n dod i mewn ar y gwaelod wrth i bawb arall symud i fyny. Weithiais i ddim dan Gwyn Jones, er mai ef a'm penododd, ond bu'n garedig iawn yn benthyg llyfrau i mi am wahanol agweddau ar grefft newyddiadura. Un o Gymry Lerpwl oedd Gwyn ac, yn nodweddiadol o newyddiadurwyr ei gyfnod, cychwynnodd ar bapur nos yn y ddinas yn 16 oed. Dyn main, lled-dal, gwallt gwyn, tawel ydoedd, gydag amser i bawb. Roedd ganddo berthnasau yn ardal y Bala a daeth i Gymru yn olygydd y *Wrexham Leader* – ceffyl o frid yn chwilio am gae bach tawelach, hwyrach. Rwy'n tybio hefyd mai ef oedd golygydd cylchgrawn y gwasanaeth teledu byrhoedlog Teledu Cymru (1962–3). Roedd Eric Thomas, Cadeirydd cwmni Woodalls, yn un o wŷr amlwg y cwmni hwnnw. Pan sefydlwyd yr *Evening Leader* ddechrau'r saithdegau – roedd hynny wedi i mi ymadael â'r cwmni – Gwyn oedd y golygydd cyntaf a bu ganddo gyfrifoldeb am hyfforddi newyddiadurwyr y cwmni wedi hynny.

Llion Griffiths, felly, oedd y golygydd pan oeddwn i gyda'r *Cymro*, y ddau ohonon ni wedi cychwyn yn ein swyddi newydd yr un pryd – ef yn cael dyrchafiad a minnau'n newydd-ddyfodiad. Aeth Llion rhagddo i olygu'r papur am dros ugain mlynedd, y golygydd hwyaf yn hanes y papur, gan barhau i'w wasanaethu am saith mlynedd arall fel rheolwr busnes. O gynnwys ei flynyddoedd ar y staff, cyn ei ddyrchafu'n olygydd, rhoddodd ddeng mlynedd ar hugain o wasanaeth di-dor i'r papur. Dyn annwyl, caredig ei gyngor a gofiaf, a roddai ryddid i ni'r gohebwyr ac is-olygyddion a thrwy hynny gael y gorau ohonon ni. Hwn oedd y cyfnod cyn y datblygiadau cyfrifiadurol chwyldroadol, blynyddoedd olaf y 'metal poeth'. Diddorol cofio bod cwmni Woodalls bryd hynny'n fwy blaengar gyda thechnegau argraffu papurau newydd na phapurau Llundain neu bapurau grŵp Thomson, y *Western Mail* a'r *Echo*, Caerdydd a Dowlais. Y rheswm, dybia i, oedd bod Croesoswallt yn llai undebol na'r mwyafrif llethol o ganolfannau cynhyrchu papurau newydd yr adeg honno. Eto, yn fy nghyfnod i ar *Y Cymro* roedd penawdau straeon yn dal i gael eu cysodi fesul llythyren ar ffon y cysodwr, dull a ddyfeisiwyd gan Johannes Gutenberg yn 1439. Cofiaf y Parch. J. Price Williams, gweinidog gyda'r Hen Gorff yng Nghroesoswallt a dreuliai rai oriau bob wythnos yn darllen proflenni'r *Cymro*, yn sôn mor gyflym y medrai'r hen grefftwyr gysodi straeon cyfan yn y dull hwnnw. Erbyn fy nyddiau i, roedd y cysodi'n cael ei wneud gyda pheiriannau *linotype* mawr gyda'r cysodydd yn eistedd wrth rywbeth tebyg i deipiadur. Roedd y cwmni wedi dechrau arbrofi gyda math o gyfrifiadur a fyddai'n cynhyrchu'r stori ar ffurf *ticker tape* a hwnnw'n cael ei fwydo drwy'r peiriant *linotype*, proses gyflymach na theipio'r stori'n syth i'r peiriant *linotype*. Roedd gen i barch mawr i'r dynion oedd yn trin y peiriannau *linotype*. Cofiaf un, hen fachgen o Bonterwyd a oedd wedi dysgu'i grefft ar un o bapurau Aberystwyth. 'Aber' oedd e i bawb ac wrth ei benelin roedd y *Geiriadur Mawr* ac *Elfennau Gramadeg Cymraeg* Stephen J. Williams. Waeth heb a dadlau gydag Aber ar bwynt gramadegol! Un arall o'i ddoniau oedd ei allu i ddarllen llawysgrifen Harri Gwynn, a fyddai bryd hynny'n adolygu llyfrau i'r *Cymro*. Arferai Harri anfon ei gopi wedi ei sgrifennu ar gefn dogfennau trefn rhaglenni *Heddiw*, BBC Cymru, lle gweithiai fel gohebydd. Dim byd o'i le ar hynny, heblaw bod ei sgrifen yn annealladwy i bawb – ond Aber. Arferai D. Jacob Davies deipio'i golofn ar gefn hen sgriptiau'r gyfres radio *Teulu Tŷ Coch*, tra byddai Dyfed Evans yn sgrifennu ei straeon mewn llawysgrif hardd ar gefn hen bapurach y byddai'n eu cael o'r Co-op, Pwllheli. Y mwyaf gwreiddiol o safbwynt ailgylchu papur oedd y Parch. Stephen O. Tudor (Owain Tudur), fyddai'n anfon ei gopi, teipiedig, ar gefn llythyrau gan ei reolwr banc! Byddai Morgan John Morgan (Moc Morgan) yn teipio'i erthyglau ar hela a physgota mewn *single space* ac, fel Cardi da, fyddai e byth yn buddsoddi mewn rhuban newydd i'w deipiadur! Un o fy nyletswyddau cynnar wedi ymuno â'r *Cymro* oedd golygu cyfraniadau amryw o'r rhain a des i'r casgliad na ddylid trethu amynedd hyd yn oed Aber gyda chopi aneglur Moc. Arferwn felly ei aildeipio fy hun. Dysgais lawer am bysgota a saethu, gwybodaeth a fu'n ddefnyddiol flynyddoedd yn ddiweddarach wrth i mi helpu John Elfed Jones gyda'i hunangofiant.

Lle difyr yw swyddfa papur newydd am glecs. Un adeg roedd cwmni Woodalls yn berchen cwmni cyhoeddi Hughes a'i Fab, Wrecsam, ac roedd D. Tecwyn Lloyd yn gweithio i'r ddau, gan rannu'i amser rhwng Wrecsam a Chroesoswallt.

Dyn direidus oedd Tecwyn Lloyd ac roedd Llion Griffiths ac yntau'n ffrindiau, y ddau'n dod o ardal Glanrafon. Yn ystod y rhyfel cyhoeddodd Tecwyn gyfrol gyda'r teitl *Rhyw Ystyr Hud*, gan ddefnyddio'r enw E. H. Francis Thomas, cyfrol am ddigwyddiadau arallfydol gyda chymeriadau yn oramlwg wedi eu seilio ar bobol o fro ei febyd. Creodd bersona i Francis Thomas, creadur a ymadawodd â Chymru am Lerpwl yn gynnar yn ei fywyd. Cynhwysodd lun ohono hefyd, rhyw hen lun a ddarganfu yn llofft ei gyn gartre yng Nglanrafon. Yn ôl Llion, bu i'r gyfrol achosi penbleth a dicllonrwydd yn ardal Glanrafon. Cyhoeddwyd ail gyfrol E. H. Francis Thomas yn y saithdegau a'r adeg honno, mae'n debyg, y daeth yn wybyddus mai Tecwyn Lloyd oedd y creadur ecsotig a gwreiddiol a bortreadwyd yn y broliant.

Un o hen aelodau staff *Y Cymro* pan es yno oedd Tom Lloyd Jones, a fu'n ohebydd y papur yn Nolgellau ond a gafodd swydd yng nghlydwch y brif swyddfa yn dilyn pwl o afiechyd. Yno roedd yn fy nghyfnod i yn gofalu am dudalen y plant, Dewyrth Tom, yn is-olygu colofn farddol Meuryn ac yn darllen proflenni. Bu Tom yn riportar iawn o'r hen deip yn ei ddyddiau yn Nolgellau. Byddai'n cadw'r pencadlys yn hapus gyda ffrwd gyson o straeon ac yn ychwanegu at ei gyflog drwy werthu'r goreuon i'r papurau dyddiol. Dyna'r drefn. Erbyn i mi gyrraedd yno roedd yn dirwyn tuag at ei ymddeoliad ac yn mynd ar nerfau'r to iau. Bu'n gweithio mewn amryw lefydd yn ystod ei fywyd ond ni ellid rhoi coel ar y manylion bob amser. Arferai Tecwyn Lloyd dynnu arno o dro i dro. 'Tewch, Tom, a fuoch chi'n gweithio yno? Am ba hyd y bu hynny, deudwch?' Byddai Tecwyn yn nodi'r atebion yn slei bach a daeth i'r casgliad maes o law bod Tom yn tynnu'n agos at ei gant!

Roedd hen gwmni Woodalls yn gyflogwr da ac, am y cyfnod byr y bûm i yno, yn gefnogol iawn i'r *Cymro* a'r Gymraeg. Cymro Cymraeg oedd Tom Roberts, y cyfarwyddwr oedd â chyfrifoldeb am hysbysebion, a'r un modd Glyn Griffiths, y cyfarwyddwr golygyddol. Un o Fôn oedd Glyn, ac yn ystod ei fywyd bu'n gweithio ar lu o bapurau, yn eu plith y *Merthyr Express*, y *Daily Herald* a'r *Liverpool Daily Post*. Ar un adeg bu gan y *Post* golofn ddyddiol ar y dudalen flaen, 'Wales Day by Day', a chofiaf Gwilym Roberts, Arthur Williams, Iorwerth Roberts ac Ivor Wynne Jones yn ei sgrifennu. Roedd Glyn Griffiths yn y llinach honno; yn wir, ef oedd yn gyfrifol am y golofn cyn Gwilym Roberts. Wedi hynny yr aeth at Woodalls a bu'n olygydd y *Wrexham Leader* ac, am gyfnod byr wedi ymadawiad John Roberts Williams, yn olygydd *Y Cymro*. Roedd gen i barch mawr at Glyn, er ei fod yn greadur digon oriog. Un dydd byddai'n eich pasio heb gyfarchiad yn y byd, trannoeth a chithau ar frys, byddai'n eich stopio am sgwrs chwarter awr. Rwy'n cofio fy olynydd ar staff *Y Cymro*, y darlledwr a'r cynhyrchydd teledu Ioan Roberts, yn dweud sut y bu i Llion ei gyfweld, cynnig y swydd iddo ac yna ei anfon i weld Glyn Griffiths. Y cyfan ddywedodd Glyn wrtho oedd, 'Wel, rydach chi'n dod i weithio i'r *Cymro*. Braf arnoch chi. Pan oeddwn i'n riportar allan yn chwilio am straeon, dyna pryd roeddwn i hapusa, ddim fan hyn yn eistedd ar fy nhin yn sacio pobol!'

Roedd ganddo lu o straeon am fynd i Fanceinion i gymryd rhan yn y rhaglenni Cymraeg y byddai cwmni masnachol Granada'n eu darparu ar gyfer y Gogledd. Rhydwen Williams oedd yn trefnu a chynhyrchu'r rhaglenni hynny ac, yn ôl Glyn Griffiths, doedd dim llawer o drefn ar bethau yn fynych, er nad ar Rhydwen y byddai'r bai am hynny bob amser. 'Un wythnos byddwn yn cymryd rhan mewn rhaglen drafod mewn hongled o stiwdio enfawr, yr wythnos wedyn byddai Côr Meibion y Rhos wedi'u gwasgu i fewn i'r stiwdio leiaf oedd ganddyn nhw.' Flynyddoedd wedyn cyfarfûm ag amryw ym myd teledu oedd wedi bod yn brentisiaid yn y maes – er nad oedden nhw'n Gymry – ac wedi bod yn helpu Rhydwen gyda'r rhaglenni hynny. Yn eu plith roedd dyn o Ganada Ffrengig a dderbyniodd y *Légion d'honneur*. Roedd ganddyn nhw i gyd feddwl uchel o Rhydwen a siaradent yn barchus amdano.

Wedi i Granada roi'r gorau i ddarparu rhaglenni Cymraeg ar gyfer Cymru bu Rhydwen yn gweithio i gwmni TWW, â'i swyddfa yn Abertawe, er na wyddai neb yn iawn beth oedd ei ddyletswyddau yno gan nad oedd stiwdio gan TWW yn Abertawe. Yn un o gyfarfodydd bwrdd y cwmni cododd y cadeirydd, yr Arglwydd Derby, gwestiwn ynglŷn â'r dyn Williams yna a chanddo swyddfa yn Abertawe. Llwyddodd aelod o'r bwrdd, yr undebwr Huw T. Edwards, i achub croen Rhydwen drwy falu awyr am yr athrylith a oedd yn gwneud gwaith pwysig yn cynnal enw da'r cwmni yn y parthau gorllewinol hynny. Aeth yn ben set rai blynyddoedd yn ddiweddarach gyda'r Arglwydd Derby eto'n gofyn cwestiynau lletchwith. Eto, daeth Huw T. Edwards i'r adwy. Dywedodd iddo gael breuddwyd – ac, fel Pharo, roedd Huw T. yn enwog am ei freuddwydion. Yn ei freuddwyd yr oedd, meddai, wedi gweld pen Rhydwen dan Goron Eisteddfod Genedlaethol Abertawe (1964), coron roddedig gan gwmni TWW. 'Meddyliwch y fath gyhoeddusrwydd fyddai hynny i'r cwmni,' meddai. 'Coron yn rhoddedig gan TWW yn cael ei hennill gan un o weision cyflog y cwmni! Cyhoeddusrwydd amhrisiadwy!' Cafodd Rhydwen achubiaeth arall.

Dyna'r stori a glywais gan Glyn Griffiths. Flynyddoedd wedyn ces fersiwn Rhydwen o'r stori. Roedd yn cysgu'n drwm ymhell wedi hanner nos pan ganodd y ffôn. Huw T. oedd yno, yn gofyn iddo a oedd wedi gweld rhestr testunau Eisteddfod Abertawe. 'Doeddwn i ddim, a ddim wedi meddwl am gystadlu ers blynydde,' meddai Rhydwen, 'ond roedd e'n daer – "jyst y testun ar dy gyfar di". Fe ffoniodd e fi sawl gwaith wedyn a'n annog i i gystadlu, ac yn y diwedd fe wnes i.' Dyna, fe ymddengys, yr ysbrydoliaeth i lunio'r bryddest 'Ffynhonnau', un o bryddestau mwyaf nodedig yr ugeinfed ganrif!

Roedd gan y papur swyddfa yng Nghaernarfon lle roedd

Dyfed Evans yn ohebydd, sgrifennwr ardderchog – llenor yn wir. Yn ogystal â Llion a Tom, roedd Ifan Roberts yng Nghroesoswallt; aeth wedyn at raglen *Y Dydd* TWW, wedi hynny at y BBC ac yn y diwedd at S4C. Rhai eraill y bûm yn cydweithio â nhw yng Nghroesoswallt oedd y diweddar Glyn Evans, a roddodd flynyddoedd o wasanaeth i'r papur gan gynnwys cyfnod sylweddol yn olygydd, a William H. Owen, a fu'n gyflwynydd rhaglenni ardderchog i Radio Cymru. Bu yntau'n olygydd y papur am gyfnod wedi troad y ganrif. Cedwais gysylltiad llawer hwy gyda Glyn, a oedd yn fardd a nofelydd, a bu'r ddau ohonon ni'n cydweithio ar wefan Gymraeg BBC Cymru am ddwy flynedd. Wedi iddo ymddeol, parhaodd i olygu *Yr Enfys*, cylchgrawn y Cymry ar Wasgar, a hynny gyda graen. Gydag ymadawiad Dyfed, a benderfynodd fynd i'r Coleg Normal i hyfforddi i fod yn athro, penodwyd Lyn Ebenezer yn ei le, gohebydd dawnus a oedd eisoes wedi ennill profiad gyda'r *Cambrian News* yn Aberystwyth ac a oedd yn gyd-ddisgybl i mi yn Ysgol Sir Tregaron. Credwn ei fod yn syniad da i gael gohebydd yn Aberystwyth, ac awgrymais hynny i Llion, gan fod ei fryd yn amlwg ar gau swyddfa Caernarfon. Roedd mwy yn digwydd yn Aberystwyth nag yng Nghaernarfon.

Pan ddechreuais weithio yng Nghroesoswallt yn 1966 roedd yn aeaf oer, ac roedd gwastadeddau Swydd Amwythig dipyn oerach nag arfordir Ceredigion. Cafodd Ifan Roberts lety i mi gyda fy stafell wely uwchben adwy i gefn y tŷ. Roedd Gwen yn dal i fod yn Llan-non, ac wedi fy nhridiau cyntaf yng Nghroesoswallt, a gweld rhoi *Y Cymro* cyntaf ers i mi ymuno â'r staff yn ei wely, mentrais awgrymu i Llion fy mod yn dychwelyd am weddill yr wythnos i Geredigion gydag addewid o fod 'nôl fore Llun gyda phentwr o straeon. Cytunodd a chedwais innau fy ochr o'r fargen. Parhaodd y trefniant nes i ni brynu'r byngalo yn y Pant a chafodd Ceredigion dipyn o sylw yn y papur am nifer o fisoedd. Roedd yn rhyddhad cael dianc o oerfel Croesoswallt petai ond am hanner yr wythnos.

123

Un o'r straeon cyntaf o fy eiddo a ymddangosodd yn *Y Cymro* wedi i mi ymuno â'r staff oedd erthygl am arddangosfa o ddarluniau gan Mary Lloyd Jones, John Jones ac Ogwyn Davies yng Ngholeg y Brifysgol, Aberystwyth. Doedd Mary ddim wedi dod i fri bryd hynny. Roedd ei gŵr, John, yn athro celf yn Ysgol Uwchradd Aberaeron ac Ogwyn Davies yn athro celf Tregaron. Roeddwn yn y pedwerydd dosbarth cyn i Ogwyn Davies ddod i Dregaron felly ni wyddai am fy niffygion fel arlunydd neu hwyrach y byddai wedi gofyn i mi pa gymhwyster oedd gen i i fynegi barn am gelfyddyd gain. Ond gan ei fod e hefyd yn hyfforddwr tîm criced yr ysgol roeddwn i ar delerau lled dda gydag e. Nid y bu anwybodaeth erioed yn rhwystr rhag i mi sgrifennu ar bob pwnc dan haul – o gerddoriaeth i gelf, o focsio i ffasiwn i dai bwyta. Ymffrostiaf i mi unwaith gyfrannu i'r *Good Food Guide*!

Toc wedi ymuno â'r *Cymro* treuliais rai dyddiau cyn etholiad cyffredinol Mawrth 1966 yng Ngheredigion gan ddarogan pethau mawr, sef y tebygrwydd y byddai Elystan Morgan yn cipio'r sedd i Lafur oddi ar y Rhyddfrydwr Roderic Bowen. Felly y bu. Yr wythnos wedyn, ar 31 Mawrth, dydd y pleidleisio, roedd gen i gyfweliad yn y papur gyda T. W. Jones, yr Aelod Llafur dros Feirionnydd a oedd ar fin cael ei ddyrchafu i Dŷ'r Arglwyddi. Rwy'n meddwl i mi wneud y cyfweliad wythnosau ynghynt, stori i'w chadw ar gyfer dydd y pleidleisio. Hwnnw oedd y tro cyntaf i mi fynd allan gyda chamera'r swyddfa. Arwydd o wendid undebaeth ymhlith gweithwyr Woodalls oedd fod rhai newyddiadurwyr yn mentro tynnu lluniau hefyd. Rwy'n cofio bod yn hir iawn yn ffidlan gyda'r Rolleiflex tra bod y darpar Arglwydd Maelor yn rhynnu yn yr oerfel. Cafwyd llun digon da yn y diwedd. Roedd y stori'n eithaf da hefyd. Wyddwn i ddim ble'n union roedd e'n byw. 'Gofynnwch i unrhyw un yn y Rhos,' oedd cyngor Llion. A dyna wnes i. 'Pwy?' oedd yr ateb ges i yng nghanol y Rhos. 'Aelod Seneddol Sir Feirionnydd,' meddwn i wedyn.

'O, Twm Bil dach chi isio!' oedd yr ateb yn syth, a chefais fy nghyfeirio i'r Ponciau.

Mynnai T.W. mai fe oedd yr A.S. a siaradodd fwyaf o Gymraeg yn Nhŷ'r Cyffredin erioed. Dywedid ei fod yn siaradwr go ffraeth. Un tro, mewn araith yn y Senedd, dywedodd fod lefelau rhai o byllau glo ardal Wrecsam mor gul ac isel nes bod gan y llygod bach goesau cam! Wedi iddo gael ei ddyrchafu i Dŷ'r Arglwyddi roedd yn sgwrsio gyda dau Arglwydd Torïaidd a'r ddau'n sôn am y llynnoedd oedd ganddyn nhw ar eu hystadau. 'Mae gen i lyn ar waelod yr ardd,' meddai T.W. Rhyw bwll chwiaid o beth ydoedd, yn llwch glo i gyd, os ydw i'n cofio'n iawn. Ymhen dim o dro derbyniodd bâr o elyrch hardd yn anrheg oddi wrth un o'r Arglwyddi Torïaidd. Ond wedi un cipolwg ar y pwll chwiaid, bant â'r elyrch a welwyd byth mohonyn nhw wedyn.

Doedd dim a roddai fwy o bleser na tharo ar stori dda. Ar 6 Mawrth 1966, ychydig cyn yr etholiad cyffredinol, bu ffrwydrad dan bibell oedd yn cludo dŵr o Glywedog. Roeddwn wedi mynd i Eisteddfod Sir yr Urdd yn Llanfyllin – roedd Gwen yn beirniadu'r dawnsio gwerin – pan glywais amryw o selogion y mudiad yn cwyno sut y bu'r heddlu'n eu holi ble roedden nhw noson y ffrwydrad. Roedd eraill yn argyhoeddedig fod heddlu cudd yn clustfeinio ar eu galwadau ffôn. Des oddi yno gyda stori dda, a doniol hefyd. Roedd plismon wedi ymweld â Hilda Jones o Lanrhaeadr-ym-Mochnant, hen ferch oedd yn tynnu ymlaen mewn oedran. Gofynnodd iddi ble roedd hi am un o'r gloch ar fore'r ffrwydrad. 'Yn gwely,' oedd yr ateb swta. 'Beth oeddech chi'n wisgo?' holodd y plismon. 'Crys nos, siŵr iawn,' atebodd Hilda. Cafodd ei holi a oedd yn aelod o Blaid Cymru. Atebodd ei bod, ac yn falch o hynny. 'Ydych chi'n "active member"?' pwysodd y plismon. 'Ddim digon "active" i fynd i Glywedog, rwy'n siŵr o hynny,' oedd ateb ffraeth Hilda. Un arall a gafodd ei holi'n lled hwyr gan blismyn ar ei ffordd adre o gyngerdd oedd y delynores Frances Môn Jones o Lanfair Caereinion. 'Be sgynnoch chi yng nghefn y car?' holodd y plismon. 'Telyn,' atebodd Frances, 'hoffech chi ddatganiad?' Ffoniodd Marged Lloyd Jones y gyfnewidfa deleffon yn cwyno am y cliciadau, a hyd yn oed sŵn cloch, ar y lein pan oedd hi'n siarad â rhywun ar y ffôn. 'Adar bach ar y lein, siŵr o fod,' meddai dynes y gyfnewidfa. 'Adar *bach*, myn hyfryd i,' meddai Marged.

Ymhen ychydig ddyddiau roedd y stori yn y papurau Sul a thrannoeth i hynny roedd Russell Evans, golygydd y *Montgomeryshire Express*, yn y cantîn yn cwyno wrthon ni griw *Y Cymro* am bobol y Blaid yn rhedeg at bapurau Sul Llundain gyda'u cwynion heb ddweud wrtho fe. Ddywedon ni ddim wrtho fe mai un o straeon *Y Cymro* oedd hi. Doedd e na neb o'i ohebwyr yn siarad Cymraeg. Tebyg mai Cliff Phillips, Cymro Cymraeg a oedd yn ohebydd y Press Association, oedd wedi pasio'r stori ymlaen i'r papurau Sul. Fe redodd y sgwarnog honno'n dda am sbel, o leiaf nes ethol Gwynfor Evans i'r Senedd.

Stori wleidyddol y flwyddyn, wrth gwrs, oedd isetholiad Caerfyrddin yn sydyn wrth gwt yr etholiad cyffredinol yn dilyn marwolaeth y Fonesig Megan Lloyd George. Cofiaf y bore hwnnw'n dda. Roeddwn eisoes wedi trefnu mynd i'r De-orllewin trannoeth yr isetholiad. Doeddwn i ddim yn disgwyl dim byd mawr ac roedden ni yn *Y Cymro* yn derbyn y byddai Gwilym Prys Davies yn cadw'r sedd i Lafur. I fod yn onest, roeddwn i, beth bynnag am y lleill, yn edrych ymlaen i weld Gwilym Prys yn y Senedd oherwydd bu'n gyfaill da i'r *Cymro* ac yn ffynhonnell llawer sgŵp, ambell un roddodd ysgytwad go hegar i'r sefydliad. Tra oeddwn yn gwisgo y bore Gwener hanesyddol hwnnw, 15 Gorffennaf 1966, roeddwn yn hanner gwrando ar *Today* pan gyhoeddodd Jack de Manio y newydd syfrdanol, chwyldroadol fod Gwynfor Evans wedi cipio Caerfyrddin gan Lafur. Roedd yr emosiynau'n wenfflam – diolch fod hen lafurwyr yn y winllan fel D. J. Williams, Abergwaun, wedi byw i weld y wawr newydd yn torri yn Sir Gâr, ei sir enedigol oedd mor annwyl yn ei olwg. Yr un pryd, fedrwn i ddim llai na meddwl sut roedd Gwilym Prys yn teimlo.

Roedd yn fore gwych i fod yn Gymro, os nad yn fore i fod yn gweithio ar y rhaglen radio foreol *Good Morning Wales*. Wedi holl gyffro a chynnwrf *Today*, disgwyliais yn eiddgar am *Good Morning Wales*, oedd yn cychwyn tua 8.15 ar y Welsh Home Service. Ond och ac ow, dim gair am yr isetholiad hanesyddol, dim ond rhyw sôn y bu pleidleisio yng Nghaerfyrddin y diwrnod cynt a chyfweliad cyffredinol gyda Gwilym Prys Davies. Doedd y rhaglen ddim yn *dweud* mai Gwilym Prys oedd wedi ennill, ond dyna'r awgrym. Clywsom yn ddiweddarach fod y rhaglen gyfan wedi cael ei recordio y noson cynt! Golygydd y rhaglen bryd hynny oedd Brian Evans, mab y bardd a'r cyn-Archdderwydd Wil Ifan. Creadur hynaws a rhadlon oedd Brian, ond nid un o garedigion mwyaf yr iaith – y farn gyffredin oedd bod *Good Morning Wales* yn eithaf gwrth-Gymreig, yn cnocio pawb a phopeth oedd yn ymwneud â Chymru a'r Gymraeg. Fe newidiodd agwedd rhaglenni Saesneg radio a theledu BBC Cymru at y Gymraeg yn fawr ers y dyddiau hynny. Wn i ddim a oedd Brian Evans ar ddyletswydd y noson honno, ond mae'n siŵr mai ef gafodd y bai, er na chlywais lawer o sôn am y peth wedi hynny. Gellid gosod hwn ymhlith y mwyaf o'i gamgymeriadau nodedig. Ar un adeg bu'n ymwneud â rhaglenni adloniant ysgafn Saesneg ar gyfer y teledu a daeth i adnabod canwr ifanc o Bontypridd o'r enw Tom Woodward – Tom Jones i chi a fi. Gofynnodd Tom i Brian weithredu fel ei asiant. Ymateb Brian oedd ei gynghori i sticio at glybiau'r Cymoedd, mai dyna'i lefel! Gadawodd y BBC rywbryd yn y saithdegau am swydd uchel yn Adran y Wasg yn y Swyddfa Gymreig. Wrth baratoi ar gyfer ymddeol, roedd wedi sicrhau tipyn o waith llawrydd iddo'i hun tuag at y dyfodol, gan gynnwys sgrifennu erthyglau achlysurol i'r *Liverpool Daily Post*. Ymddangosodd y gyntaf o'r rheini ychydig yn gynt na'r bwriad, sef ymosodiad ar y Swyddfa

Gymreig ar fore ei ymddeoliad. Tybed sut awyrgylch oedd yn ei barti ffarwél?

Beth bynnag am hynny, roeddwn i a fy Fiat bach yn mynd dan ganu i Sir Gâr y bore hwnnw. Stopiais rywle tua Llanidloes i ffonio'r swyddfa i ofyn i Llion ffonio cartre Gwynfor i weld a fedrai drefnu cyfweliad. Ffoniais eto ymhen yr awr a dywedodd Llion fod Gwynfor wedi cytuno i mi gael cyfweliad gydag e am hanner dydd ddydd Sul. Rwy'n cofio bwyta brechdan mewn cilfan yn agos i Langadog tuag un ar ddeg y bore hwnnw, a chyrraedd y pentref a gweld llu o gamerâu teledu y tu allan i'r capel yn disgwyl i Gwynfor ddod allan o'r oedfa. Es i'r tŷ, Y Dalar Wen, erbyn yr amser penodedig ac roedd cynhadledd i'r wasg yn dod i ben a Gwynfor wedi neilltuo hanner awr yn arbennig i mi. Roedd yn brofiad rhyfeddol, camerâu teledu, rhai mawr fel ag a geid mewn stiwdios teledu, yn llithro drwy'r tŷ, y ffôn yn canu'n ddi-baid a theligrams yn cyrraedd o bellter daear. Roedd hyn dridiau wedi'r canlyniad, a'r sioc a'r rhyfeddod heb dawelu. Aeth Gwynfor a mi allan i dynnu llun ohono a chofiaf boster ar ochr fan mini gyda'r slogan 'Your hand can make history'. Roedd llaw rhywun wedi ei newid i 'Your hand has made history'. Yng nghanol yr holl rialtwch bu Gwynfor yn rhyfeddol o garedig ac amyneddgar â mi y diwrnod hwnnw. Dychwelais adre y noson honno a theipio'r straeon i gyd cyn mynd i'r gwely. Rwy'n meddwl i mi sgrifennu cyfran dda o'r papur y noson honno – a chael bonws go lew am fy ngwaith.

Cwmni da i weithio iddo oedd Woodalls y dyddiau hynny. Yr unig gŵyn oedd gen i yn erbyn Llion oedd ei fod yn grintachlyd ynglŷn â rhoi enwau'r gohebwyr wrth y straeon. Yn dilyn cyfres o straeon da ar y dudalen flaen, pob un gyda'r *byline* 'Gan Ohebydd Arbennig' a hyd yn oed 'Ein Gohebydd Arbennig', fe ddywedais wrtho i mi arwyddo siec gyda 'Gohebydd Arbennig' yn lle fy enw. Ni chofiaf i fy sylw plentynnaidd gael fawr o effaith. Yn yr un rhifyn â hanes etholiad Caerfyrddin roedd erthygl a llun gen i o fy hen

Fy mam-gu ar ochr fy mam,
Jane Jones, Broncapel.

Daniel Jones, Broncapel, tad fy mam.
Bu farw yn 41 oed.

Mam yn ddynes ifanc.

Nhad yn filwr yn y Rhyfel Byd Cyntaf.

Lottie, fy chwaer, yn ferch fach, gyda chert laeth fy nhad yn Llundain.

Fi gyda'r ddau gi, Wag a Bob, yn 1951.

Lottie, fy chwaer, a fi yn 1951.

Fi gyda beic oedd yn rhy fawr i mi.

Gyda Hywel, fy nghefnder, a Bob y ci.

Fi, tua 11 oed.

Fi a Bob y ci, a Gwilym, fy nai, yn ei bram, tua 1956, o flaen Tynbwlch, yr hen gartre.

Chweched dosbarth Ysgol Uwchradd Tregaron, tua 1959.

Tîm athletau'r coleg. Rwy ar y chwith yn y rhes olaf ond un o'r cefn.

Trip Aelwyd Castell Flemish tua 1958. Rwy ar y pen chwith yn y rhes ôl.

Llun o ddyddiau coleg, tua 1959. O'r chwith: Colin Murphy, a aeth i reoli clybiau pêl-droed, gan gynnwys cyfnod ar staff Clwb Dinas Caerdydd; Graham Harries, oedd yn rhannu stafell gyda fi yn yr hostel myfyrwyr; fi; ac yn y blaen, Hefin Davies o Dregaron.

Parti Dawns Aelwyd Aberystwyth tua 1959. Mae Gwen ar y chwith yn y rhes flaen.

Tîm siarad cyhoeddus Coleg Hyfforddi Dinas Caerdydd, 1960, sef finnau a Geraint Lloyd Owen.

Gwen yn ferch ifanc.

Priodas Gwen a minnau.

Gwen ac Eleri yn Carnac, Llydaw, 1972.

Gwen, Eleri'n fabi a May Williams, mam Gwen, yn 1971.

Nhad gydag Eleri, 1972.

Ar ymweliad â Neuadd y Dref, Plabennec, Llydaw, tua 1975. Gildas yn fy mreichiau i a Trystan yn eistedd ar y bwrdd.

Llun ar gyfer clawr *Crwydro Llydaw*.
Llun: Michael Isaac

Radio Bro Tregaron, 1976.
Llun: Raymond Daniel

Gwilym a fi ar ein ffordd i briodas un o fy nghefnderwyr. Sylwer ar y car bach *sporty*.

Gwen a Clayton Jones yn fuddugoliaethus yn etholiad Cyngor Bwrdeistref Taf Elai.

Y plant yn fach, o'r chwith: Ffion, Trystan, Gildas ac Eleri.

Ffion, oed ysgol gynradd. Daeth i lwyfan Eisteddfod Genedlaethol yr Urdd ddwywaith fel aelod o driawd telyn.

Dydd Nadolig a dydd pen-blwydd Gildas.

Gwen ac Eleri yn Aberystwyth. Eleri'n
cychwyn yn y Brifysgol.

Eleri, Alaw a Gwen yn y brotest yn
Llundain yn erbyn rhyfel Irac.

Trystan, Cadi a Ffion.

Priodas Gildas a Nerys.

Ffion, Daniel, Kaliesha a Chris
gyda Tyrece yn y blaen.

Fi yn Ynys yr Iâ, 1992.

Dwy o'r wyresau, Elan ac
Alaw, gyda Gwen a minnau.

Leah a Steffan, plant Gildas
a Nerys.

Gyda theulu Jean-Marc
Michaud yn Vannes, Llydaw.

Gyda Bernard Verlingue, curadur amgueddfa grochenwaith Quimper.

Gwen a fi mewn *café* yn Maiano (Maillane), Provence. Yn y murlun gwelir Alphonse Daudet a Frédéric Mistral, a rhyngddyn nhw mae rhith Mirèio, arwres cerdd enwocaf Mistral.

Pete, Alaw, Elan, Cadi, Eleri a fi yn paratoi i gerdded i Ben y Fan, 2012.

Meistr yn y Gwyddorau Cymdeithasol, Coleg y Brifysgol, Caerdydd.

Gyda Michel Olivier, y Sioni Winwns olaf cwbl rugl ei Gymraeg, yn Llydaw.

Aduniad o'r pedwar ohonom a aeth yr un flwyddyn o Ysgol Gynradd Castell Flemish i Ysgol Sir Tregaron: Einion Williams, Tyhen; John Jones, Trecoll; fi; a Tom Herbert Jones, Llwyngwinau.

Gwen o flaen *borie*, un o'r adeiladau cerrig sychion sy'n nodwedd o ranbarth y Luberon, Provence.

Tyrece a Daniel gyda'r barnwr, ar ôl eu derbyn yn ddinasyddion Canada.

Kaliesha, Daniel yn dal Keara, a Tyrece. Ganwyd y ddwy ferch yng Nghanada, felly roedden nhw eisoes yn ddinasyddion y wlad.

Gwen a fi a phlant Ffion – Tyrece, Daniel a Kaliesha – yn Niagara Falls yn 2014.

Gwinllan Bonnelly ger Roussillon, Provence. Yno y bu'r dramodydd Samuel Beckett yn pigo grawnwin adeg yr Ail Ryfel Byd.

Gŵyl y Winwns yn Roscoff, Awst 2013, sef y flwyddyn y cefais fy anrhydeddu gan y tyfwyr a'r gwerthwyr winwns.

Llun: Jacqueline Gibson

Gorymdeithio cyn cael fy nerbyn yn gymrawd o *confrérie* y Sionis a'r tyfwyr winwns.

Llun: Jacqueline Gibson

Wedi'r seremoni. O'r chwith: Gwen; Estelle Champeau; Sebastien Prigent, a arferai werthu winwns yn Llanelli ac a anrhydeddwyd gyda medal y gymdeithas; fi; Michèle Segura-Coz; Marie-Josée Gueguen, merch Sebastien; merch Marie-Josée; a Paul Gueguen, gŵr Marie-Josée.

Llun: Jacqueline Gibson

Fi yn gwisgo'r got ysblennydd, y crafat, y *beret* a medal y gymdeithas.

Llun: Jacqueline Gibson

Leah a Steffan,
plant Gildas a Nerys.

Cartŵn ohonof, ac erthygl,
yn *Ouest-France*, gan fy hen
gyfaill Alan Guivarc'h.

Historien des « Johnnies onions »
Gwyn Griffith est l'homme du jour

Un jour, en feuilletant par hasard un livre écrit en gallois racontant l'histoire des « Johnnies onions », ces Léonards qui partaient tous les ans vendre leurs oignons en Angleterre, Madeleine Guerc'h s'est aperçue qu'elle connaissait pratiquement toutes les personnes dont les photos illustraient le bouquin.

Madeleine, ancien premier adjoint du maire de Roscoff, en fit part à l'auteur qui se trouvait à Roscoff en tant que représentant de la BBC au festival du film celtique. Depuis, Gwyn Griffith et l'ancienne responsable locale des marchands d'oignons qu'elle aidait dans toutes leurs démarches administratives, sont devenus complices dans toutes les investigations faites par l'écrivain gallois sur cette profession particulière en voie de disparition.

Gwyn s'est fait le grand expert des Johnnies. Il leur a consacré un grand nombre d'articles dans les revues anglaises et d'innombrables séquences filmées en tant que grand reporter de la BBC Wales.

« Goodbye Johnnies onions » a donc été édité en gallois et en anglais. Il se trouve en vente dans les librairies de notre région et est déjà considéré comme un livre de référence pour cette page de notre histoire éocnomique. Gwyn a accompli un travail d'une minutie extraordinaire et a consacré beaucoup de moments de son existence pour multiplier les rencontres et les interviews, consulter les documents et visiter les magasins où les marchands d'oignons entreposaient leurs marchandises de l'autre côté du channel.

A Roscoff, Gwyn n'est plus ce grand journaliste de la BBC de passage épisodiquement dans la région pour les besoins de sa profession. Il est un Roscovite à part entière qui compte autant d'amis à Roscoff qu'à Santec, et que l'on aime pour avoir su si justement parler d'une profession que tout le monde respecte.

ysgol, Ysgol Gynradd Castell Flemish, oedd â'i nifer bellach wedi gostwng i chwech, yn eu plith fy nai, Gwilym. Nodais fod yr awdurdod addysg wedi addo cadw'r ysgol ar agor am flwyddyn arall. Fe'i caewyd y flwyddyn wedyn pan oedd dim ond un plentyn ar ôl ynddi!

Er treulio hanner yr wythnos yn y swyddfa cawn fynd allan dipyn hefyd, a chael cwmni ffotograffydd ran amlaf. Roeddwn wedi cydweithio â Ron Davies, y ffotograffydd o Aberaeron, cyn mynd at *Y Cymro*. Roedd Ron yn gymeriad a hanner ac er ei fod yn gaeth i gadair olwyn yn dilyn damwain moto-beic pan oedd yn ei ugeiniau, roedd yn dynnwr lluniau ardderchog a dyfeisgar. Roedd yn rhaid bod os oedd yn mynd i barhau i wneud y gwaith yn y sefyllfa honno. Bu'n gyfaill da pan oeddwn yn Swyddog Cysylltiadau Cyhoeddus yr Urdd. Galwad i Ron ac os oedd yn stori go lew fe gawn lun neu ddau yn *Y Cymro* ac eitem ar *Y Dydd*, TWW. Yr hyn oedd yn arferol bryd hynny oedd saethu eitemau 'mud' ar gyfer y teledu ac ychwanegu effeithiau sain a sylwebaeth dros y cyfan yn y stafell olygu. Cofiaf fynd i rasys cyryglau Cilgerran gyda Ron. Roedd hynny cyn i mi ddechrau gweithio'n swyddogol i'r *Cymro*. Cynhelid y rasys ar ran o afon Teifi lle roedd banc yn codi'n serth a llithrig o lan yr afon, ardderchog i wylwyr ond anodd i ffotograffwyr ac amhosib i un mewn cadair olwyn. A minnau'n meddwl sut yn y byd y medrwn helpu Ron, rywsut neu'i gilydd diflannodd tra oeddwn i'n siarad â rhywun arall. Y peth nesaf welais i oedd Ron ar gwch, ei gadair olwyn a chwbl, yn cael ei rwyfo i fyny ac i lawr yr afon yn ffilmio i TWW a thynnu lluniau i'r *Cymro*. Clywais ddweud mai Ron oedd y tynnwr lluniau cyntaf i feddwl am gael ei godi, gadair a chwbl, gan Jac Codi Baw i gael llun o ongl uchel. Roedd yn greadur direidus, llawen a'r gyrrwr mwyaf lloerig y bûm mewn car gydag e erioed. Dysgodd ei grefft adeg y rhyfel yn India, yn tynnu lluniau allan o awyrennau. Clywais ddweud ei fod yn well tynnwr a dyblygwr lluniau na Geoff Charles hyd yn oed. Wn i ddim, Geoff oedd yn dweud.

Treuliais lawer o amser gyda Geoff Charles, oedd yn gweithio o gartre ac o swyddfa'r *Cymro* yng Nghaernarfon. Newyddiadurwr a drodd i dynnu lluniau oedd Geoff pan oedd yn riportar gyda'r *Western Mail*. Yn ôl a ddywedodd wrthyf, bu'n cydweithio ar un adeg â ffotograffydd oedd yn un drwg am hel merched. Os oedden nhw'n gwneud stori nodwedd byddai'r ffotograffydd yn dweud wrtho, 'Gwranda, rwy'n nabod barmêd ddim ymhell o fan'ma a byswn i'n lico dweud helo wrthi. Galli di dynnu'r llun, jyst pwysa'r botwm yma.' Fel'ny y dechreuodd gyrfa dynnu lluniau Geoff, er y byddai'n sgrifennu straeon o dro i dro am foduro a ffermio i'r *Cymro*. Rwy'n tybio ei fod yn gwneud gwaith cysylltiadau cyhoeddus i Gymdeithas y Gwartheg Duon Cymreig hefyd, a byddai'n cyfrannu straeon a lluniau'n gyson i *Farm News*, un arall o bapurau Woodalls.

Ef oedd y mwyaf cenedletholgar o'r hen griw oedd yn ymwneud â'r *Cymro* a'r cyntaf i ddangos cydymdeimlad ag aelodau Cymdeithas yr Iaith. Dyw'r camera ddim yn dweud celwydd ond ni all, 'chwaith, gelu agwedd na safbwynt y sawl sy'n pwyso'r botwm. Mae ei luniau'n awgrymu cydymdeimlad mawr ag amcanion a dulliau'r Gymdeithas. Er ei fod o gefndir cymharol dlawd, rwy'n tybio bod Geoff yn ddyn eithaf cefnog. Roedd ganddo dŷ braf ym Mangor ac roedd yn berchen o leiaf un tŷ arall lle roedd yn lletya myfyrwyr. Bu un digwyddiad diddorol yn ei hanes, sef bod yn y lle iawn yn Le Mans yn 1955, adeg y ras 24 awr a damwain enwog tîm Mercedes-Benz – y waethaf yn hanes rasio ceir. Sgŵp aruthrol. Fel yr adroddwyd yr hanes wrthyf gan Geoff, roedd yn Le Mans i dynnu lluniau ar gyfer atodiad hysbysebu yn *Y Cymro* i garej ym Mhwllheli. Roedd yr atodiadau hysbysebu yn nodwedd gyffredin o'r *Cymro* yn y cyfnod hwnnw. Y drefn oedd annog cwmni neu sefydliad oedd yn dathlu pen-blwydd nodedig i gyhoeddi hynny gydag hysbyseb hanner tudalen neu fwy, ac yna byddai dyn hysbysebion *Y Cymro* yn perswadio cwmnïau gyda chysylltiadau â'r cwmni oedd yn dathlu i hysbysebu yn y papur hefyd. Byddai aelod o staff golygyddol *Y Cymro* yn sgrifennu stori a sicrhau lluniau i gyd-fynd â'r hysbysebion. Felly y cafodd Geoff ei hun yn Le Mans yn tynnu lluniau ar gyfer garej ym Mhwllheli. Gan nad oedd yno i dynnu lluniau o'r ras, roedd Geoff yn crwydro o gwmpas gyda'i gamera ac ef oedd yr unig dynnwr lluniau ger y man lle'r aeth y car Mercedes-Benz oddi ar y trac ac i ganol y dorf. Lladdwyd y gyrrwr, Pierre Levegh, ac 83 o wylwyr. Tynnodd Geoff lwyth o luniau o'r gyflafan erchyll. Cysylltodd gyda'r *Daily Mirror* ac anfonwyd awyren siartr allan i'w nôl, a chyda'r *Mirror* yn cael y dewis cyntaf fe weithredodd y papur fel asiant gan werthu gweddill y lluniau drosto i weddill y byd. Cadwodd Geoff luniau ar gyfer *Y Cymro* a chyflogi ffotograffydd lleol yn Le Mans i dynnu lluniau ar gyfer atodiad y garej ym Mhwllheli! Mae'n gwbl nodweddiadol o Geoff, oherwydd yn y byd newyddiadurol ddes i erioed ar draws neb mwy dibynadwy, ac wedi i mi adael *Y Cymro* ac ymuno â staff y BBC darganfûm gymaint o barch oedd iddo ymhlith staff y *Radio Times*. Roedd y ddau ohonon ni wedi cydweithio ar erthyglau i'r *Radio Times* cyn i mi ymuno â'r BBC. Nid oedd dim yn ormod o drafferth i Geoff a thrwy gyfrwng tacsis, a'r trên cynnar o Gaergybi, llwyddai i gael lluniau i ddesg luniau'r cylchgrawn erbyn naw y bore. Gymaint fu'r newid. Er y gellir ebostio lluniau ar amrantiad heddiw, ac er bod yr holl broses o gynhyrchu stori wedi cyflymu cymaint, eto ni welaf yr un ysfa ymhlith papurau newydd na'r cyfryngau electronig i fod ar y blaen yn torri stori.

Cydweithiwn â ffotograffwyr papurau eraill Woodalls, nhw'n darparu lluniau i'r *Cymro* a minnau'n sgrifennu stori iddyn nhw yn ogystal ag i'r *Cymro*. Yn eu plith roedd dynion fel Neville Pratt, prif dynnwr lluniau y *Border Counties Advertizer*. Cwmni da arall ar yr achlysuron hynny oedd Tommy Hunter, prif dynnwr lluniau y *Wrexham Leader*. Roedd Tommy'n un o'r tri ffotograffydd yn y gyntaf o Eisteddfodau Rhyngwladol Llangollen – y ddau arall o'r *Liverpool Daily Post* a'r *Western Mail*. Yn un o'r eisteddfodau cynnar – y gyntaf un hwyrach – roedd côr merched o Sbaen wedi ennill ac roedd y ffotograffwyr wedi cyd-drefnu i gael llun ohonyn nhw mewn cwch ar y gamlas. Roedd y merched yn y cwch a Tommy a dyn y *Western Mail* yno ond dim sôn am y llall. Yna gwelwyd tynnwr lluniau'r *Post* yn carlamu dros bont y gamlas gan weiddi'r unig air o Sbaeneg a wyddai, sef 'Mañana, mañana!' ('Yfory, yfory!'). Tybiodd y merched ei fod am ohirio tynnu'r llun tan trannoeth, a chan rwgnach fe gododd pob un – a dymchwel y cwch. 'Fan'ny buon ni'n tynnu'r merched o'r dŵr,' meddai Tommy. 'A wyddost ti be, wnaeth dim un ohonon ni dynnu llun o'r digwyddiad!' Roedd rhyw gryndod eithaf drwg ar Tommy a fedra i ddim deall yn iawn sut y medrai dynnu cystal lluniau – rhaid ei fod yn gosod cyflymdra'r *shutter* yn uchel iawn.

Rhyfedd fel mae rhywun yn cofio tynnu llun weithiau yn fwy clir na sgrifennu'r stori. Fedra i ddim cofio'r mis, na hyd yn oed y flwyddyn yn yr achos hwn. Roedd Cymdeithas yr Iaith yn cynnal gorymdaith drwy Gaerdydd – rhan o'r ymgyrch am sianel Gymraeg mae'n debyg, gan ei bod yn gorffen o flaen Canolfan y BBC yn Llandaf. Roedd Gareth Miles, oedd yn un o swyddogion y Gymdeithas ar y pryd, ac fel Gwen yn dysgu yn Ysgol Gyfun Morgan Llwyd, Wrecsam, wedi dod gyda ni yn y car. Bu'r orymdaith drwy Gaerdydd yn ddidramgwydd. Yna cafwyd yr anerchiadau o flaen y BBC ac aeth Gareth, Neil ap Siencyn ac Emyr Llywelyn i fewn i'r dderbynfa lle roedd Aneirin Talfan Davies, y Pennaeth Rhaglenni, a Rowland Lucas, y Swyddog Hysbysrwydd, yno i dderbyn deiseb. Y peth call o safbwynt y BBC fyddai derbyn y ddeiseb gyda diolch yn fawr, ond ni fedrai Aneirin Talfan ymatal rhag cael dweud ei ddweud. Roeddwn wedi sleifio i fyny'r grisiau y tu ôl i gynrychiolwyr y Gymdeithas ac wedi cyrraedd pen y grisiau cyn i'r plismon sylwi arna i a'm hel oddi yno. Wrth iddo droi ei gefn, tynnais lun dros ei ysgwydd yn fwy mewn gobaith na dim arall. Ond fe ddaeth allan yn berffaith, Aneirin Talfan wrthi'n deddfu, cynrychiolwyr y Gymdeithas yn gwrando a Rowland Lucas yn syllu, gyda diddordeb anghyffredin, ar ei ewinedd. Mae ychydig haerllugrwydd yn talu weithiau. Clywais wedyn y bu dyfalu ymhlith pobol y BBC o ble y daeth y llun hwnnw! Ble'r aeth y llun, sgwn i?

Oddeutu Tachwedd 1967 roedd Gwen a minnau'n bwrw'r Sul yng nghartre ei rhieni yn Llanarthne, Sir Gaerfyrddin, ac aeth y ddau ohonon ni am brynhawn i Abertawe a Siop Tŷ John Penry. Roeddem wedi prynu gramaffon ychydig cyn hynny a dyma dynnu sgwrs gyda rheolwr y siop, Bedwyr Davies, oedd yn frawd i Ceredig Davies, Trefnydd yr Urdd yn Ninbych a Fflint pan oeddwn i yn Sir Benfro. 'Dyma'r record Gymraeg sy'n gwerthu ore ar hyn o bryd,' meddai Bedwyr gan estyn *Caneuon Serch y Pelydrau*, grŵp o ferched o Drawsfynydd. Fe'i prynais, ymhlith recordiau a llyfrau eraill. Bryd hynny doedd neb wedi ceisio sgrifennu'n gyson am ganu pop Cymraeg – er bod Vaughan Hughes yn ymffrostio'n ddigon teg mai ef oedd y cyntaf i sgrifennu am ganu pop yn Gymraeg, yn *Y Clorianydd*. Ond sgrifennu'n Gymraeg am ganu pop Saesneg roedd Vaughan, a gwnaeth Ifan Roberts yr un peth yn *Y Cymro*. Doedd neb wedi rhoi cynnig ar sgrifennu am ganu poblogaidd Cymraeg. A beth am ddeg uchaf o recordiau Cymraeg? Cynigiais y syniad i Llion. Roedd e'n amheus, yn ofni y byddai'r holl beth yn methu, ond cytunodd i mi roi cynnig arni. A minnau'n pendroni sut a ble i gychwyn, daeth erthygl i law am grŵp cymharol newydd o'r enw y Blew gan Gwilym Tudur, a oedd yn gweithio i Undeb Cymru Fydd bryd hynny. Llwyddais i berswadio pedair o siopau i ddarparu'r wybodaeth angenrheidiol i lunio siart recordiau – County Records ym Mangor, Siop Gray-Thomas, Caernarfon, Siop Gerdd Glan-Tywi, Caerfyrddin, a Siop Tŷ John Penry – ac ar 23 Tachwedd 1967 cychwynnwyd 'Deg Uchaf *Y Cymro*'. Ar y dudalen ôl y bu'r siart am y pythefnos cyntaf, arwydd nad oedd Llion yn orhyderus y gellid cynnal y syniad, ond llwyddais i gael stori i fynd gyda hi bob tro.

Sôn am lwc mwnci; roeddwn i wedi taro ar y syniad iawn ar yr amser iawn. Daeth adborth yn syth gan un o siopau'r Gogledd i gydnabod bod y siart wedi ysgogi diddordeb newydd mewn recordiau Cymraeg ac yn effeithio'n fawr ar y gwerthiant. Ar y drydedd wythnos, Rhagfyr 14, roedd atodiad hysbysebu recordiau Cymraeg pedwar tudalen gydag 'Ugain Uchaf *Y Cymro*'. Addas iawn, gan fod y Nadolig yn nesáu a Ted Cartwright, dyn hysbysebion ffraeth *Y Cymro*, wedi llwyddo'n rhyfeddol.

Roedd Dafydd Iwan, oedd eisoes yn seren gyda'i ymddangosiadau cyson ar *Y Dydd* TWW, yn recordio gyda Teldisc, cwmni a sefydlwyd gan John Edwards, Abertawe, gyda'i weddw'n parhau i redeg y busnes. John Edwards oedd un o hyrwyddwyr cynnar cerddoriaeth Gymreig ac arloeswr y byd recordio Cymraeg. Ef a sefydlodd gwmni Qualiton hefyd. Roedd Llyfrau'r Dryw, Llandybïe, wedi arallgyfeirio a chychwyn Recordiau'r Dryw gyda Dennis Rees – 'Den the wren', ys dywedodd Meic Stevens – yn rheoli. Ond ar flaen y ras roedd Josiah Jones, y dyn gyda'r atal dweud gwaethaf a glywais erioed, sylfaenydd Cambrian Recordings ym Mhontardawe. Ar ddamwain, roedd *Y Cymro* yn darparu rhywbeth roedd ar y rhain ei angen – rhywle i roi sylw i'w recordiau. Cynyddodd y diddordeb a nifer y recordiau a daeth unigolion, deuawdau a grwpiau newydd i'r amlwg bron dros nos. Rhoddodd hyd yn oed D. Ben Rees, Cyhoeddiadau Modern, Lerpwl, gynnig ar gyhoeddi dwy record. Ond Jo Cambrian oedd y mwyaf cystadleuol a chawn *test pressings* o'i recordiau cyn iddyn nhw gyrraedd y siopau, gyda sicrwydd y bydde 'mas wthnos nesa'. Weithiau byddai dau neu dri mis yn mynd heibio cyn i'r record gyrraedd y siopau a byddai'n rhaid i mi gyhoeddi'r adolygiad am yr eildro. Wn i ddim a oedd Jo'n cadw'r recordiau'n ôl er mwyn cael rhagor o gyhoeddusrwydd, ynteu a oedd ganddo broblem *cash flow* – yr ail rwy'n amau.

Roedd un peth a ddywedodd Dennis Rees wrthyf wedi fy rhyfeddu. Yn fy naïfrwydd roeddwn yn cyhoeddi o dan y siart enwau'r siopau oedd yn darparu'r wybodaeth i mi ar gyfer y 'Deg Uchaf'. Tybiais mai teg fyddai rhoi ychydig gydnabyddiaeth iddyn nhw am eu trafferth. Dywedodd Dennis wrthyf yn blaen fod hyn yn gamgymeriad. 'Nid fel'na mae *Melody Maker* yn gweitho!' Roedd Jo Cambrian, yn ôl Dennis, yn mynd o gwmpas y siopau yn prynu ei recordiau ei hun er mwyn iddyn nhw ymddangos yn y siart! Gwnaed hwyl am y siart o dro i dro. Rwy'n cofio mynd ar un o raglenni cynnar Teledu Harlech gyda Glan Davies, Brynaman, Aberystwyth bellach, a rhywun arall yn gwneud sgets lle roedd siart yn cael ei gwneud drwy dynnu enwau allan o het! Ac roedd Dennis Rees a minnau'n trafod a dadlau priodoldeb cael siart Gymraeg o gwbl. Ni ellid cael fy mhrif gefnogwr, Jo Cambrian, ar y rhaglenni oherwydd ei atal dweud. Ond ar y cyfan roedd brwdfrydedd mawr dros y siart a'r sylw a roddid i recordiau Cymraeg. Yn ôl Llion a William H. Owen, a gymerodd ofal o'r materion pop wedi i mi ymadael â'r *Cymro* yn 1969, bu hwnnw'n gyfnod pan gynyddodd cylchrediad y papur. Ni roddwn ormod o goel ar Llion oherwydd ei duedd i geisio cynnal ysbryd y gweithwyr. Tybiwn fod Wil Owen yn fwy dibynadwy. Roedd cylchrediad y papur bryd hynny oddeutu 11,000, a braf oedd canfod rhywbeth i ysgogi a denu darllenwyr ifanc. Ar ben hynny, roedd Hywel Gwynfryn yn cyflwyno rhaglen radio fore Sadwrn boblogaidd o'r enw *Hylo, sut 'dach chi* a chyhoeddid 'Deg Uchaf Y Cymro' bob wythnos gyda ffanffer fawr.

Yn 1968 yr ymddangosodd seren newydd lachar o Bontardawe o'r enw Mary Hopkin. Ymddangosodd ei record gyntaf ar label Cambrian, a thoc wedyn cafodd rediad hir ar *Opportunity Knocks*, ITV. Gwelwyd Mary gan y Beatles a chafodd gynnig cytundeb gyda nhw i recordio ar Apple Records, label newydd roedden nhw'n ei gychwyn. Cafodd lwyddiant yn syth gyda 'Those Were the Days' a chofiaf wythnosau pan oedd Mary ar frig y siart Brydeinig ac yn ail yn siart *Y Cymro*! Un arall a ddaeth i'r amlwg yn 1968 oedd Iris Williams, merch ddu a anwyd ym Mhontypridd ac a fagwyd yn Nhonyrefail. Ei chân enwocaf oedd 'Pererin Wyf', geiriau Williams Pantycelyn ar y dôn *Amazing Grace*, a gyhoeddwyd yn 1971. Aeth Iris i'r Unol Daleithiau wedyn, lle cafodd yrfa lwyddiannus. Ond nid cyn iddi gael cyfres Gymraeg iddi hi ei hun ar deledu BBC Cymru. Bryd hynny byddai rhaglenni Cymraeg BBC Cymru'n cael eu hailddarlledu amser cinio ar y rhwydwaith Prydeinig a chofiaf lythyr – roeddwn yn gweithio i'r Gorfforaeth erbyn hynny – yn y *Daily Sketch* yn ymbil ar y Cymry i ganiatáu i'r gantores ddu odidog Ruth Price ganu'n Saesneg i'r Saeson. Anfonais lythyr cwrtais i'r papur yn nodi mai'r cynhyrchydd oedd Ruth Price! Nid ymddangosodd y llythyr; yn wir, bu farw'r papur lai nag wythnos yn ddiweddarach. Tua deng mlynedd yn ôl dychwelodd Iris am dro i Gymru a chefais wahoddiad i dderbyniad ar ei chyfer. Roedd yn fy nghofio'n syth a daeth ataf gyda chlamp o gusan a buom yn hel atgofion am Jo Cambrian a 'Deg Uchaf *Y Cymro*' a hithau'n hael ei chydnabyddiaeth o bwysigrwydd Jo a'r *Cymro* yn nyddiau cynnar ei gyrfa. Fel ag yn achos Mary Hopkin, Jo oedd y cyntaf i recordio Iris.

O'r doniau a ddaeth i'r amlwg yn 1968, y mwyaf parhaol ei yrfa a'i effaith ar y byd canu poblogaidd Cymraeg oedd Meic Stevens, a gychwynnodd recordio gyda Recordiau'r Dryw. Yn wahanol i Mary ac Iris, dychwelyd at ei wreiddiau roedd Meic, oedd eisoes wedi cael llwyddiant y tu allan i Gymru ac wedi recordio gyda chwmni Warner. Yn 1968 ymddangosodd Edward Morus Jones, Tony ac Aloma a Heather Jones am y tro cyntaf, tra oedd Hogia Llandegai, Hogia Bryngwran a Hogia'r Wyddfa wedi hen ennill eu plwyf. Ymddangosodd llun o briodas Edward a Gwyneth ar dudalen bop *Y Cymro*! A phwy anghofia Dafydd Iwan a'i *hit* fawr 'Carlo'? Cofiaf sgrifennu stori fod yr Amen Corner, grŵp poblogaidd iawn o Gaerdydd, yn awyddus i wneud record Gymraeg. Dwyf i ddim yn meddwl iddyn nhw wneud! Yn sydyn roedd pawb am ganu'n Gymraeg. Tua mis Gorffennaf 1969 y cynhaliwyd y cyntaf o'r Pinaclau Pop ym Mhontrhydfendigaid. Carlamodd y cyfan fel caseg eira wyllt. Bu llwyddiant 'Deg Uchaf *Y Cymro*' yn ysgogiad i weld a ellid gwneud rhywbeth tebyg ym myd llyfrau. Rhoddais gynnig ar gychwyn 'Llyfrau'r *Cymro*', siart o'r llyfrau Cymraeg oedd yn gwerthu orau drwy gymorth Siop Lyfrau Cymraeg Llanrwst (Arianwen Parry), Siop Eric Jones, Caernarfon, a Siop J. J. Williams, Aberystwyth. Cawn help Glyn Evans a Llion i adolygu'r llyfrau a chynhwyswn bytiau am y llyfrau diweddaraf wrth iddyn nhw ddod o'r gweisg. Byddai Alun Creunant Davies, pennaeth y Cyngor Llyfrau, yn anfon manylion moel am bob llyfr newydd – pris, nifer tudalennau a brawddeg am y cynnwys – ar gerdyn post bob wythnos. Cofiaf dderbyn llythyr yn syth gan H. Turner Evans, Llyfrgellydd Sir Gaerfyrddin, yn mynegi ei werthfawrogiad o'r gwasanaeth ymarferol hwn. Cymerodd fy nghyfaill Glyn y cyfrifoldeb am y gwaith ymhen ychydig – roedd yn fwy o ddyn llyfrau na mi. Ymhen blynyddoedd dechreuodd y Cyngor Llyfrau ei hun gyhoeddi siart lyfrau.

Un o'r pethau eraill a roddai fwynhad i mi oedd y golofn lythyrau. I gadw dadl i ffrwtian roedd angen cyhoeddi llythyr yn y rhifyn cyntaf ar ôl ei dderbyn. Cadwn y golofn ar agor tan y funud olaf ac yn fuan iawn roedd wedi tyfu'n dudalen. Hefyd, ni fyddai'r *Cymro* yn cyrraedd nifer o ardaloedd yn y De tan ddydd Sadwrn a byddai rhai llythyron yn cyrraedd ar y bore Mercher canlynol, sef y diwrnod argraffu. Lawer tro es adre ar nos Fawrth gyda nifer fawr o lythyron byr yn eu lle ar y dudalen ond angen un da, swmpus i ddal y ddalen wrth ei gilydd. A chyrraedd y gwaith fore Mercher a chanfod fy ngweddi wedi'i hateb. Fel y dywedais, gwnawn bob ymdrech i gyhoeddi llythyr yn y rhifyn cyntaf ar ôl ei dderbyn. Ond roedd un llythyrwr a gâi ei eithrio o'r rheol honno. Medraf o hyd gofio llythyron H. R. Williams o'r Groeslon, Llafurwr ffyrnig, ac er bod ei Gymraeg yn gywir a graenus roedd yn anodd dilyn ei ddadleuon weithiau. Byddwn yn eu golygu'n llym neu'n defnyddio'r pytiau mwyaf ymfflamychol – gan sicrhau llif o ymateb oddi wrth y darllenwyr mwyaf cenedlaetholgar.

Er cymaint y mwynhad o weithio gyda'r *Cymro*, fel yn achos yr Urdd fe wyddwn nad oedd yn swydd am oes. Roedd y cyflog yn dda, gwell na phe bawn yn athro, ond roedd cynllun pensiwn y Newspaper Society yn un trychinebus o sâl. Roeddwn yn gweithio'n galed yn y swyddfa, yn mynd allan i hel straeon ac yn gwrando ar recordiau Cymraeg a'u hadolygu gyda'r nos. Hefyd yn y cyfnod hwnnw bûm yn cyfrannu erthyglau yn bur gyson i'r *Liverpool Daily Post*. Roedd gan y papur dudalen ar Gymru ar ddydd Mawrth a dydd Iau gydag erthyglau oedd yn fynych yn sbeitlyd wrth-Gymreig. Un o'r cyfranwyr cyson i'r tudalennau hynny oedd dyn o'r enw Charles Quant, gohebydd y papur yn yr Wyddgrug a fyddai'n sgrifennu dan ffugenw gan ymosod ar y Gymraeg a Chymreigrwydd. Eithriad oedd Quant oherwydd roedd mwyafrif gohebwyr y papur yn y cyfnod hwnnw – Arthur Williams, Iorwerth Roberts, Gerald Williams, Cliff Moss a hyd yn oed Ivor Wynne Jones, a oedd yn Dori rhonc – yn garedig eu hagwedd at y Gymraeg a Chymreictod. Ni chofiaf pa bryd, ond fe anfonais erthygl tra gwrth-Seisnig i'r papur a hynny mewn pwl o dymer ddrwg. Ac fe'i cyhoeddwyd. Wnes i erioed ofyn caniatâd Llion i wneud pethau o'r fath, a wnaeth e erioed gwyno. Daliais ati i gyfrannu'n gyson i'r papur, erthyglau'n fynych am y byd canu pop Cymraeg, gan ailgylchu deunydd roeddwn eisoes wedi ei gyhoeddi yn *Y Cymro*. Roedd hyn yn gyffredin ym myd papurau wythnosol yn y cyfnod hwnnw. Coffa da am Fred Ross, golygydd cynorthwyol y *Montgomeryshire Express*, y dywedid ei fod yn ennill cymaint am ei waith llawrydd ag a enillai am ei waith bob dydd i'w bapur. Roedd ganddo beiriant recordio Uher gan y BBC i wneud eitemau i *Good Morning Wales* ac ar un adeg byddai cyflwynydd y rhaglen, yr enwog Vincent Kane, yn cyfeirio ato fel 'Our correspondent in mid Wales'. Roedd hynny'n mynd yn rhy bell ac fe gwynodd y cwmni. O hynny ymlaen cyfeiriwyd ato fel 'Fred Ross, Assistant Editor of the *Mongomeryshire Express'*. Un o wythnosau pwysicaf y flwyddyn oedd wythnos yr Eisteddfod Genedlaethol a bydden ni'n cynhyrchu dau bapur yr wythnos honno, yr un arferol a rhifyn arbennig a fyddai'n ymddangos ar fore Gwener, trannoeth y Cadeirio, gyda llun y bardd buddugol yn llenwi'r dudalen flaen. Byddai un ohonon ni ohebwyr yn ffonio'r stori trwodd i Llion cyn gynted ag y medrem. Eisteddai Geoff Charles yn rhes y wasg yng nghysgod y llwyfan gyda'i gamera 35mm a chyn gynted ag y byddai wedi tynnu llun neu ddau byddai'n dianc oddi yno ac yn gyrru fel cath i gythraul am Groesoswallt. Wn i ddim beth ddigwyddai pan nad oedd neb yn deilwng – ni chofiaf i hynny ddigwydd yn fy nghyfnod i. Yn y cyfnod hwnnw byddai cynrychiolwyr o bob un o bapurau Llundain yn yr Eisteddfod, yn ogystal â'r papurau Cymreig a Chymraeg. Eisteddai Cliff Phillips, y Press Association, yn rhes flaen stafell y wasg, ei Aga o bibell yn cynhyrchu cymylau o fwg. Byddai Caradog Prichard o'r *Daily Telegraph* yno, yn cyfuno gwaith a gwyliau, a hyd yn oed papurau fel y *Daily Mail*, y *Daily Express* a'r *Daily Mirror*. Diddorol gwylio'r prifeirdd yn trin gohebwyr papurau Llundain – Dic Jones yn gampwr arni. 'How tall are you, Mr Jones?' holodd un Sais. 'Six foot two,' atebodd Dic, 'but today I'm ten feet tall.' Rwy'n cofio bardd cadeiriol arall yn mynd i bob math o drafferthion wrth geisio goleuo'r hacs am gynnwys ei farddoniaeth. Sylw Cliff Phillips am ei ymdrechion oedd, 'Yffarn, bois, ma hwn yn athrylithgar o dwp!'

Heddiw yn yr Eisteddfod Genedlaethol ni welir ond y papurau Cymraeg a Chymreig. Felly y gwthiwyd Cymru fwyfwy i'r ymylon. Yr adeg honno fe welid seremonïau'r Cadeirio a'r Coroni ar newyddion y BBC o Lundain. Dyna swm a sylwedd y newid a fu. Rhoddir peth wmbreth o sylw i

Ŵyl Caeredin a Glastonbury, ond dim gair am yr Eisteddfod Genedlaethol nac Eisteddfod Llangollen.

Tua mis Hydref 1968, ymddangosodd hysbyseb yn *Y Cymro* yn gwahodd ceisiadau am Swyddog Hysbysrwydd Cynorthwyol i'r BBC yng Nghaerdydd. Roedd Cyril Hughes, fy hen gyd-weithiwr gyda'r Urdd, yn dychwelyd at y mudiad a phenderfynais gynnig am y swydd. Roeddwn wedi bod yn gwneud gwaith cysylltiadau cyhoeddus gyda'r Urdd am flwyddyn a nawr roedd gen i brofiad o weithio yr ochr arall i'r clawdd ym myd newyddiaduraeth. Roeddwn yn adnabod mwyafrif golygyddion papurau newydd y Gogledd yn bersonol – wedi'r cwbl, roedd dros eu hanner yn rhan o gyfundrefn Woodalls. Hefyd roedd gen i adnabyddiaeth dda o ohebwyr a golygyddion y papurau eraill. Roeddwn eisoes wedi cyfweld John Rowley, Rheolwr Cymru y BBC, oedd ar y panel penodi a dywedodd Rowland Lucas ar ddechrau'r cyfweliad ei fod yn fy adnabod yn dda a'm bod yn ei ffonio'n weddol gyson ar ryw fater neu'i gilydd a hynny er mwyn egluro pam y byddai'n fy nghyfarch wrth fy enw cyntaf. Aeth y cyfweliad yn bur dda, ac yn ôl trefn y Gorfforaeth ces gynnig y swydd ymhen rhai wythnosau.

Gwnes un tro da arall â'r *Cymro* cyn ffarwelio. Byddai criw ohonon ni'n cyfarfod mewn tafarn o'r enw The Hand and Diamond a oedd yn union ar y ffin rhwng Cymru a Lloegr. Y selogion oedd Peter Cross, yn enedigol o Benarth, athro Cymraeg yn Ysgol Uwchradd y Trallwng, Des Davies o Aber-cuch a oedd yn athro yng Nghegidfa (Guilsfield), Ioan Roberts a oedd yn gweithio yn adran garthffosiaeth Cyngor Tref Amwythig a minnau. Bu Ifan Roberts yn aelod o'r criw hefyd cyn iddo ymadael am TWW, ac roedd Glyn Evans yn ymwelydd achlysurol. Deuai ymwelwyr eraill weithiau fel y canwr gwerin Elfed Lewis, ac ambell aelod o Aelwyd Penllys. Wedi i mi ymadael am y BBC cafodd y criw eu diarddel o'r dafarn yn dilyn ymweliad rhai o fechgyn Penllys. Tafarn ddiarffordd, wledig a phoblogaidd oedd yr Hand – roedd hyn cyn dyddiau'r profwr anadl – ac roedd hen Austin 7 yn y maes parcio. Cariodd criw cyhyrog Penllys y car yn ofalus a'i osod ar draws y ffordd. Ta waeth am hynny, roedd – mae – Ioan yn genedlaetholwr tanllyd gyda diddordeb mewn gwleidyddiaeth a chefais berswâd arno i sgrifennu ambell erthygl i'r *Cymro*. Byddai'n sgrifennu erthyglau o dro i dro i'r *Herald Cymraeg* hefyd, gan edliw i mi fod y Tori John Eilian, prif ddyn cwmni'r *Herald*, yn well talwr na chwmni'r *Cymro*. Un arall o rinweddau Ioan oedd ei fod yn hen gyfaill coleg i Dafydd Wigley. A minnau'n gwybod fy mod ar fy ffordd tua'r BBC, anogais ef i gynnig am fy swydd. Wedi trafodaeth fanwl, penderfynwyd dychwelyd at y pwnc y noson ganlynol pan fyddai'r ddau ohonon ni fymryn yn fwy sobor. Dywedais wrtho beth fyddai'n plesio Llion mewn cais a sut i'w blesio ymhellach mewn cyfweliad ac fe gafodd y swydd. Rhoddodd flynyddoedd o wasanaeth ardderchog i'r *Cymro*, a chyfrannodd erthyglau gwleidyddol craff a difyr i'r *Evening Leader* dan yr enw John Probert.

Bu Ioan yn gyfaill da ar hyd y blynyddoedd. Cofiaf un digwyddiad doniol pan oeddwn yn byw yn y Pant. Roedd Gwen yn awyddus i gael offeryn cerdd i'r tŷ a phenderfynwyd hysbysebu am harmoniwm ym mhapurau'r grŵp – telerau rhad iawn i staff! Cafwyd dau ateb, un am rywbeth o'r enw 'American organ' a chanddo sŵn hyfryd gan rywun yng nghyffiniau'r Drenewydd – ond ar ôl cael cipolwg ar y cefn, canfyddwyd ei fod yn llawn tyllau pryfed. Daeth yr ymateb arall o Rosllannerchrugog – harmoniwm – ac er ei fod yn llai o beth a ddim mor soniarus â'r 'American organ', nid oedd unrhyw arwyddion o dyllau pryfed ynddo ac fe'i prynwyd am £10. Y broblem oedd ei gael o'r Rhos i'r Pant.

Roedd gan Ioan Morris Countryman a chynigiodd ei gludo adre i mi. Gyda'r seddau ôl i lawr roedd yr harmoniwm yn ffitio'n berffaith yn y Countryman. Yn anffodus, roedd nifer o dafarnau rhwng y Rhos a'm cartre i yn y Pant ac rwy'n ofni i ni ymweld â'r mwyafrif ohonyn nhw. Cofiaf fod Gwen, a oedd wedi darparu swper helaeth ar ein cyfer, yn flin fel picwnen, yn enwedig gyda Ioan, a fynnodd chwarae nifer o emynau ar yr harmoniwm – ar yr hewl cyn dod â'r offeryn i mewn i'r tŷ!

Roeddwn wedi mwynhau gweithio yng Nghroesoswallt a byw ym mhentre Pant, a oedd ychydig dros y ffin yn Lloegr. I fyny'r bryn y tu cefn y tŷ roedd clwb golff Llanymynech, pymtheg twll yng Nghymru a thri yn Lloegr. Ces lawer cynnig i ymuno, ac roedd capten y clwb, adeiladydd o'r enw Mr Swain, yn byw gyferbyn â mi. Punt i ddefnyddio'r clwb yn gymdeithasol a phumpunt y flwyddyn i chwarae oedd y telerau. Wnes i erioed ymuno, er ei bod yn debyg bod canu Cymraeg da yno ar nos Sadwrn a chlywais sôn yn y pentref am fachgen bach oedd yn medru taro'r bêl yn bell ofnadwy. Ei enw oedd Ian Woosnam.

At y BBC

ROEDDWN YN ADNABOD Rowland Lucas, y Swyddog Hysbysrwydd a'm pennaeth newydd, cyn i mi ymuno â BBC Cymru ac wedi sgwrsio ag e droeon ar y ffôn. Cawn ambell gomisiwn ganddo i sgrifennu i'r *Radio Times*, a oedd yn talu'n dda. 'I shall put you in for the guineas,' fyddai ei eiriau. Gwerth gini, er gwybodaeth i'r ifanc, oedd punt a swllt, neu bunt a phum ceiniog mewn arian degol. Byddai deg neu ddeuddeg gini'n swm derbyniol ar adeg pan nad oeddwn ond yn ennill £22 yr wythnos. Un o nodweddion cwmni Woodalls, gyda llaw, oedd ein bod yn derbyn pecyn cyflog, nid siec, ar ddiwedd pob wythnos. Roeddwn eisoes yn adnabod Hywel Gealy Rees, y Swyddog Hysbysrwydd Cynorthwyol arall, hefyd, a hyd yn oed wedi cyfweld ei dad, y chwedlonol Barch. W. M. Rees, un o arweinwyr y frwydr a achubodd Gwm Gwendraeth Fach a phentref Llangyndeyrn rhag cael eu boddi i ddarparu dŵr i Abertawe yn 1963.

Rowland Lucas, mab i Sais a ddaeth yn blismon i Gaerdydd, oedd y disgybl cyntaf i gael ei ysbrydoli gan W. C. Elvet Thomas, athro Cymraeg Ysgol Uwchradd Cathays yng Nghaerdydd. Ar ôl Rowland cynhyrchodd yr ysgol nifer fawr o Gymry Cymraeg – yr enwocaf efallai oedd yr Athro Bobi Jones, ond roedd nifer o rai eraill a fu'n amlwg ym mywyd Cymru, fel y chwaraewr rygbi Billy Raybould, yr ysgolhaig Celtaidd Gilbert Ruddock, Tedi Millward fu'n ddarlithydd yn Adran Addysg Coleg y Brifysgol, Aberystwyth, a'r un a gafodd y gwaith o drio dysgu Cymraeg i'r Tywysog Charles pan dreuliodd gyfnod yn Aberystwyth, Maxwell Evans, Alan Greedy, a gofiaf yn Swyddog Hysbysrwydd gyda chyfrifoldeb dros ymwelwyr â Chymru yn y Swyddfa Gymreig, ac Emrys Roberts (Plaid Cymru). Roedd cywirdeb Cymraeg Rowland a'i allu i gyfieithu o'r Saesneg i'r Gymraeg yn rhyfeddol. Nid oedd adran gyfieithu yn y BBC ac at yr Adran Hysbysrwydd y deuai pawb pan fyddai angen cyfieithu arwyddion i'w rhoi ar adeilad neu adeiladau'r BBC, a doedd dim yn rhoi mwy o foddhad i Rowland. Beth yw ystyr, gwir ystyr, y Saesneg oedd cwestiwn Rowland bob tro. Oherwydd y mae i'r Saesneg rai nodweddion arbennig a diddorol. Gellir ei defnyddio i gyflwyno neges glir a diamwys, ond eto gellir ei defnyddio i gymylu'r neges mewn modd amwys ond heb wneud hynny'n amlwg, a denir y darllenydd neu'r gwrandawr i ddod i'w gasgliadau ei hun, nad ydyn nhw o reidrwydd y rhai cywir. Eto, anaml iawn y clywid Rowland yn siarad Cymraeg – dim ond gyda Meredydd Evans, Pennaeth yr Adran Adloniant Ysgafn, a Tom Davies o'r Adran Chwaraeon. Cyfaddefodd wrthyf iddo golli llawer o'i hyder yn siarad Cymraeg oherwydd yn syth wedi iddo raddio yn y pwnc, torrodd y rhyfel a threuliodd y chwe blynedd nesaf ar y *minesweepers* heb ddod i gysylltiad â neb oedd yn siarad Cymraeg. Edmygwn ei broffesiynoldeb yn ei ymdriniaeth â'r wasg. Waeth pa mor anodd yr ymholiad, byddai ganddo bob amser ryw lun o ymateb. Mor fynych y ces y profiad fel newyddiadurwr o ofyn i swyddog y wasg am ymateb i ryw stori a chael yr addewid, 'Ffonia i di 'nôl, was.' A'r alwad byth yn dod, a'r bonheddwr ddim ar gael wrth i mi geisio cysylltu ag e drosodd a throsodd. Siars arall Rowland oedd na ddylid byth defnyddio'r geiriau 'no comment'.

Roedd pencadlys y BBC yn Llandaf yn lle clòs a chyfeillgar. Y Pennaeth Rhaglenni oedd Aneirin Talfan Davies, gŵr gwâr a diwylliedig a llenor hael ei gymwynasau i lên Cymru a'r Gymraeg. Emynwyr a llenorion Bro Morgannwg, Thomas William, Bethesda'r Fro, ac Edward Matthews, Ewenni – dyna'i fyd. Golygodd gyfrol o lythyron David Jones ac ysgrifau radio Dylan Thomas yn ogystal â sgrifennu clasuron fel *Crwydro Sir Gâr* a chyfrolau am sgrifenwyr tramor fel *Eliot*,

Pwshcin, Poe a oedd yn cyfoethogi ei gyd-Gymry. Roedd yn ofid clywed aelodau ifanc Cymdeithas yr Iaith yng nghyfnod y protestiadau yn ymosod arno'n bersonol am bethau nad oedd o fewn ei allu i wneud dim ynglŷn â nhw. Penderfyniadau gwleidyddol yn unig fedrai newid y sefyllfa.

Tipyn o gymeriad hefyd oedd Rheolwr Cymru, John Rowley, Sais o dras a fagwyd yn ardal Llanfyllin. Cyn ymuno â'r BBC bu'n gomisiynydd rhanbarthol yn India ac arwydd o'i dueddiadau rhyddfrydig oedd iddo ddysgu tair o brif ieithoedd y wlad yn rhugl; medrai ymdopi'n bur dda mewn dwy arall. Darlledai'n gyson ar wasanaethau'r BBC i'r India yn yr ieithoedd brodorol. Nid anghofiodd iaith bro ei febyd 'chwaith ac mae'n debyg iddo ennill Coron yr Eisteddfod Ryng-Golegol rywbryd. Deuai, bob cyfle, i giniawa yn y cantîn staff, lle byddai'n ymuno â phob bwrdd yn ei dro. Roedd yn gwmnïwr ardderchog a doedd hi ddim yn anodd i'w gael i sôn am ei brofiadau yn India. Yn wahanol i'r comisiynwyr rhanbarthol eraill yn India, ni ddibynnai ar gyfieithwyr wrth fynd o gwmpas ei waith gan eu bod, meddai, yn awyddus i drosglwyddo negeseuon y tybient y byddai'r comisiynydd am eu clywed. I gael y gwir doedd dim amdani ond dysgu'r ieithoedd. Gweithredai hefyd fel barnwr. Roedd un uwch farnwr yn mynnu cynnal yr hen safonau Seisnig a disgwyliai i bawb wisgo'r dillad priodol bob amser, er gwaethaf y gwres. Ateb John Rowley oedd cael teiliwr i wneud siwt iddo gyda chyffs y crys wedi eu gwnïo i waelod llewys y siaced, a gwneud rhyw ddarpariaeth debyg ar gyfer y goler – sef siwt heb grys, ond ddim yn amlwg felly. Aeth popeth yn ardderchog nes iddo un diwrnod orfod newid yn yr un stafell â'r uwch farnwr. 'Roeddwn yn poeni'n ofnadwy am hynny,' meddai Rowley, 'ond doedd dim amdani ond gwisgo fy "siwt" o'i flaen. Ond y cyfan wnaeth e oedd gofyn am enw'r teiliwr a chael siwt yn union yr un fath iddo'i hun!' Wedi i India gael annibyniaeth, ymunodd â'r BBC yn Llundain fel Rheolwr Personél ac o'r swydd honno y daeth i Gymru.

Un o arferion od y BBC, yr un fath, mae'n debyg, â'r gwasanaeth sifil, yw fod staff yn cael eu hadnabod wrth lythrennau cyntaf eu swyddi, a chaent eu cyfarch felly hyd yn oed mewn sgwrs anffurfiol. CW oedd John Rowley, sef Controller Wales, a doedd hi ddim yn anarferol clywed rhywun yn ei gyfarch, 'I say, CW, could I have a word...?' Pan ddaeth Mr Rowley i Lundain o'r India fe'i lleolwyd mewn tŷ bach wedi ei addasu'n swyddfa. 'O WC i CW, dyna hanes fy mywyd yn y BBC,' meddai wrthon ni rywdro. Roedd rhai o'r teitlau hynny'n ddifyr iawn. Dyna'r Regional Services Engineer – RSE – y bu'n rhaid newid y teitl pan gafodd Assistant! Un adeg, roedd yna HWP – Head of Welsh Programmes – a'i gynorthwyydd oedd AHWP. Yn ôl a glywais, cyferchid y gwŷr hynny fel 'hwp' ac 'ahwp', fel ag yn 'Dai bach y sowldiwr'!

Bu fy mlynyddoedd cyntaf ar staff BBC Cymru yn rhai digon braf. Roedd y gwaith yn ysgafnach na'r hyn roeddwn yn gyfarwydd ag e gyda'r *Cymro*, er ei fod yn llai diddorol. Eto, cawn waith digon difyr o dro i dro, yn enwedig pan fyddai angen hyrwyddo rhaglenni oedd i'w darlledu ar y rhwydwaith. Roedd bod yn rhan o gyfundrefn y *Radio Times*, hefyd, yn ddymunol. Dyma'r cylchgrawn gyda'r cylchrediad mwyaf yn Ewrop ar y pryd, ac roedd gan rifyn Cymru gylchrediad sylweddol. Dyma, yn ddi-au, y cyhoeddiad a roddai'r cylchrediad mwyaf mewn hanes i erthyglau Cymraeg. Pan gychwynnais weithio gyda'r BBC byddai'r tri ohonon ni – Rowland, Hywel a minnau – yn cyfarfod bob bore Mawrth i drafod yr hyn y dymunen ni ei weld yn rhifyn Cymru o'r *Radio Times*. Y drafferth fwyaf oedd ein bod yn paratoi am y rhifyn fyddai'n cael ei gyhoeddi ymhen mis. Bydden ni'n cael ymateb y golygydd rhanbarthol mewn deuddydd a disgwylid i ni ddarparu'r deunydd erbyn y dydd Mawrth canlynol. Mae'n swnio'n hamddenol, ond nid oedd peiriannau ffacs nac ebyst bryd hynny. Hefyd, gan ein bod yn gweithio mor bell ymlaen, yn fynych ni fyddai'r cynhyrchwyr wedi penderfynu ar gynnwys eu rhaglenni. Er hynny, roedd yn drefniant didrafferth a hwylus, yn arbennig i mi, oedd wedi arfer gweithio dan bwysau. Bron yn ddieithriad fe fyddem yn cael yr hyn roedden ni'n ei ddymuno ac, os oedd anghytuno a ninnau'n teimlo'n gryf, yn amlach na pheidio fe fyddem yn cael ein ffordd. Weithiau bydden ni'n sgrifennu'r erthyglau ein hunain, dro arall yn comisiynu rhywun o'r tu allan i wneud y gwaith.

Yna, yn ystod 1969 penodwyd Geoffrey Cannon yn olygydd y *Radio Times*, gŵr ifanc a wnaeth newidiadau mawr i'r cylchgrawn. Y cof sydd gen i ohono yw o greadur eithaf tew a ddechreuodd redeg marathons maes o law ac a adawodd y *Radio Times* i olygu cylchgronau am ffitrwydd ac iechyd. Beth bynnag am hynny, bu'n gyfrifol am newidiadau mawr i gynllun y cylchgrawn. Cofiaf ar y pryd sylwi ar y tebygrwydd rhwng *Radio Times* Cannon a'r cylchgrawn Americanaidd *Rolling Stone*. Un o'i syniadau – a wrthodwyd – oedd newid enw'r cylchgrawn i *RT*, gan ddadlau nad cylchgrawn radio oedd y *Radio Times* bellach a bod y rhan helaethaf o'i gynnwys yn ymwneud â theledu, ac y byddai'r llythrennau felly'n sefyll am 'Radio' a 'Teledu'. Yr hyn ddaeth yn dramgwydd i ni oedd y cynnwys. Roedd Cannon am i'r erthyglau sefyll ar eu pennau eu hunain, sef erthyglau nad oedden nhw ond yn gorgyffwrdd gyda chynnwys y rhaglenni y bydden nhw'n eu hybu. Dyma enghraifft. Rwy'n cofio sgrifennu erthygl i'r *Radio Times* am rasio colomennod i hyrwyddo *Fo a Fe*. Fe gofia rhai ohonon ni frwdfrydedd Twm Twm (Ryan Davies) dros gamp genedlaethol Gwlad Belg.

Ar un olwg, mae'r her o ganfod syniadau newydd yn un ddigon diddorol, ond doedd crafu wythnos ar ôl wythnos am syniadau gwahanol i hyrwyddo *Dechrau Canu, Dechrau Canmol* a *Heddiw* ddim yn hawdd. Aeth pethau'n gymhleth ac yn dipyn o draed moch yn fuan. Y person y bûm yn delio gydag e yn y *Radio Times* oedd Peter Gillman. Bachgen hynaws tua'r un oed â mi ydoedd, gyda diddordeb mewn dringo ac roedd yn awdur nifer o lyfrau am fynydda. Roedd yn adnabod Eryri a'r Andes a gwyddai'n dda am Wladfa

Patagonia. Roedd hynny'n ddechrau da, ond gyda'r anhrefn ac erthyglau a gomisiynwyd ddim yn ymddangos, doedd pethau ddim yn rhedeg yn esmwyth a gadawodd Peter cyn bo hir. Roedd, wedi'r cwbl, yn newyddiadurwr profiadol a fu, cyn hynny, ar staff y *Sunday Times*. Bu Hywel Gealy Rees yn graff iawn ac awgrymodd fy mod i ac ef yn rhannu'r gwaith – un ohonon ni'n sgrifennu'r bwletin wythnosol o ddeunydd i'r wasg Gymreig a'r llall yn gweithio'n gyfan gwbl i'r *Radio Times*. Cynigiodd Hywel ei hun wneud y bwletin i'r wasg – o ran gwaith, y pen trymaf – gan adael i mi ddelio gyda'r *Radio Times*, y pen tost. Y cytundeb oedd y bydden ni'n newid ymhen y flwyddyn, ond a minnau'n edrych ymlaen i ymddiosg o gyfrifoldeb y *Radio Times*, aeth Hywel i weithio i'r Amgueddfa Genedlaethol a phenodwyd Moelwyn Jones yn ei le. Wn i ddim am ba hyd y bûm yn ymlafnio gyda'r *Radio Times* – yn rhy hir yn sicr.

Medrwn gyd-dynnu'n iawn â staff y papur ac roeddwn ar delerau personol ardderchog gyda nhw. Y broblem oedd dod o hyd i syniadau digon da i fynd heibio'r cam cyntaf bob wythnos. Cyfeiriais eisoes at yr erthygl am rasio colomennod i hybu *Fo a Fe*. Dro arall es i Lundain i gyfweld Ednyfed Hudson Davies mewn *sauna*. Roedd Ednyfed yn mynd i gyflwyno rhaglen – neu raglenni – am y Ffindir, a'r syniad, wedi llawer o drafod gyda'r *Radio Times*, oedd sgrifennu erthygl am effeithiau corfforol ac ysbrydol y *sauna*. Croesawyd y ddau ohonon ni gan y pennaeth marchnata yn Finland House, ac wedi llenwi bag siopa gyda chaniau o lager – cwbl groes i'r rheolau – aeth â ni i'r *sauna*. Daeth ffotograffydd o'r *Radio Times* a thynnu llun o'r tri ohonon ni yn noethlymun ac wedyn bwriwyd ymlaen yn hamddenol gyda'r cyfweliad a mwynhau'r caniau lager. Sgrifennais yr erthygl yn fy stafell yn y gwesty'r noson honno a mynd â'r gwaith gorffenedig i swyddfa'r *Radio Times* ben bore trannoeth. Yno y clywais am y panics. Roedd ffilm y ffotograffydd wedi toddi yn y camera, gan gymaint y gwres yn y *sauna*! Darganfyddiad gwyddonol, yn ddi-au. Bu'n rhaid aildrefnu, a thynnu'r llun ben bore trannoeth cyn i'r *sauna* dwymo. Yn anffodus – neu efallai'n ffodus o safbwynt darllenwyr y cylchgrawn – bu'n rhaid i mi ddychwelyd i Gaerdydd a dim ond Ednyfed a ymddangosodd yn ei noethni gofalus yn y *Radio Times*.

Roedd Ednyfed yn ddarlledwr ardderchog, a gweithiai'n gyson i BBC Cymru cyn a rhwng ei gyfnodau fel Aelod Seneddol Llafur, yng Nghonwy ac wedyn yng Nghaerffili. Rhyfedd fel y gall gwlad fechan fod mor afradus o'i thalentau. Wedi i Gareth Price gael ei ddyrchafu'n Ddirprwy Bennaeth Rhaglenni, a rhoi'r gorau i gynhyrchu rhaglenni, ni welwyd Ednyfed ar raglenni BBC Cymru. Daeth i weithio i'r *Radio Times* rai blynyddoedd wedi digwyddiad y *sauna*, yn cadw golwg ar broflenni'r erthyglau a'r pytiau Cymraeg. Bu i ni gadw mewn cysylltiad nes llacio'r gyfraith ynglŷn â hawlfraint amserlenni'r rhaglenni, gan roi'r hawl i *TV Times* – y cylchgrawn teledu masnachol – gyhoeddi amserlenni'r BBC a rhoi rhyddid i gylchgronau a gyhoeddid fel atodiadau i'r papurau dyddiol a Sul gael cynnwys manylion gydol wythnos y BBC ac ITV. Dyna ddiwedd yr erthyglau Cymraeg a rhifyn Cymru'r *Radio Times* i bob pwrpas.

Ces lawer o bleser yn cydweithio â nifer o bobol y *Radio Times*. Un y bûm mewn cysylltiad dyddiol â hi am gyfnod oedd ymchwilwraig ifanc ddymunol o'r enw Lady Jane Wellesley, o linach Dugiaid Wellington. Bryd hynny roedd hi mewn perthynas, neu newydd orffen perthynas, gyda'r Tywysog Charles. Yn ôl yr hanes, hi oedd ffefryn mawr y frenhines. Bu'n gweithio yn adran cyhoeddusrwydd rhaglenni teledu'r BBC wedi hynny, a pharhaodd ein cysylltiad dros y cyfnod hwnnw. Mae'n debyg fod ei theulu'n berchen llawer o diroedd yn Sbaen ac yn yr Alban. Clywais stori am Alasdair Milne, pan oedd yn Gyfarwyddwr Cyffredinol y BBC, yn llogi tŷ gwyliau yn yr Alban gyda milltiroedd o hawliau pysgota. Ac yntau gyda'i enwair yn yr unigeddau, canfu ferch ifanc a adnabyddodd fel Jane Wellesley, aelod distadl o staff y *Radio*

Times, yn pysgota'r un afon. 'Beth y'ch chi'n wneud yma?' meddai'r ferch ifanc. 'Rwy yma ar wyliau,' atebodd Milne. 'A beth ydych chi'n wneud yma?' 'Jyst bwrw golwg o gwmpas fy stad,' atebodd Jane. Y tro diwethaf i ni siarad roedd ganddi gwmni teledu annibynnol ac roedd yn gwneud rhaglen ar Ryfel Cartre Sbaen. Mae hi hefyd yn awdures a sgrifennodd gyfrol am hanes ei theulu, *Wellington: A Journey Through My Family*.

Er mor anodd yn fynych oedd meddwl am syniadau am erthyglau i'r *Radio Times*, cafwyd llawer o hwyl hefyd. Cofiaf drefnu erthygl i lansio addasiad teledu *Enoc Huws* yn 1974. Eilian Wyn oedd yn chwarae rhan Enoc Huws a chefais y syniad o fynd ag e i'r Wyddgrug am y dydd, i ymweld â llefydd yn y dref a gysylltid gyda Daniel Owen. Roeddwn wedi gwneud stori yn ystod fy nghyfnod ar *Y Cymro* am ddyn lleol, is-reolwr Tesco a fyddai'n MC mewn gornestau bocsio a'i ddiddordeb mawr arall mewn bywyd oedd lleoliadau nofelau Daniel Owen. Gydag Ioan Roberts yn sgrifennu'r stori a Geoff Charles yn tynnu'r lluniau, cafodd y pedwar ohonon ni ddiwrnod i'w gofio. Gwelsom gloc Wil Bryan, y tŷ a ddefnyddiodd Daniel Owen yn sail i'w bortread o Dŷ'n yr Ardd, cartre Capten Trefor, a'r tŷ a brynodd y nofelydd gyda'r arian a gafodd o werthiant *Rhys Lewis*. Faint o nofelwyr Cymraeg heddiw, er cymaint y grantiau a'r gwobrau, fedrai ddweud iddyn nhw brynu tŷ ar gefn gwerthiant un llyfr?

Ymwelon ni â'r dafarn lle byddai Daniel Owen yn cyfarfod â'i ffrindiau a gweld y stafell wedi ei chadw fel ag yr oedd hi yn nyddiau'r nofelydd. Cawsom stori gan y dyn o Tesco am Daniel a'i fêts yn yfed un noson wedi amser cau a'r heddlu'n dod. Medren nhw weld yr heddlu yn dod i fyny llwybr yr ardd ond pan ruthrodd y plismyn i fewn i'r stafell fe welon nhw bedwar o ddynion ar eu gliniau gyda'u hetiau ar y bwrdd o'u blaenau. 'O, diar, cwrdd gweddi,' meddai'r plismon cyntaf ac allan â nhw'n ymddiheurol. Wedi i'r plismyn ddiflannu drwy glwyd yr ardd, codwyd yr hetiau oddi ar y bwrdd ac oddi tanyn nhw roedd y gwydrau cwrw. Rhaid cofio, wrth gwrs, fod llawer achos crefyddol ar hyd a lled Cymru wedi cychwyn mewn tafarn.

Profiad arall a ges drwy fy nghysylltiad â'r *Radio Times* oedd mynd â Richard Llewellyn yn ôl i'r Gilfach Goch, lle y dywedai iddo dreulio naw mis yn gweithio dan ddaear yn crynhoi deunydd ar gyfer ei nofel *How Green Was My Valley*. Roedd wedi dod i fyw i Bowys ac roedd Herbert Williams, y bardd a'r llenor Eingl-Gymreig a oedd yn gynhyrchydd gyda'r BBC yng Nghaerdydd, wedi ei berswadio i wneud rhaglen radio. Mae cefndir Llewellyn yn dipyn o ddirgelwch. Dywedai iddo gael ei eni yn Nhyddewi a bod y teulu wedi symud i Lundain pan oedd yn ifanc. Am ei wybodaeth o'r Gymraeg, dywedodd wrthyf ei fod yn cofio'r miwsig ond ddim y geiriau. Yn ôl rhai, ni fu erioed yn agos i'r Gilfach Goch, a thrwy siarad gyda milwyr o Gymru pan oedd yn y Gwarchodlu Cymreig yn India y cafodd y wybodaeth gefndir ar gyfer *How Green Was My Valley*. Yn ôl stori arall, roedd ganddo dad-cu yn byw yn y pentref a deuai yno ar wyliau. Y cyfan ddyweda i oedd ei fod yn hynod gartrefol yn y pentref, ac yn nodi'r newidiadau yn y dirwedd. 'Pan oeddwn i yma fedrech chi ddim gweld yr ochr yna i'r pentre oherwydd bod tip glo fan yna...'

Gwrthodai sôn am bobol y bu mewn cysylltiad â nhw am nad oedd, meddai, yn aelod o'r undeb a doedd wiw iddo enwi neb gan i rai ohonyn nhw ei helpu i gael gwaith dan ddaear. Cawsom beint neu ddau yn un o'r clybiau gweithwyr niferus a chan fy mod yn adnabod Katie Olwen Pritchard, awdures dros hanner dwsin o lyfrau yn olrhain hanes y pentref, dyma alw arni'n ddirybudd. 'Ah, the elusive Mr Llewellyn!' oedd geiriau cyntaf Katie. Roedd yn amlwg ei fod yntau'n gwybod amdani hithau. Daeth Katie Pritchard i'r Gilfach Goch gyda'i rhieni o ardal y chwareli pan oedd yn blentyn. Aeth i'r coleg a dychwelyd i fod yn athrawes a phrifathrawes yn ei hen ysgol. Siaradai Gymraeg y Gogledd hyd y diwedd.

Gyrrwr a thywysydd oeddwn i y diwrnod hwnnw a

gyda mi roedd tynnwr lluniau a newyddiadurwraig o'r *Radio Times*. Y newyddiadurwraig oedd Jenny Rees, merch ddeniadol, ddymunol a fu'n gweithio i'r *Daily Telegraph* wedi hynny. Hi oedd yr hynaf o blant Goronwy Rees, y llenor a'r ysgolhaig disglair o Aberystwyth a fu, rhwng 1953 ac 1957, yn brifathro'r coleg. Daeth gyrfa academaidd Rees i ben yn sydyn pan ddarganfuwyd mai ef oedd awdur cyfres o erthyglau dienw am yr ysbïwr Guy Burgess a Donald Maclean a ymddangosodd ym mhapur Sul *The People* ym Mawrth 1956. Roedd Burgess a Maclean wedi diflannu yn 1951 ac o gwmpas 1956 daeth y newydd eu bod yn yr Undeb Sofietaidd. Un arall o'r criw oedd Kim Philby, a ddiflannodd i'r Undeb Sofietaidd yn 1963, ac Anthony Blunt, yr hanesydd celf a Syrfëwr Lluniau'r Frenhines, y datgelod Margaret Thatcher yn gynnar yn ei theyrnasiad ei fod yntau'n ysbïwr dros yr Undeb Sofietaidd. Mae'n debyg y bu gan Goronwy Rees ran yn datgelu'r gyfrinach honno, pan awgrymodd ar ei wely angau yn 1979, wrth Andrew Boyle, awdur *The Climate of Treason*, mai Blunt oedd y dyn y dylid mynd ar ei ôl.

Yn y cyfnod hwnnw roeddwn yn adnabod Brian Clifford, a oedd yn olygydd lluniau yn Adran Hysbysrwydd y BBC. Bu Brian a Jenny yn briod ond roedden nhw wedi ysgaru cyn i mi ddod i'w hadnabod. Yr argraff ges i oedd fod Brian yn bur agos at Goronwy Rees, ac wedi parhau â'i gyfeillgarwch gyda'i gyn-dad-yng-nghyfraith hyd y diwedd. 'Yr oeddwn i a'i fab, Thomas, wrth ei wely pan fu farw,' dywedodd wrthyf un tro. Dywedodd wrthyf hefyd ei fod yn bresennol yn yr ysbyty pan ymwelodd Boyle â Rees, a disgrifiodd fel y pwysodd hwnnw ar y Cymro i ddatgelu a fu yntau'n ysbïwr dros yr Undeb Sofietaidd yn y tridegau. Gwrthododd ddweud dim. Sgrifennodd Jenny lyfr yn ceisio datrys y dirgelwch ond aeth Goronwy Rees i'w fedd heb ddatgelu dim. Ond yn 1999, pan ryddhawyd dogfennau cyfrinachol y daeth Vasili Mitrokhin â nhw gydag ef o'r Kremlin i Brydain, cafwyd cadarnhad fod Rees yn gweithio i'r Undeb Sofietaidd. Y dystiolaeth oedd na fu iddo roi dim byd o werth mawr i'r KGB ond fod ei gysylltiadau gyda gwleidyddion ac ysgolheigion, ac yntau'n Gymrawd o Goleg yr Holl Eneidiau, Rhydychen, yn werthfawr yng ngolwg Rwsia.

Bu'r diwrnod hwnnw yng Ngilfach Goch yn un difyr a chofiaf dynnu rhai lluniau o Richard Llewellyn fy hunan, un ohono o flaen Jac Codi Baw. Ei dynnu ar gyfer erthygl i'r cylchgrawn staff wnes i, ond er cael lluniau a ystyriwn yn rhai ardderchog gan ffotograffydd y *Radio Times*, roedd Rowland Lucas yn mynnu defnyddio'r llun a dynnais i i'w anfon allan i bapurau Cymru. Pan fu farw Llewellyn, y llun hwnnw a ymddangosodd yn fawr yn y *Western Mail* ac yn y *Daily Post*! Cofiaf iddo ryfeddu pa mor wyrdd oedd yr ardal o'i chymharu â'r hyn a gofiai ac ychwanegodd fod y diwrnod wedi awgrymu teitl ei nofel newydd iddo, *Green, Green My Valley Now*. Daeth y dydd i ben ddiwedd y prynhawn yng ngwesty'r Angel, y pedwar ohonon ni yn bwyta brechdanau ac yfed *claret*. Rwy'n meddwl iddo fwynhau'r diwrnod. Mae gen i syniad iddo wneud llawer iawn o arian o'i nofel *How Green Was My Valley* a'r ffilm ond iddo gael ergyd go galed gan bobol y dreth incwm flynyddoedd yn ddiweddarach a gorfod dal ati i sgrifennu weddill ei fywyd i glirio'r ddyled.

O dro i dro awn i bencadlys BAFTA yn Piccadilly ar gyfer rhag-arddangosiadau i bapurau Llundain o raglenni o Gymru oedd i'w darlledu ar y rhwydwaith. Roedd cyfarfod rhai o feirniaid teledu Llundain yn brofiad ynddo'i hun. Dyna Nancy Banks-Smith o'r *Guardian*, gyda'i hadolygiadau oedd weithiau'n ddeifiol ond bob amser yn werth eu darllen. Byddai'n gwau'n ddi-baid a chlic ei gweill yn mynd ar nerfau'r newyddiadurwyr eraill. Gwnaed cwyn swyddogol amdani un tro gyda chais iddi ymatal. Fedra i ddim cofio a lwyddwyd, ond fe newidiwyd y drefn toc wedyn gan anfon casetiau i gartrefi a swyddfeydd y beirniaid. Y peth gwych am fynd i BAFTA oedd y cyfle i ymweld â siop lyfrau Griff's, 4 Cecil Court, ger Leicester Square. Heblaw'r casgliad rhyfeddol o lyfrau Cymraeg, llawer ohonyn nhw'n llyfrau a fu ar y silffoedd ers degawdau ond mewn cyflwr fel newydd, roedd y lluniau a arwyddwyd ar y muriau yn dyst i ymweliadau cyson sêr y byd ffilmiau – Richard Burton, Siân Phillips, Meredith Edwards, Hugh Griffith – cantorion fel Geraint Evans, Gwyneth Jones, Stuart Burrows, a llenorion fel Dylan Thomas. Rywbryd yn y saithdegau roeddwn yn awyddus i gael copi o *Pysgotwr Ynys yr Ia*, cyfieithiad Nathaniel H. Thomas o *Pêcheur d'Islande* gan Pierre Loti. Cysylltodd llyfrgellydd ymchwil y BBC yng Nghaerdydd gyda phob llyfrgell gyhoeddus yng Nghymru cyn dod o hyd i gopi yn Llyfrgell Salisbury, Coleg y Brifysgol, Caerdydd. Beth amser wedyn roeddwn yn Griff's ac roedd hanner dwsin o gopïau o'r gyfrol, pob un fel newydd, pris 7/6 mewn hen arian, wedi eu cyhoeddi yn 1927. Rwy'n meddwl i mi dalu £1 am gopi. Mae'r gyfrol gen i yn ddiogel, fel newydd o hyd. Hwyrach y dylwn fod wedi prynu'r holl gopïau, a hwythau mor brin! Dros y blynyddoedd prynais lawer o lyfrau Cymraeg a gyhoeddwyd yn y tridegau yn siop Griff's, llyfrau anodd i'w cael yng Nghymru am mai ychydig o lyfrau Cymraeg sy'n cael eu hailargraffu. Dyna sy'n dod o greu cyfundrefn gyhoeddi sy'n ddibynnol ar grantiau a dim darpariaeth i ailargraffu, mae'n debyg. Teulu o Gilfach Goch a ddaeth i Lundain i werthu llaeth ac arallgyfeirio i fyd llyfrau oedd William Griffiths a'i frodyr, Cymry Cymraeg glân, gloyw bob un.

Y peth gwaethaf am weithio yn yr Adran Hysbysrwydd oedd y cwynion di-baid gan y cyhoedd, a'r rheini'n mynd yn fwy a mwy annifyr gyda threigl y saithdegau. Roedden ni'n cael ein dal rhwng gwrthdystiadau Cymdeithas yr Iaith yn galw am sianel Gymraeg a mwy o raglenni Cymraeg yn gyffredinol a'r bobol hynny roedd clywed gair o Gymraeg yn dân ar eu heneidiau. Weithiau, adeg Wimbledon, fe ddarlledid dwy gêm ar yr un pryd – un ar BBC1 a'r llall ar BBC2. Byddai BBC Cymru'n dod allan o un ohonyn nhw ac yn dangos rhaglen i blant. Gallech daeru nad oedd digon i'w gael i'r Saeson hynny oedd yn byw yng Nghymru – byddai'r ffôn yn grasboeth gan bobol oedd bob amser am weld y gêm arall. Cofiaf un ohonyn nhw: 'Tompkins here, from Abersock.' A minnau'n gorfod cnoi fy nhafod rhag dweud wrtho 'to put a sock in it'. Rwy'n cofio rhyw greadur arall o'r enw Campbell o Borth fyddai bob amser yn cwyno adeg digwyddiadau seneddol arbennig, fel y Gyllideb. Bryd hynny, darlledid y Gyllideb gyda sylwadau gan arbenigwyr ar economeg ac yn y blaen ar BBC1, tra byddai BBC2 yn dangos araith y Canghellor heb unrhyw sylwadau nac eglurhad. Byddai Cymru'n neilltuo o ddarllediad BBC2 i ddangos rhaglen Gymraeg. Cyn gynted ag y byddai hynny'n digwydd byddai Campbell ar y ffôn yn cwyno ei fod yn cael ei amddifadu o glywed y perlau yn syth o enau'r Canghellor.

Tan ddyfodiad teledu lliw, roedd pethau'n weddol heddychlon o du'r Saeson a'r Cymry di-Gymraeg. Roedd yn bosib iddyn nhw osgoi rhaglenni Cymraeg drwy gael erial wedi ei hanelu tua throsglwyddydd ym mryniau'r Mendips yng nghyffiniau Bryste. Roedd trosglwyddydd Wenfo yn ddigon cryf fel y gallai'r un erial godi'r rhaglenni o Gymru, beth bynnag, neu fe ellid defnyddio erial ar ben y teledu oedd yn llawn digon da. Ond gyda dyfodiad teledu lliw a drosglwyddid ar system a elwid UHF (Ultra High Frequency), o'i gymharu â VHF (Very High Frequency) a ddefnyddid ar gyfer teledu du a gwyn, aeth pethau'n draed moch. Nid oedd y trosglwyddyddion UHF yn bwrw'r signalau cyn belled a doedden nhw ddim yn mynd o gwmpas a thros y mynyddoedd. Bellach, nid oedd perchnogion teledu lliw yn medru derbyn y gwasanaeth o orllewin Lloegr, felly aent ati i gwyno. Roedd pawb dan y lach. Mae stori am Aneirin Talfan Davies yn derbyn memo gan Reolwr BBC1 gyda'r neges, 'Don't play ducks and drakes with my schedules.' Ateb Aneirin Talfan oedd, 'I am paid to play ducks and drakes with your schedules.'

Yn 1977 roedden ni'n cael cwynion o ran o Wlad yr Haf oedd yn methu derbyn y gwasanaeth lliw (UHF) o'r Mendips ond yn medru derbyn gwasanaeth UHF BBC Cymru o Wenfo. Dyna ddechrau ymgyrch yn ardal Weston-super-Mare yn erbyn teledu yn yr iaith Gymraeg. Pan fyddai pobol yn cwyno wrth BBC Bryste, ymateb ein cyd-weithwyr yn yr Adran Hysbysrwydd yno oedd dweud wrthyn nhw am ffonio BBC Cymru a rhoi ein rhif teleffon ni iddyn nhw. Gyda ffrindiau fel yna doedd dim angen gelynion! Yn syml, pe na baen nhw'n derbyn y gwasanaeth o Gymru fyddai ganddyn nhw ddim gwasanaeth teledu lliw o gwbl! Ond doedd y bobol hynny ddim am wrando. Coffa da am un o ddatganiadau Esther Rantzen, a ymunodd yn yr ymgyrch yn erbyn yr iaith Gymraeg: 'It is monstrous that viewers in the west of England are yammered at in a foreign language, complete with harps and male voice choirs!' Ni ddylai rhywun a oedd yn gweithio i'r BBC fod yn gwneud datganiadau o'r fath, wrth gwrs – yn enwedig rhai fyddai heddiw'n cael eu hystyried yn hiliol. Cafodd yr ardal, oedd yn cynnwys poblogaeth o tua 20,000, drosglwyddydd ymhen rhyw ddwy flynedd a dyna ddiwedd ar yr helynt. Ond gwelsom nad pobol oddefgar, resymol yw'r Saeson, yn enwedig pan fyddan nhw'n dioddef y mymryn pitw o anghyfleustra.

Roedd mynd i'r Eisteddfodau a'r Sioe Frenhinol yn Llanelwedd yn un o bleserau'r gwaith, yn arbennig Eisteddfod Llangollen. Fel y nodais eisoes, nid yw hi'n cael y sylw dyladwy a fedra i ddim bod yn siŵr ar bwy mae'r bai am hynny. Rwy'n cofio y byddai Selwyn Roderick a Gethyn Stoodley Thomas yn gwneud rhaglenni lliwgar a difyr oddi yno, a chofiaf hefyd yr awyrgylch hamddenol a chartrefol o gwmpas y maes. Yn ystod fy nghyfnod cynnar iawn fel Uwch Swyddog Hysbysrwydd – newidiwyd fy nheitl droeon wedyn, os nad natur y gwaith – gwnes drefniant gyda phennaeth cyhoeddusrwydd Gwasanaeth Byd y BBC yn Llundain. Bachgen o'r Bermo oedd Michael Williams a daethom yn gyfeillion dros y blynyddoedd. Gofynnais iddo a fyddai ganddo ddiddordeb mewn rhannu cost stondin hysbysrwydd yn Eisteddfod Llangollen, yn 1982 hyd y medra i gofio, oherwydd roedd y Gwasanaeth Byd yn dathlu ei hanner canmlwyddiant y flwyddyn honno. Oherwydd hynny roedd gan Michael ychydig o arian ychwanegol i'w wario. Cytunodd ar unwaith. Daeth yno am rai dyddiau ei hunan ac anfonodd ei ysgrifenyddes i lawr i helpu ac aelod arall o'i staff – fedra i ddim cofio enw'r un ohonyn nhw. Merch o dras Tsieineaidd oedd yr ysgrifenyddes ac Iddew uniongred oedd y llall, a chymeriad a hanner. Ac yntau'n dod yn wreiddiol o rywle yn Nwyrain Ewrop, roedd wedi byw mewn amryw wledydd – medrai nifer o ieithoedd yn rhugl, gan gynnwys Portiwgaleg, Ffrangeg, Sbaeneg a Rwmaneg, a siaradai Yiddish gyda'i fab bach. Ar unwaith, gwelodd botensial Llangollen ac o fewn dim o dro roedd wedi bachu pob munud rydd o'r stiwdios sain oedd gan BBC Cymru ar y maes ac yn darlledu eitemau i nifer fawr o wledydd. Welais i fawr ddim ohono yn y stondin gyhoeddusrwydd gydol yr wythnos ond rwy'n amau a gafodd Eisteddfod Llangollen y fath gyhoeddusrwydd byd-eang yn ei hanes. Y gresyn yw na ddaeth yn ôl i Langollen y flwyddyn wedyn, ond rwy'n meddwl bod yna wers i'w dysgu yna yn rhywle.

Roedd swyddfa Moelwyn, olynydd Hywel, a minnau yn Llandaf yn gyrchfan gyson i gynhyrchwyr a pherfformwyr oedd yn chwilio am gyhoeddusrwydd ac a oedd am ein rhybuddio am gynlluniau a oedd ar y gweill. Roedd hynny'n ddefnyddiol i sicrhau lluniau cyhoeddusrwydd pan fyddai'r cynhyrchydd allan yn ffilmio, neu roi cyfle i bapur lleol dynnu llun a sgrifennu erthygl. Byddai cynhyrchwyr fel Gethyn Stoodley Thomas, Selwyn Roderick, John Ormond, Richard Lewis a'r Adran Ddrama yn cynhyrchu rhaglenni safonol i BBC1 a BBC2. Cofiaf *Ryan a Ronnie* yn mynd ar rwydwaith BBC1 a'r gyfres yn cael ei recordio yn y Television Theatre yn Llundain. Roedd prosiectau o'r fath yn hwyl ac yn ysbrydoliaeth ac yn newid o fara beunyddiol *Dechrau Canu, Dechrau Canmol* a *Pobol y Cwm*.

Gwnes rai ffrindiau da ymhlith newyddiadurwyr Llundain pan gynhyrchwyd cyfres deledu wedi'i seilio ar *How Green Was My Valley*, un o berfformiadau olaf Stanley Baker, ar gyfer BBC1 – er mai BBC Llundain gynhyrchodd honno. Daeth *The Life and Times of David Lloyd George* wedi hynny, cyfres a gynhyrchwyd gan John Hefin yng Nghymru yn 1981, ac *Ennal's Point* ar BBC2 y flwyddyn wedyn, eto o Gymru. Roedd mwyafrif cast *Ennal's Point* yn dod o Gymru; yr amlycaf oedd Philip Madoc, a oedd hefyd wedi chwarae'r brif ran yn *Lloyd George*. Roedd Madoc yn greadur hynaws oedd wrth ei fodd yn rhoi cyfweliadau i'r papurau ac yn help mawr yn hudo'r gohebwyr teledu o Lundain i Gymru. Rwy'n parhau i fod mewn cysylltiad ag un o'r gohebwyr hynny, Pat Moore, a weithiai ar y pryd i'r *Daily Star*. Roedd Pat wedi cyhoeddi rhai llyfrau taith ac wedi sgrifennu un neu ddwy o nofelau i blant, ond heb gael cyhoeddwr iddyn nhw. Un tro dros ginio dywedodd wrthyf iddi gael 40 o wrthodiadau i un o'r llyfrau hynny a gofynnais iddi a gawn eu gweld gyda golwg ar gyhoeddi un ohonyn nhw yn Gymraeg. Anfonodd ddwy i mi; bu i mi addasu un ohonyn nhw i'r Gymraeg ac fe'i cyhoeddwyd gan Wasg Gomer dan y teitl *Llew a'r Llygod Llydewig* yn 1993 – gan werthu'n lled dda i ysgolion yn ôl a glywais. Roedd ei gŵr, Albanwr o'r enw Bob Gibson, yn arlunydd a dylunydd a rhyngon ni cawsom lawer o hwyl gyda'r addasiad hwnnw. Gwnaeth Bob, a fu farw yn 2010, lawer o waith i'r Beatles, yn bosteri, cynllunio albyms a dylunio llyfrau amdanyn nhw. Cafodd ragor o waith gan Gomer yn dilyn cyhoeddi *Llew* ond ffraeo wnaethon nhw yn y diwedd dros ddarluniau a wnaeth o Ddewi Sant! Mae sôn am gyfieithu *Llew* i'r Llydaweg. Cawn weld.

Fel y dywedais, roedd fy swyddfa yn Llandaf yn agored i gyflwynwyr a chynhyrchwyr. Roedd croeso i bawb bob amser – wel, bron bob amser. Un fyddai'n galw'n bur aml oedd Vince Savile, brawd Jimmy, oedd yn seren enfawr ar y pryd ac a ddaeth yn enwog am resymau eraill yn ddiweddar. Roedd

Vince, a oedd yn gyn-forwr, yn gwneud gwaith recriwtio i'r llynges ac roedd yn byw yng Nghaerdydd. Sefydlodd Radio Glamorgan, gwasanaeth radio i ysbytai Caerdydd, tua 1967. Fe'i clywyd gan un o gynhyrchwyr Radio Wales, Gareth Bowen, pan oedd yn cael triniaeth yn yr ysbyty a phenderfynodd roi cyfle iddo. Bu'n boblogaidd am flynyddoedd, ond yr hyn a gofiaf amdano yw ei arfer rhyfedd o fynd â nadroedd o sw y Barri gartre ar benwythnosau. Weithiau byddai'n galw i'n gweld gyda pheithon ifanc ar ei gefn a'i adael ar lawr y swyddfa. Wn i ddim sut roedd e'n medru cario'r fath anghenfil – rhaid ei fod yn gryf iawn. Roedd cadair freichiau drom yn y gornel a chofiaf y neidr yn taro coes y gadair gyda fflic sydyn o'i chynffon a honno'n llithro lathenni ar draws y stafell. Ych a fi. Mae'n debyg y byddai ei frawd enwog yn ymweld â Vince o dro i dro ond yr argraff ges i oedd nad oedd llawer o gariad brawdol rhyngddyn nhw. Cofiaf glywed Vince yn dweud rhywbeth fel 'Oh, you know Jimmy, shagging young girls in his camper van.' Ni chroesodd fy meddwl i holi pa mor ifanc oedd y merched hynny.

Yn 1976, cyfnod pan nad oedd tebygrwydd o ddatblygiadau tua sianel deledu Gymraeg, ehangwyd y ddarpariaeth radio i Gymru'n sylweddol. Bellach, Owen Edwards, mab hynaf Syr Ifan ab Owen Edwards, sylfaenydd yr Urdd, a gŵr roeddwn yn ei adnabod yn dda, oedd y Rheolwr, a'r Pennaeth Rhaglenni oedd Geraint Stanley Jones. Dyma ddau uchel eu parch, Owen fel darlledwr graenus a gweinyddwr diplomataidd a Geraint a oedd yn gynhyrchydd teledu a chanddo weledigaeth. Manteisiodd Geraint ar y cyfle i ehangu'r ddarpariaeth radio yn y Gymraeg drwy osod y rhaglenni Cymraeg, Radio Cymru, ar VHF a'r rhaglenni Saesneg, Radio Wales, ar y Donfedd Ganol (Medium Wave). Penderfyniad anodd oedd hwn ar y pryd, gan mai prin oedd y gwrandawyr oedd yn berchen setiau radio fedrai dderbyn VHF. Ar yr un pryd, y gred oedd mai VHF oedd tonfedd y dyfodol, ac y deuai mwy o donfeddi VHF maes o law fel y gellid cael tonfedd VHF i'r gwasanaeth

Saesneg hefyd. Felly y bu, wrth gwrs. Yn y cyfamser, roedd angen ymgyrch sylweddol i berswadio'r Cymry Cymraeg i brynu setiau radio VHF. Roedd Geraint Stanley Jones wedi awgrymu wrthyf cyn yr Eisteddfod fod siawns – rhyw siawns 50/50 – y byddai BBC Cymru'n cael benthyg stiwdio symudol gan Raidió Teilifís Éireann i ddarlledu mewn cymunedau lleol am gyfnodau byr. Roedd wedi trafod y posibilrwydd i mi fynd o gwmpas i hysbysebu'r 'gorsafoedd' hyn gyda Rowland Lucas er mwyn annog pobol i brynu setiau VHF i glywed y rhaglenni ac fel y bydden nhw'n barod am Radio Cymru pan gychwynnai'r gwasanaeth hwnnw ddechrau 1977.

Es i'r Eisteddfod yn Aberteifi ac yna am dair wythnos o wyliau yn Scleddau, ger Abergwaun. Bûm yn meddwl beth i'w wneud, dyna i gyd, gan nad oeddwn yn hyderus iawn y byddai'r cynllun yn debyg o ddigwydd. Tipyn o sioc oedd dychwelyd o fy ngwyliau i glywed bod y stiwdio gan RTÉ ar ei ffordd ac y byddai Radio Rhosllannerchrugog yn cychwyn darlledu ymhen ychydig dros bythefnos. Gallai pethau fod yn waeth – roedd Elwyn Jones, a oedd yn enedigol o'r Ponciau ac a fyddai'n gynhyrchydd Radio Rhos, ar wyliau dramor am wythnos arall ac yn gwybod dim am y peth! Felly y cychwynnodd fy nghyfnod o fis ar dramp o gwmpas Cymru. Treuliais fy wythnos gyntaf yn cynllunio posteri a pharatoi datganiadau i'r wasg, gan adael Elinor Davies, ysgrifenyddes effeithiol ac effeithlon Rowland Lucas, i bostio'r rheini ar ddyddiadau penodedig. Ffarweliais â Gwen a'r plant, Rowland a'm cyd-weithiwr a'm cyfaill Moelwyn Jones a gweddill yr adran a bwrw am y Rhos gyda phentwr o bosteri i'w dosbarthu o gwmpas y pentref a bwriad i ymweld â'r papurau newydd oedd yn gwasanaethu'r ardal. Fy ngobaith oedd perswadio rhai o'r siopau nwyddau trydan i roi setiau radio VHF yn wobr i'r cystadlaethau niferus fyddai'n rhan annatod o'r rhaglenni.

Cyrhaeddodd y stiwdio symudol, rhywbeth tebyg i fan fudo celfi fawr, a chyda hi ddau Wyddel – un yn llwyrymwrthodwr a'r llall yn dipyn o danciwr, a fydden nhw ddim yn siarad â'i gilydd oni bai bod raid. Defnyddid y stiwdio yn y Gaeltacht ac i ddarlledu o rasys ceffylau, *peil Ghaelach* (pêl-droed Gwyddelig) ac *iománaíocht* (*hurling*). Roedd yn beiriant effeithiol gyda throsglwyddydd y gellid ei godi'n hwylus ar y to, a thra bod pobol y gwasanaethau trydan a theleffon yn bresennol gellid bod ar yr awyr yn darlledu ugain munud wedi i'r fan gyrraedd y safle. Bu Radio Rhos yn llwyddiant arbennig. Un rheswm am hynny, rwy'n credu, oedd mai ychydig iawn o amser a gafodd y cynhyrchydd i drefnu ymlaen llaw, a chanfuwyd o leiaf un llais newydd, Gareth Hughes, a fu'n llais cyfarwydd ar Radio Cymru am flynyddoedd wedyn. Darganfuwyd hefyd bod cantores roedd pawb wedi anghofio amdani yn byw mewn fflat uwchben y siop *chips*. Arferai ganu'n gyson ar un o hen raglenni'r Welsh Home Service, *Aelwyd y Gân*, ac roedd ganddi dapiau ohoni ei hun yn canu gyda Cherddorfa Gymreig y BBC. Buan iawn y sylweddolais y byddai'n rhaid i minnau wneud mwy na bod yn ddyn cyhoeddusrwydd a gwneud tipyn o bopeth os oedd y gwasanaeth i weithio. Un gyda'r nos daeth fy hen gyfaill Ioan Roberts o'r *Cymro* heibio ar sgawt. Y noson honno penderfynodd y cynhyrchydd, Elwyn Jones, gael rhaglen a oedd yn derbyn galwadau ffôn, er mai dim ond un lein oedd gyda ni! Y drefn oedd fod rhywun yn ein ffonio, dweud beth fyddai'r cwestiwn, yna bydden ni'n dweud wrtho ef neu hi roi'r ffôn yn ei grud a'i ffonio'n ôl. Yn anffodus, camddeallodd un ddynes y neges ac yn lle rhoi'r ffôn yn ei grud fe ddaliodd i wrando. Er pob ymbil arni dros yr awyr i ailosod y ffôn, wnaeth hi ddim. O ganlyniad, doedd dim lein o gwbl gyda ni. Trwy lwc, roedd hi wedi rhoi ei chyfeiriad ac roedd Ioan yn byw ym Mhen-y-cae ac yn adnabod Rhos yn dda felly rhedodd y ddau ohonon ni drwy'r pentref i'w thŷ. Llwyddwyd i'w pherswadio i roi'r ffôn i lawr ac ailgydiwyd yn y *phone-in*.

Ymlaen wedyn i Bwllheli. Richard Morris Jones oedd y

cynhyrchydd ac yma eto bu'r gwasanaeth yn boblogaidd. Er nad oedd signal y trosglwyddydd i fod i ymestyn ymhellach na rhyw bum milltir, clywsom fod pobol yn ardal Aberystwyth yn medru'i dderbyn. Ond roedd unrhyw fynydd yn anhawster a daeth stori am wraig fferm ym mhen draw Llŷn yn disgwyl yn hir i'w gŵr ddod adre am ginio a dod o hyd iddo yn y diwedd ar ben y das wair gyda'i radio. Roedd wedi canfod mai dyna'r unig le y medrai glywed y gwasanaeth oherwydd rhyw fryn lled uchel y tu cefn i'r tŷ. T. Glynne Davies oedd y cynhyrchydd yn Llanrwst. Roedd e wedi cael amser i baratoi ac aeth o gwmpas gan recordio pawb a phopeth ac o ganlyniad roedd ganddo lawer gormod o ddeunydd ar gyfer tridiau o ddarlledu. O'r herwydd, collwyd y sioncrwydd oedd yn nodwedd o'r ardaloedd blaenorol. Ond cafwyd deunydd oedd wrth fodd Sain Ffagan a phan wnaed cyfres o raglenni o uchafbwyntiau Radio Bro ar Radio Cymru cafodd Radio Llanrwst fwy na'i siâr o sylw. Roedd Glynne wedi cyflogi ei fab, Aled Glyn, a ddaeth maes o law yn bennaeth Radio Cymru, dan gynllun prentisiaeth ac roedd y ddau'n gyd-gynhyrchwyr o fath. 'Chwarae'r tâp yma!' 'Na, chwarae hwnna!' gyda'r Parch. Idwal Jones yn llenwi'r bylchau yn ddihafal hamddenol. Erbyn hyn roedd y Gwyddel nad oedd yn llwyrymwrthodwr yn colli'i amynedd – yn enwedig yn niffyg y fath beth â *running order*. Ar ôl cwyno am hynny droeon, ac wedi i raglen y bore cyntaf yn Llanrwst redeg dipyn dros amser, meddai, 'When is this f------ programme coming to an end? If it doesn't finish in the next thirty seconds I'm pulling the f------ plug!' Felly y daeth bore cyntaf Radio Llanrwst i ben. Cafwyd gwell trefn ar bethau wedyn. Y noson honno aeth criw bach ohonon ni, gan gynnwys y Gwyddel, am beint. Aethon ni i un dafarn ond roedd yn swnllyd ac allan â ni yn syth. Aethon ni i fewn i un arall ond roedd yn oer a digysur a daethom allan eto heb yfed diferyn. Y tro hwn, wrth ddod allan, meddai'r Gwyddel, 'What's the matter with you Welsh people? You try to put out programmes without a running order and now you're trying to organise a pub crawl without a running order!'

Cyn cyrraedd y lle nesaf ar y daith, sef Tregaron, aeth y ddau Wyddel yn ôl i'r Ynys Werdd a daeth dau arall yn eu lle. Trefnwyd llety ar eu cyfer yn y Llew Coch ond ar y noson gyntaf bu'r ddau braidd yn hwyr yn y Talbot a phan ddaethon nhw yn ôl i'r Llew roedd y drws wedi'i gloi. Yn ofer y canwyd y gloch ac yna darganfu'r ddau fod ffenest ar agor a cheisiwyd dringo i fewn trwyddi ond fe'u rhwystrwyd gan anghenfil o gi bygythiol a bu'n rhaid iddyn nhw gysgu yn y stiwdio. Brid y ci? Irish Wolfhound! Wyre Thomas fyddai'r cynhyrchydd yn y dref nesaf, sef Hendy-gwyn ar Daf, a daeth i Dregaron i weld sut drefn oedd ar bethau. Aethon ni i'r Llew Coch am sgwrs a rywbryd yn ystod y noson aeth Wyre i'r tŷ bach, a dychwelyd i'r bar â'i wyneb fel y galchen – un gwelw oedd Wyre ar y gorau. Pan oedd yn y tŷ bach teimlodd bwniad cyfeillgar rhwng ei ysgwyddau a throi i weld y ci anferth yn syllu'n syth i'w lygaid. Y cynhyrchydd yn Nhregaron oedd Emyr Jenkins, a adawodd y BBC ymhen rhai blynyddoedd i fod yn brif ddyn yr Eisteddfod Genedlaethol a Chyngor Celfyddydau Cymru wedi hynny. Aeth pethau'n dda yn Nhregaron ond roedd Glyn Evans, a ddaeth yn brifathro'r ysgol uwchradd wedi dyddiau Dai Lloyd Jenkins, wedi dwyn dylanwadau parchus i rai o'r darllediadau. Ar y bore olaf roeddwn yn trio rhoi trefn ar y recordiau pan sylwais ar Billy Jones – Billy Crown – yn sefyll wrth y Talbot yn gwrando ar y rhaglen. Awgrymais i Emyr ein bod yn gwahodd Billy am sgwrs. Roeddwn yn adnabod Billy'n dda oherwydd ei fod yn porthmona; deuai'n gyson i Dynbwlch pan oeddwn yn blentyn a gwyddwn dipyn o'i hanes ef a'r teulu. Cytunodd Emyr. John Evans, y darlledwr o Dregaron, a oedd yn cyflwyno ar y pryd, ac roedd Glyn Evans eisoes yn westai yn y stiwdio. Yn sicr, doedd Glyn Evans ddim wedi'i blesio o weld Billy'n ymwthio drwy'r drws cyfyng o'r stafell reoli i'r stiwdio gan beri i'r nodwydd sboncio oddi ar y record a oedd yn chwarae ar y pryd. Roedd John hyd yn oed wedi ei fwrw fymryn oddi ar ei echel am eiliad. Ond cafwyd cyfweliad arbennig gan hen rebel a fu'n cerdded gwartheg gyda'i dad dros Abergwesyn i Loegr, gan sôn am yr ymosodiadau a'r ymladdfeydd ac yn y blaen. Ac yntau ar ei ffordd o'r stiwdio, dywedais wrtho gymaint roeddwn wedi mwynhau ei sgwrs a diolchodd i mi am ofyn iddo. 'Ie, mab Griffiths Tynbwlch y'ch chi, ontefe? Roeddwn i'n meddwl lot o'ch tad. Cofiwch, fysen i ddim wedi siarad oni bai mai chi ofynnodd i fi.' Bu Sain Ffagan yn gwrando ar holl gynhyrchion Radio Bro a'r un cyfraniad o Dregaron roedden nhw am ei gael oedd y sgwrs gyda Billy Crown.

Yn ogystal â'r gwaith hysbysebu bûm yn paratoi bwletinau newyddion mewn sawl man ar y daith. Erbyn cyrraedd Hendy-gwyn ar Daf rwy'n tybio ei bod yn fis Tachwedd – yn sicr roedd yn dywyll yn y bore. Am ryw reswm nid oedd teleffon gennym a threuliais dipyn o amser yn y blwch ffôn ganllath i lawr y ffordd o'r stiwdio. Ar y bore cyntaf dyma Wyre Thomas yn awgrymu cael pwt o ragolygon y tywydd ar ddiwedd y newyddion. Doedd hynny ddim wedi digwydd o'r blaen. A minnau'n edrych ar fap tywydd yn y *Daily Express* a meddwl sut y medrwn gymhwyso'r wybodaeth ar gyfer ardal Hendy-gwyn, daeth dyn i mewn a gofyn a fedren ni ddymuno pen-blwydd hapus i'w wraig. 'Wrth gwrs,' meddwn innau, 'beth yw ei henw hi?' Nodais y manylion, ac wedyn dyma fe'n gofyn, 'A be chi'n neud, 'te?' 'Wel, y funud 'ma rwy'n trio neud rhagolygon y tywydd, ond gan bod hi'n rhy dywyll i fi weld mas, 'sda fi ddim llawer o syniad beth i weud,' atebais. 'O, weda i wrthoch chi,' meddai fe, 'bydd hi'n ddwrnod ffein trw'r dydd, ond bydd tipyn o niwl yn Whitlan' tan un ar ddeg, ond fe godith erbyn deg yn Shinclêr a tua hanner awr wedi deg yng Ngha'rfyrddin.' 'Shwt bo chi mor siŵr?' meddwn innau. 'Gwrandwch,' meddai yntau, 'os y'ch chi ishe gw'bod am y tywydd gofynnwch i ffarmwr neu ddreifwr lori.' Dreifar lori oedd e ac fe alwodd i 'ngweld i bob bore gyda'i ragolygon tywydd. Roedd e'n gywir bob tro, er i mi gael peth trafferth i berswadio Wyre 'mod i o ddifri. 'Ti'n cymryd y piss, on'd wyt ti,' oedd ei ymateb cyntaf.

Ar y noson olaf y bu digwyddiad mawr y tridiau yn Hendygwyn. Roedd y clwb rygbi'n chwarae Penarth yng Nghwpan Undeb Rygbi Cymru. Roedd Penarth bryd hynny yn glwb gyda statws dosbarth cyntaf, o safon tipyn uwch na Hendygwyn a oedd yn chwarae yng Nghynghrair Sir Benfro. Roedd y clwb newydd gael maes newydd, Parc Llwyntygwyn, ym mhen uchaf y dref ond byddai chwarae ar hwnnw bron fel chwarae oddi cartre ac ar gyfer gêm mor bwysig roedd y tîm am chwarae ar yr hen gae, Parc Doctor Williams. Fel roedd hi'n digwydd, roedd stiwdio Radio Bro wedi ei gosod reit wrth ymyl Parc Doctor Williams. O chwarae'r gêm ar Barc Doctor Williams gellid cael sylwebaeth fyw ar y gêm ar Radio Hendygwyn, ac esgus i'r clwb beidio â defnyddio'r maes newydd. Trefniant wrth fodd pawb ond Penarth, a gollodd y gêm 16–6. Daeth Alun Williams yno'n arbennig i sylwebu.

Yr olaf o'r llefydd i ni ymweld â nhw oedd Llwynhendy gyda Gareth Price, a oedd erbyn hynny'n Ddirprwy Bennaeth Rhaglenni, yn gynhyrchydd a'i ysgrifenyddes, Brenda Thomas, tipyn o gymeriad o ardal Llangynwyd, yn rhedeg pethau. Dyna'r tro cyntaf i mi gyfarfod Paul Flynn, a etholwyd wedyn yn Aelod Seneddol Llafur Gorllewin Casnewydd. Roedd Paul newydd ddod yn aelod o Gyngor Darlledu Cymru – sef cyngor llywodraethol BBC Cymru – a daeth ar ymweliad â Llwynhendy i weld beth oedd y Radio Bro yma oedd yn gymaint o destun siarad. Pan gafodd Paul ei gyflwyno i Brenda, tybiodd hi mai gwirfoddolwr oedd e, rhywun y daeth Gareth Price o hyd iddo yn rhywle. Ymhen dim o dro roedd Paul Flynn yn rhedeg i bobman â negeseuon dros Brenda. Wedi i mi ei ganmol am fod yn un parod ei gymwynas, gofynnodd Brenda, 'Pam, pwy yw e, 'te?' 'Dim ond aelod newydd y Cyngor Darlledu,' meddwn innau. Embaras? Braidd, ond ddim cynddrwg â'r tro y bu i mi gomisiynu'r Dr Glyn Tegai Hughes i sgrifennu erthygl i'r *Radio Times* a gorfod ei ffonio i ddweud nad oedd wedi gwneud yr hyn a ofynnais amdano ac na fedrwn ei defnyddio. Bythefnos yn ddiweddarach cafodd ei gyflwyno i mi fel Cadeirydd newydd y Cyngor Darlledu! Cofiaf Radio Llwynhendy – a oedd hefyd yn darlledu i gymunedau Bryn a Bynea – am deip arbennig o gyfrannwr. Bob bore yn gynnar ar eu ffordd i'r gwaith deuai dau neu dri o swyddogion undeb mewn siwtiau i mewn i drafod newyddion y dydd, capelwyr a chefnogwyr rygbi oedd yn siarad Cymraeg graenus. Rwy'n cofio un ohonyn nhw'n gwneud y gosodiad syfrdanol mai Bedyddwyr oedd y chwaraewyr rygbi gorau, a phawb yn mynd yn wyllt benwan. Yn Llwynhendy y darganfuwyd Richard Rees. Roedd Richard yn gwneud tipyn o waith DJ ac yn awyddus i ddarlledu ond roedd ganddo atal dweud. Ond cyn gynted ag y byddai meicroffon ar agor o'i flaen diflannai'r atal dweud. Wedi cael profiad gyda Radio Llwynhendy daeth yn ddarlledwr cyson ac ymuno â staff BBC Cymru.

Dros y flwyddyn neu ddwy wedyn ymwelwyd â Chasnewydd, Pont-y-pŵl, Tonypandy, Merthyr Tudful, Bargoed a Wrecsam i ddarlledu'n Saesneg a Phontardawe, Caerfyrddin a Dolgellau yn Gymraeg. Bûm gyda'r rheini hefyd, a chofiaf y cerddor Glyn Jones – Glyn Pendyrus – ar Radio Merthyr yn cyflwyno rhaglenni o recordiau, recordiau o ganu emynau Cymraeg yn bennaf, a'r rhaglenni'n cael eu darlledu ar fysys y dref. Ar y bws lan i Galon Uchaf, ardal lle roedd nifer o'r hen bobol yn siarad Cymraeg, roedd y teithwyr yn canu gyda'r recordiau. 'It was like a Gymanfa on wheels,' meddai rhywun. Ni chafwyd y cyfarpar na'r presenoldeb Gwyddelig ar ôl y tro cyntaf ac addaswyd stiwdios darlledu allanol BBC Cymru. Y teimlad oedd gen i oedd fod cynhyrchwyr yn rhy barod i ddod â'u cyflwynwyr gyda nhw o Gaerdydd neu Fangor. Unwaith eto, darganfuwyd talentau newydd yn eu plith, gan gynnwys newyddiadurwr ac awdur o'r enw Adam Hopkin a fu'n cyflwyno rhaglen amser cinio i Radio Wales wedi hynny. Un arall a gafodd raglenni wedyn ar Radio Wales oedd Gareth Daniels.

Yn y pen draw, claddwyd yr holl beth oherwydd diffyg brwdfrydedd y BBC yn Llundain. Trueni, oherwydd bu diddordeb mawr yn y prosiect yng Nghymru a thu hwnt. Cofiaf ymweliad gan gynrychiolydd o un o wledydd y Dwyrain Canol. Daeth hefyd nifer o newyddiadurwyr o Lundain, yn eu plith Sean Day-Lewis o'r *Daily Telegraph*, a ddaeth i Gaerfyrddin a sgrifennu'n frwdfrydig am yr arbrawf. Cofiaf amdano dros ginio gyda'r nos yn fy holi am yr iaith Gymraeg ac a oedd modd rhegi ynddi. 'Wrth gwrs,' atebais, 'ond beth yn union sy 'da chi mewn golwg?' 'Wel,' atebodd, 'beth am air fel "fuck"?' Eglurais mai llygriad oedd y gair hwnnw o'r gair Cymraeg 'ffwrch'. Wn i ddim a ydw i'n gywir ond rhoddodd daw ar y ddadl. Daeth gohebydd o'r enw Arthur Sandals o'r *Financial Times* i Fargoed. Roedd Gareth Daniels, swyddog prawf a siaradwr wedi cinio ardderchog, wedi'i swyno gyda'r ffaith fod dyn o'r *Financial Times* wedi dod bob cam i Gwm Rhymni a mynnodd fynd â Sandals a minnau i glwb yfed cyfagos, a hynny er nad oedd hi'n hanner dydd. Eisteddai dyn trwsiadus wrth y bar yn astudio'i bapur newydd gyda thrylwyredd anghyffredin. 'Meurig,' meddai Gareth wrth y gŵr trwsiadus, 'let me introduce you to Arthur Sandals of the *Financial Times*.' 'Never read it,' atebodd y gŵr mewn Saesneg uchel-ael. 'This one's far better for racing tips!' A dal y *Sun* o'n blaenau. Cytunodd Sandals fod hynny'n wir a chafwyd trafodaeth ddysgedig am rasio ceffylau a'r grefft o broffwydo'r canlyniadau. Meurig Richards, clerc y llys lleol, oedd y gŵr trwsiadus, brodor o Gilfynydd a Chymro Cymraeg er gwaetha'i acen. Cafwyd ymweliadau hefyd gan *Broadcast* a *Radio Month*. Roedd yn gyfnod pan oedd amryw o wledydd yn dechrau sôn am sefydlu gorsafoedd radio mwy cymunedol eu natur a chefais gais i sgrifennu erthygl am yr arbrawf i gylchgrawn Llydewig, ond Ffrangeg ei iaith, o'r enw *Breizh*.

Yr olaf o'r gorsafoedd bro oedd Radio Deeside, a sefydlwyd ar y cyd gyda Bwrdeistref Delyn pan gaewyd gwaith dur Shotton ym Mawrth 1980 gyda 6,500 o weithwyr yn colli eu gwaith. Roedd yn ymdrech i godi calon yr ardal yn dilyn yr holl ddiswyddiadau. Yn yr un modd â'r lleill, treuliais gyfnod yng Nghanolfan Hamdden Glannau Dyfrdwy, a oedd yn oer am fod rhaid mynd heibio'r lle sglefrio ar y ffordd i'r stiwdio. Gareth Bowen, un o feibion Merthyr a fu'n olygydd y *Welsh Empire News* cyn dod at y BBC, a John Shone, gynt o'r *Flintshire Leader*, oedd y cynhyrchwyr, a T. Glynne Davies yn gweithio gyda nhw. Roedd Glynne yn mynd trwy gyfnod pur isel ar y pryd ac yn yfed braidd yn drwm a chwynai John wrth Gareth nad oedd yn gwneud llawer o waith. Ateb swta Gareth oedd, 'Gwranda, pan gaewyd yr *Empire News* a finne ar y clwt, Glynne gafodd waith i mi. Mae arna i gymaint â hyn'na iddo fe, felly cau dy geg!' Roedd gen i feddwl uchel o Gareth Bowen. Mab iddo, gyda llaw, yw Jeremy Bowen, Golygydd Materion Dwyrain Canol y BBC.

Ces un foment erchyll o banics. Gofynnais am ganiatâd y Cyngor i osod dwy faner, un bob ochr y ffordd droed dros yr A55, yn agos i'r stiwdio ac arnynt enw Radio Deeside a'r donfedd. Cynghorwyd fi i fwrw ymlaen gan y cymerai oesoedd i gael caniatâd a, beth bynnag, byddai'r orsaf wedi tewi cyn i unrhyw gynghorydd feddwl sôn am y peth. Roedd cwmni yng Nghaerdydd yn gwneud hwyliau cychod a *sign-writing* ac archebais ddau stribed hir o faner i ffitio'n union ar draws y ffordd droed, un bob ochr. Rhoddais y ddau yn eu lle, ond y bore wedyn ces neges frys. Roedd plant oedd yn cerdded dros y bont i'r ysgol uwchradd wedi torri'r rhaffau a oedd yn dal y baneri a'r ddwy'n hongian i lawr bron mor isel â'r cerbydau a oedd yn rhuthro ar hyd ffordd brysuraf y Gogledd. Rhedais yno, tynnu'r ddwy faner i fyny a rhuthro i brynu nifer o gloeon mawr i'w dal yn eu lle. Ac yno y buon nhw am y tri mis y bu'r orsaf ar yr awyr, er na fu un bore pan na fu i mi fynd yn syth i weld a oedden nhw'n dal yn eu lle. Bu'r orsaf yn llwyddiant yn codi ysbryd y gymuned a chryfhau'r cydymdeimlad gyda gwasanaeth Radio Wales, gwasanaeth roedd pobol y Gogledd-ddwyrain yn ei ystyried fel un â'i ogwydd yn ormodol tua

Chaerdydd a'r De. Bu ymgyrch leol i gadw'r gwasanaeth ac o ganlyniad sefydlwyd Radio Clwyd i wasanaethu'r Gogledd-ddwyrain o stiwdio yn hen Dŷ'r Ysgol, Yr Wyddgrug, gan ddod allan o wasanaeth cenedlaethol Radio Wales ar adegau arbennig o'r dydd.

Oddeutu 1980 ymddeolodd Rowland Lucas ac wedi peth ymbalfalu ces fy mhenodi'n Uwch Swyddog Hysbysrwydd yn ei le, ond oherwydd toriadau ni chefais benodi neb yn fy lle a bu Moelwyn Jones a minnau'n ymlafnio i gynnal yr adran a'r gwasanaeth. Mewn ffordd, ysgafnhawyd y gwaith gyda dyfodiad S4C, neu o leiaf y cwynion am brinder – neu ormod – o raglenni Cymraeg. Yn y niwl braidd roeddwn i yn y cyfnod hwnnw, gan na wyddwn beth yn union oedd naws llawer o'r trafodaethau, ond roeddwn yn gorfod wynebu'r fflac. Yr Athro Glanmor Williams (Syr Glanmor wedi hynny) oedd Cadeirydd y Cyngor Darlledu pan ddechreuais weithio i'r BBC ac ar sail ambell sgwrs a ges gydag e ar faes yr Eisteddfod des i'r casgliad nad oedd yn gefnogol i'r syniad o sianel Gymraeg, yn wir nad oedd yn gweld y peth yn dechnegol ymarferol. Er na fûm yn ymwybodol o hynny am ysbaid go dda, roedd agwedd ei olynydd, y Dr Glyn Tegai Hughes, ddaeth yn gadeirydd yn 1971, yn wahanol. Mynnai wybod beth oedd yr anawsterau ac nid oedd mor wrthwynebus i'r syniad o raglenni gwasanaeth cyhoeddus (y BBC) yn cael eu darlledu ochr yn ochr â rhaglenni cwmni masnachol (HTV) a hwyrach gwmnïau annibynnol. Mynnodd wybod beth oedd y drefn mewn gwledydd ar gyfandir Ewrop ac o dipyn i beth newidiodd agwedd BBC Cymru a'r BBC yn Llundain. Yr argraff sydd gen i yw y bu arweiniad Glyn Tegai Hughes yn un cadarn. Argraff, fel y dywedais, gan na wyddwn ddigon am y trafodaethau a disgwylid i mi amddiffyn y sefyllfa swyddogol heb fod yn ddigon ymwybodol fod y tir yn dechrau symud o dan ein traed. Roedd yn anodd weithiau i gael y bobol uwch fy mhen – a chynhyrchwyr o ran hynny – i rannu cefndir stori a allai fod yn drafferthus, yn dilyn ymholiad gan ryw newyddiadurwr neu'i gilydd. 'Dyma'r cwbwl sydd eisie i ti wybod a dyma'r cyfan gei di ddweud wrthyn nhw,' oedd yr agwedd yn fynych. A byddai ambell un yn rhy ddi-hid, neu wedi cael cinio rhy dda, i ddweud cymaint â hynny hyd yn oed.

Roedd Owen Edwards yn llawer parotach i ymddiried ynof. Rwy'n cofio Clive Betts, y *Western Mail*, ar drywydd stori ynglŷn â HTV a'r BBC yn darlledu rhaglenni Cymraeg ar yr un pryd. Roedd dealltwriaeth na fydden ni'n gwneud hynny, gan sicrhau na fyddai Cymry Cymraeg yn colli rhaglen a rhag i'r di-Gymraeg gwyno bod rhaglen Gymraeg ar ddwy sianel o'r tair. Y tro hwn bu rhyw amryfusedd ac roedd HTV yn bwrw'r bai ar y BBC. Ffoniais Owen a gofyn beth oedd yr ateb. Roedd yn amlwg yn poeni a chan na wyddai beth i'w ddweud mynnais gael y stori'n llawn ganddo. 'Mae hynna'n iawn, 'te,' meddwn i. 'Fe rodda i'r cefndir yn fanwl, off the record, i Clive, ac fe ddyweda i wrtho fe, on the record, nad yw'n bosib na phriodol i ni drafod ein perthynas â HTV yn gyhoeddus.' 'Fedri di ddim gwneud hyn'na,' meddai Owen, 'Fedri di fyth drystio Clive Betts.' 'Mi fedra i drystio Clive yn iawn. Fydd dim problem, a bydd ganddo fe stori dda,' meddwn innau. Wedi tipyn o ddadlau dywedodd y cawn fynd ymlaen gyda'r hyn a awgrymwn ond y byddai'n fy sacio petai pethau'n mynd o chwith. 'Iawn,' meddwn innau, 'ac fe ga i godiad cyflog os bydd y stori wrth dy fodd di yn y papur bore fory?' 'O, OK, wna i ddim dy sacio di, ond jyst gwna'n siŵr fod hi'n iawn,' meddai Owen. A chwarae teg iddo, roedd yn fy ffonio i gartre am hanner awr wedi saith fore trannoeth i ddweud mor fodlon oedd e gyda'r stori.

Roedd Clive Betts, er ei fod yn codi dychryn mewn rhai lleoedd, yn newyddiadurwr gonest. Ond roedd rhaid cofio ei fod yn defnyddio un o hen driciau dynion papur newydd, sef rhoi ei lyfr nodiadau yn ei boced ar ddiwedd yr amser penodedig, gan roi'r argraff fod y cyfweliad ar ben. Yn amlach na pheidio byddai'r sawl a oedd yn cael ei gyfweld yn ymlacio ac yn dechrau siarad yn fwy rhydd. Hyd yn oed heb ei lyfr nodiadau, medrai Clive gofio'r cyfan ac os na ddywedid wrtho fod hon yn sgwrs gyfrinachol doedd ganddo ddim cydwybod ynglŷn â defnyddio'r wybodaeth. Llwyddodd i chwarae'r tric ar Geraint Stanley Jones un tro. Yn waeth na hynny, bu'n olygydd y *Welsh Nation*, papur Plaid Cymru, pan oedd y *Nation* yn bapur wythnosol – gwneud y gwaith yn wirfoddol yr oedd, pan oedd yn gweithio i'r *Echo*, gyda help Hywel Gealy Rees – ac fe chwaraeodd yr un tric ar Gwynfor Evans! Ond ni ellid amau proffesiynoldeb y bachan.

Roeddwn yn mwynhau cwmni newyddiadurwyr. Prin fu fy nhripiau tramor ond ces rai i Lydaw, oedd yn braf iawn gan fy mod yn adnabod ac yn hoff iawn o'r wlad – caf ddychwelyd at Lydaw yn nes ymlaen yn y gyfrol. Cafodd *Pobol y Cwm* y syniad o gyfeillio Cwmderi gyda phentref dychmygol yn Llydaw. Ardal Roscoff, ardal roeddwn eisoes yn gyfarwydd â hi ac yn adnabod nifer o'i thrigolion, a ddefnyddiwyd ar gyfer y gwaith allanol. Cyflwynais Robin Rollinson, y cyfarwyddwr, i Madeleine Le Guerc'h, cyn-aelod o staff Neuadd y Dref, a sicrhaodd safleoedd ardderchog mewn dim o dro. Ond y pleser mwyaf oedd mynd allan gyda'r criw a chysylltu eto â gohebwyr y ddau bapur dyddiol, *Ouest-France* a *Le Télégramme*, yn y dref. Mae papurau dyddiol rhanbarthol Ffrainc fel ein papurau wythnosol gorau ni, yn llawn hanesion lleol iawn. Roedd yn llawer haws cymell newyddiadurwyr Llydaw i gymryd diddordeb mewn digwyddiadau ac ymweliadau o'r fath. René Sanquer oedd gohebydd *Le Télégramme* ac Alan Guivarc'h oedd cynrychiolydd *Ouest-France*. Bu'r ddau'n gyfeillion da a chymwynasgar i mi dros y blynyddoedd. Rhoddwyd sylw mawr i'r ffilmio a chafodd un aelod o'r cast, Katell Keineg, Llydawes a fagwyd yng Nghymru, raglen awr ar Radio Breizh Izel. Roedd y gantores Nolwenn Korbell yno hefyd, a bu hithau wedi hynny'n aelod o gast *Pobol y Cwm*.

Soniais yn *Llydaw – ei llên a'i llwybrau* am fynd i Fort-la-Latte, caer drawiadol yng nghyffiniau Saint-Cast a ddefnyddiwyd ar gyfer y ffilm enwog *The Vikings*, a lle, yn Nhachwedd 1988, y bu BBC Cymru mewn cyd-gynhyrchiad gyda FR3, Les Films du Sabre a Red Rooster yn ffilmio ar gyfer ffilm o'r enw *Letters From Patagonia*. Roedd y ffilm wedi ei seilio ar nofel Ffrangeg arobryn o'r enw *Moi, Antoine de Tounens, roi de Patagonie* (Fi, Antoine de Tounens, brenin Patagonia) gan Jean Raspail. Mae elfen wir i'r stori a cheir cyfeiriad ati yn *Patagonia* gan Bruce Chatwin. Cyfreithiwr o Bordeaux oedd Tounens a aeth i Batagonia oddeutu 1865 a chael ei dderbyn fel eu brenin gan y brodorion. Wedi tua blwyddyn, clywodd llysgennad Ffrainc yn Buenos Aires amdano a'i hel adre'n ddisymwth. Yn y nofel mae'r brenin yn ôl yn Ffrainc yn ei hen gastell adfeiliedig ac yn derbyn llythyrau achlysurol oddi wrth ei 'ddeiliaid' ffyddlon. Trefnai gael y llythyrau drwy ddefnyddio ystryw sy'n gyfarwydd i gasglwyr stampiau, sef anfon pecyn oedd yn cynnwys amlen wedi'i chyfeirio iddo'i hun gyda swm priodol o arian i swyddfa bost ym Mhatagonia a chais iddyn nhw roi stamp ar yr amlen a'i phostio'n ôl. Felly y treuliai'r hen 'frenin' ei ddyddiau yn ei gastell yn synfyfyrio a derbyn y llythyron a oedd yn cynnal yr anwiredd a ddywedodd wrth ei gymdogion.

Cofiaf yn dda gyrraedd Saint-Malo ar fore braf o Dachwedd. Nid oedd trydan yn y castell ac roedd yn rhaid cael peiriannau cynhyrchu trydan ar gyfer goleuadau a thanau nwy ar gyfer gwres ac i wneud bwyd i'r cast a'r criw niferus. Chwaraeid rhan yr hen 'frenin' gan Pierre Dux, actor enwog yn Ffrainc a oedd bryd hynny tua 80 oed, a chan ei fod yn hen aed ag ef i ben y tŵr y peth cyntaf yn y bore a'i adael yno am weddill y dydd gyda phentwr o gotiau mawr a thân nwy a byddai rhywun yn dod â bwyd a choffi iddo. Roedd yn gamp i unrhyw un, hen neu ieuanc, gyrraedd pen uchaf y tŵr a hynny drwy esgyn ysgol eithaf bregus â rhaff i ddal wrthi. Roeddwn wedi trefnu ffotograffydd lleol gyda chymorth Brittany Ferries a chofiaf un llun ardderchog a dynnodd o'r hen 'frenin' yn dal baner

Llydaw ar y tŵr a'r môr glas yn gefndir. Doeddwn i ddim yn y llun – roeddwn i'n gorwedd ar lawr o olwg y camera yn dal y faner gyda'm holl nerth am ei bod yn rhy drwm i'r hen Pierre Dux. Bu farw, gyda llaw, ddwy flynedd yn ddiweddarach. Nid oedd a wnelo Llydaw ddim â'r stori – cynllwyn i ddenu mwy o gyd-gynhyrchwyr i'r prosiect oedd hynny, er bod Raspail, yn ei nofel, wedi seilio'i ddisgrifiad o gastell y 'brenin' ar y Fort-la-Latte. Un o'r actorion eraill oedd y diweddar Ray Gravell, a chwaraeai ran Le Professeur Gallois. Nid oedd e yn Llydaw, o leiaf ddim y diwrnod hwnnw. Treuliais y dydd yn gwylio'r ffilmio yn y castell ac ar y creigiau uwch y môr. Er gwaethaf fy ymdrechion yn trefnu lluniau a sgrifennu erthygl ddifyr a lliwgar – yn fy marn i – ofer fu'r llafur. Wn i ddim pam, ond nid ymddangosodd *Letters From Patagonia* yn ôl y bwriad yn Gymraeg, Saesneg nac yn Llydaweg. Bu'r prosiect yn fethiant yn ôl yr hyn a ddywedodd John Hefin, Pennaeth Drama BBC Cymru, wrthyf ond rwy'n amau na chlywais y stori i gyd. Roedd enwau amlwg yn gysylltiedig â'r prosiect. Y cyfarwyddwyr oedd Marc Evans a Stephen Bayly. Addaswyd y llyfr ar gyfer y sgrin gan Ruth Carter, a oedd, fel Stephen, wedi gweithio ar *Joni Jones*, *Rhosyn a Rhith* ac *Aderyn Papur*, a ddarlledwyd yn nyddiau cynnar S4C. Fy unig gysur yw i mi dreulio rhai dyddiau hyfryd mewn rhan anghyfarwydd o Lydaw. Des â phentwr o luniau yn ôl gyda mi, a heddiw byddwn yn falch o gael fy nwylo ar un neu ddau ohonyn nhw, ond ofer fu'r ymdrech honno hefyd. Mae'n debyg i'r ffilm gael ei chwblhau yn Ffrangeg a'i rhyddhau i sinemâu yn 1991 dan y teitl *Le Jeu du Roi* (Gêm y Brenin).

Treuliais gyfnodau byr yn gweithio yn Swyddfa'r Wasg BBC Llundain, a gweld mor gyflym roedd yr agenda newyddion yn newid a symud ymlaen. Rwy'n cofio un bore Llun yng ngwanwyn 1980 pan aeth holl gerddorfeydd y BBC ar streic a minnau yn y swyddfa ar fy mhen fy hun – digwyddiad anarferol iawn. I fyny hyd hanner dydd roedd y teleffons yn sboncio gyda gohebwyr o bobman yn holi am fanylion, eisiau datganiadau, eisiau gwybod beth fyddai'n digwydd nesaf. Yna, am hanner dydd, tawelodd y cyfan, ac er i'r streic barhau am fisoedd, gan amharu ar y Proms, o hynny ymlaen y cyfan a gawn fyddai un alwad y dydd gan ohebydd *showbiz* y **PA**. Profiad diddorol oedd canfod mor fyr yw diddordeb y cyfryngau Llundeinig.

Roedd hi'n fwy hamddenol yn ôl yng Nghymru ond fe allai'r diddordeb mewn stori barhau'n hwy nes mynd yn syrffed – o leiaf i'r sawl a oedd yn ceisio delio gyda'r ymholiadau! Erbyn hynny roedd fy mhenaethiaid yng Nghymru wedi dewis penodi John Watkin, cyn-gynhyrchydd yn yr Adran Blant a fu am bedair blynedd yn gweithio gyda Theledu Brunei, yn bennaeth dros adran y cyhoeddwyr ac adran y wasg. Un o gampau Watkin fu prynu'r gyfres *Dallas* i Deledu Brunei cyn i'r BBC ei phrynu. Gwlad fechan, gyfoethog, yw Brunei, yn rhan ogleddol ynys Borneo, ac anodd dyfalu beth fu effaith *Dallas* ar y rhannau hynny o'r ynys a oedd yn parhau i fod mewn cyflwr cyntefig. Fu Watkin ddim gyda ni'n hir cyn symud ymlaen at HTV ac wedyn at gwmni masnachol a oedd yn cynhyrchu coed Nadolig ffug. Sefydlodd gwmni teledu annibynnol wedyn a fu'n gyfrifol am y gyfres *Trotian*. Bellach mae'n bridio alpacas yn y bryniau uwchlaw Ffair Rhos.

Bûm yn allweddol i un penodiad yn ystod y cyfnod hwnnw, sef penodi Eddie Butler yn Swyddog y Wasg. Tebyg ei fod yn un o'r penodiadau olaf a wnaed lle roedd y broses yn nwylo'r Adran Bersonél yn Llundain. Roedd yn rhaid i'r ymgeiswyr anfon eu ffurflenni cais i Lundain a nhw fyddai'n tynnu'r rhestr fer. Ces eu rhestr fer ynghyd â'r holl ffurflenni cais, ac o ran diddordeb edrychais drwy'r cyfan, y rhai oedd i'w cyfweld a'r rhai aflwyddiannus. Ymhlith y rhai aflwyddiannus gwelais un gan Edward Butler, athro ieithoedd mewn ysgol fonedd ac un a fu ychydig cyn hynny yn gapten tîm rygbi Cymru. Gwyddwn ei fod yn ddyn galluog a ffoniais Llundain gan awgrymu y byddai'n syniad da i'w gynnwys ar y rhestr fer, petai ond iddo sylweddoli bod gan BBC Cymru ddiddordeb ynddo. Y canlyniad – annisgwyl – oedd iddo wneud argraff dda iawn yn y cyfweliad a chael ei benodi. Fel y disgwyliwn, tua blwyddyn y bu yn yr adran cyn cael ei ddenu i'r Adran Chwaraeon. Datblygodd yn ddarlledwr heb ei ail, yn un o brif sylwebyddion rygbi'r BBC ac un o'r sgrifenwyr gorau a mwyaf difyr am y gêm.

Yn 1983 y dechreuodd y gystadleuaeth BBC Canwr y Byd Caerdydd, gyda chystadleuwyr o bob rhan o'r byd yn dod i Gymru. Tyfodd yn gystadleuaeth a ystyrir yn un o'r pwys mwyaf yn y byd opera, a hynny ledled y byd. Bûm yn ymwneud llawer iawn â hi yn y blynyddoedd cynnar a chafodd sylw eang ym mhapurau Llundain, diolch i David Stevens a ddaeth i lawr o Lundain ar fy nghais. Roedd gan David brofiad yn hyrwyddo'r rhaglen boblogaidd *Sunday Night at the London Palladium*, ATV, ac roedd ganddo stôr o straeon am Lew Grade, heb sôn am ddawn yn dynwared Grade yn siarad. Roedd ganddo wir gariad at gerddoriaeth a Chymru. Daliais i wneud rhywfaint â chystadleuaeth Canwr y Byd, a gynhelir bob yn ail flwyddyn, gan gynnwys sgrifennu adroddiadau i wahanol bapurau a chylchgronau a blogian i wefan y BBC.

Wedi'r newidiadau yn ymwneud â hawlfraint rhestri rhaglenni yn dilyn Deddf Darlledu 1990, diflannodd yr hen gysylltiad agos – a thrafferthus – gyda'r *Radio Times*. Roeddwn yn agosáu at yr hanner cant ac yn edrych am gyfle i ddianc. Daeth hwnnw pan ffarweliodd Gareth Price, a oedd erbyn hynny yn Rheolwr BBC Cymru, ac y penodwyd Geraint Talfan Davies yn ei le. Ar ôl cyrraedd yr oed hwnnw dechreuais wneud ymholiadau parthed ymadael. Awgrymais gynllun ad-drefnu'r adran i Wyn Mears, a oedd newydd ei benodi'n Ysgrifennydd BBC Cymru, cynllun a fyddai'n golygu fy mod i'n cael fy niswyddo, ac wedi deg mis ymadewais â'r staff.

Bachu ar gyfle oeddwn i, mewn gwirionedd, oherwydd yr oeddwn yn adnabod Geraint Talfan ers y dyddiau pan oedd yn gweithio i'r *Western Mail* ac yr oedd ei benodiad yn un yr oeddwn yn bersonol yn ei groesawu. Fel y bu pethau, cefais y cyfle i barhau i weithio'n bur gyson i'r BBC am flynyddoedd wedi hynny, am gyfnod o dros ddeng mlynedd i fod yn fanwl.

Ar fy liwt fy hun

YN HANNER CANT oed dyma gyfle i ddechrau gyrfa newydd dan amgylchiadau ffafriol, er na chefais adael mor fuan ag y dymunwn. Bu'n rhaid cyflawni rhai addewidion yr oeddwn wedi bwriadu eu neilltuo ar gyfer y cyfnod wedi ymadael yn ystod yr adeg yr oeddwn yn dal gyda'r BBC. Felly, pan ddaeth amser ymadael roeddwn yn barod am ysbaid o ymlacio. Byddwn yn derbyn pensiwn llawn ac yn cael swm go lew a oedd yn golygu nad oedd gen i ddyledion a bod y morgais wedi'i dalu. Wyddwn i ddim yn iawn beth roeddwn i'n mynd i'w wneud, er bod gen i rai syniadau. Daeth amryw ataf yn ystod y misoedd cyn i mi ymadael, gweithwyr oedd wedi, neu ar fin, gwneud yr un fath â mi, ond eu bod hwy'n dianc tua'r annibynia a elwid S4C. 'Gei di ddigon o waith, boi, bydda i ar dy ôl di, paid poeni!' Gwaith ymchwilio oedd ganddyn nhw mewn golwg ond chlywais i erioed air gan yr un ohonyn nhw, er nad oedd hynny'n poeni dim arna i ar y pryd. Clywais yr un stori gan lawer un arall a adawodd yr un pryd â mi.

Rai blynyddoedd cyn hynny roeddwn wedi cofrestru am gwrs gradd uwch – er nad oedd gen i radd gyntaf! – yn Ysgol Newyddiaduraeth Coleg Prifysgol Cymru Caerdydd, cwrs am radd M.Sc. (Econ). Profodd yn gwrs difyr ac yn gyfle i osod llawer o'r hyn a ddysgais yn y maes mewn cyd-destun. Dysgais hefyd sut i lunio traethodau academaidd a phethau pwysig fel nodi ffynonellau yn y dull cywir ac yn y blaen. Er y gall cyfrifoldebau swyddog y wasg fod yn feichus, nid oedd swm y gwaith yn enfawr ac roedd yr Adran Hysbysrwydd wedi mynd yn 'gyfrifiadurol', yr adran gyntaf o fewn y BBC i wneud hynny. Es ati'n syth i ddysgu trin y system newydd a medrwn ddod i'r swyddfa ar brynhawniau Sul i sgrifennu traethodau ar y cyfrifiadur. Gweithiais yn galed a gwneud yn dda a chael o gwmpas 70 y cant yn gyson am fy nhraethodau. Bydden ni'n cael darlithoedd yn y coleg bob nos Fercher, ac weithiau dros benwythnos, a chrëwyd cymdeithas gyfeillgar o fyfyrwyr a ddaeth i adnabod ei gilydd yn dda. Dechreuodd y cwrs gyda 25 o fyfyrwyr ac o fewn dim roedd y nifer wedi disgyn i 19, ond hyd y cofiaf ni adawodd neb wedi hynny. Roedd y trawsdoriad yn ddiddorol – athrawon, darlithwyr coleg, cyfreithwyr, pobol ifanc newydd raddio a rhai fel minnau a fu ym myd papurau newydd, radio neu deledu ers blynyddoedd. Bydden ni'n mynd i dafarn wedi'r darlithoedd ac yn trafod ein marciau – roedden ni'n gyfeillgar a chystadleuol hefyd. Yr unig gŵyn oedd gen i oedd fy mod i ac eraill o'r BBC yn talu am y cwrs o'n pocedi ein hunain tra bod HTV yn talu ffioedd eu gweithwyr hwy. Dewisais deledu cebl ar gyfer fy nhraethawd estynedig a chefais ganmoliaeth amdano, a chynigion o Brifysgolion Stirling a Loughborough i fwrw ymlaen gyda'r pwnc er mwyn cael Doethuriaeth. Uwch-ddarlithydd o Loughborough oedd yr arholwr allanol, dyn o'r enw Guy Murdoch, y digwyddais daro arno mewn cynhadledd ychydig wedi i mi orffen y cwrs. Gofynnodd i mi a fyddwn yn dymuno parhau gyda'r pwnc. Yn y diwedd gwrthodais. Roeddwn wedi bod yn meddwl hwyrach y deuai cyfle am ychydig o waith darlithio yn y cyfryngau o gael gradd uwch yn y pwnc. Ddaeth dim o hynny 'chwaith.

Wel, ddim yn hollol. Ychydig cyn gadael y BBC ces alwad ffôn gan Ganadiad o'r enw Tom Fox yn dweud bod fy enw dan ystyriaeth i roi darlith mewn cynhadledd wedi ei threfnu gan yr International Council for Educational Media yn Reykjavík, prifddinas Ynys yr Iâ. Synnais fod y bobol yma'n gwybod amdanaf, ond meddyliais hwyrach eu bod yn gwybod am y radd uwch yng Nghaerdydd a'm traethawd estynedig ar deledu cebl. Cawsom sgwrs am fy nghefndir, a'r radd uwch a'r traethawd estynedig a'r hyn y meddyliwn a fyddai'n briodol ar gyfer darlith, a swniai Mr Fox yn fodlon iawn. Cefais gynnig mynd yn y man a'r lle. Roedd wythnos y gynhadledd yn syrthio bron yn union ar ddyddiad fy ymadawiad â'r BBC. Thema'r gynhadledd oedd 'Her Technoleg Gwybodaeth a'r Cyfryngau Cyhoeddus i Gymdeithasau Ieithyddol Bychain' a'r dasg oedd rhoi darlun o sefyllfa Cymru. Disgwylid i mi ddarparu'r Crynodeb (Abstract) yn bur sydyn a chawn rai misoedd i lunio'r ddarlith – gan fod y darlithoedd i gyd i'w cyhoeddi'n gyfrol. Gan nad oeddwn yn gyfarwydd â phethau o'r fath, lluniais y ddarlith yn gyntaf a'r Crynodeb wedyn felly roedd y gwaith wedi'i hen orffen a chefais fynd i fwynhau fy hun ar Ynys yr Iâ heb gwmwl ar fy ffurfafen, heblaw gorfod traddodi'r ddarlith.

Aeth popeth yn dda iawn. Roeddwn i fod i rannu sesiwn prynhawn ar yr ail ddiwrnod gyda Pétur Gunnarsson, llenor a bardd o Ynys yr Iâ, a Rosemarie Kuptana, Llywydd yr Inuit yng Nghanada. Trwy lwc, wnaeth Rosemarie ddim cyrraedd tan y diwrnod canlynol gan ei bod yn disgwyl datganiad gan y llywodraeth oedd o bwys i'r cymunedau lleiafrifol. Rwy'n dweud trwy lwc am i hyn roi mwy o amser i Pétur a minnau, ond yn bwysicach, ni fu raid i ni gystadlu gyda hi oherwydd pan glywson ni anerchiad Rosemarie yn hwyrach yn yr wythnos roedd hi'n ysgubol. Clywsom am ei phrofiad yn cael ei llusgo oddi wrth ei rhieni a chymuned yr Inuit gan yr awdurdodau yng Nghanada a'i gosod mewn ysgol breswyl. Roedd hanner y gynulleidfa yn eu dagrau, gan fy nghynnwys i. Wn i ddim sut y byddwn i wedi dygymod petawn wedi gorfod siarad ar ei hôl hi. O leiaf mae Canada wedi ymddiheuro am yr hyn a wnaeth y wlad i'w chenhedloedd gwreiddiol, yn wahanol i'r Awstraliaid.

Roedd siaradwyr yno hefyd o'r Unol Daleithiau, Catalonia, Yr Almaen, Ffindir yn ogystal ag Ynys yr Iâ. Un o uchafbwyntiau'r wythnos oedd clywed a chyfarfod Vigdís Finnbogadóttir, Arlywyddes y wlad. Dynes hardd yn ei chwedegau ydoedd ar y pryd, ond heb edrych ddiwrnod yn hŷn na deugain. Fe'i cofiaf yn trafod pwnc dirywiad iaith a diflaniad yr hen gystrawennau a'r priod-ddulliau, gan ofyn cwestiynau e.e. pa iaith sydd bwysicaf – iaith y genhedlaeth hŷn ynteu iaith y genhedlaeth ifanc? A oes gan yr awdurdodau ddyletswydd gyfansoddiadol i ymateb i ddirywiad iaith? A yw dirywiad iaith yn fygythiad i sofraniaeth cenedl? A chofiaf rai o'r priod-ddulliau a gyflwynodd yn enghraifft o gyfoeth ei hiaith:

Viðræðurn eru sigldar í strand – Mae'r trafodaethau wedi rhedeg i fyny'r traeth (h.y. methwyd â dod i gytundeb);

Frammistaða hans var ekki uþþ á marga fiska – Nid oedd ei ganlyniadau werth llawer o bysgod (h.y. werth dim).

Frambjóðendurnir leiddu saman hesta sína í sjónvarþssal – Ymddangosodd yr ymgeiswyr ar y teledu i arwain eu ceffylau gyda'i gilydd (h.y. ymddangosodd yr ymgeiswyr mewn dadl deledu).

Mae gwreiddioldeb siaradwyr rhai o'r ieithoedd hyn yn rhyfeddod i mi. Mae siaradwyr Islandeg wedi addasu'r gair am edau – 'síma' – ar gyfer teleffon, a darn o edau, sef 'farsíma', yw'r ffôn symudol. Draw ym mhen draw'r byd Llydaw – Penn ar bed, neu Finistère – mae dwy dafarn, un o'r enw 'Jabadao' (sef enw ar ddawns wyllt) ac un arall heb fod nepell, 'Diskuiz' (y gair Llydaweg am ddadflino). Da iawn, yn fy marn i. Un peth na wnes i erioed ei ddeall yw pam mae ysgolheigion yn mynnu galw iaith y sagas yn Hen Norseg yn hytrach nag Islandeg, oherwydd ni fu fawr ddim newid i'r iaith ar Ynys yr Iâ ar draws y canrifoedd a medrant ddarllen yr hen straeon yn y gwreiddiol heb drafferth yn y byd. Snobyddiaeth academyddion, mae'n debyg.

Ond i ddychwelyd at y gynhadledd honno yn Reykjavík. Syndod ar y bore cyntaf oedd canfod yr arlywyddes y tu ôl i mi yn y ciw wrth y peiriant coffi. Mwmiais rywbeth am y mwynhad a ges yn gwrando ar ei haraith. Diolchodd i mi gan ychwanegu nad oedd hi'n siarad yn ei hiaith gyntaf. 'Wel, na finnau 'chwaith, o ran hynny,' meddwn innau. 'O,' meddai hithau, gan ddangos diddordeb sydyn a syllu ar y bathodyn gyda fy enw ar fy siaced ac oddi tano 'Great Britain', 'pa iaith ydych chi'n siarad?' 'Cymraeg,' atebais. Sioncodd i gyd a gofyn am hanes yr Athro Gwyn Jones, awdurdod a chyfieithydd rhai o'r sagas i'r Saesneg, a wnaed yn Gadlywydd Urdd yr Hebog ganddi, sef yr anrhydedd sy'n cyfateb i Farchog ar Ynys yr Iâ. Yn ystod yr wythnos ces sawl sgwrs gyda Frú Vigdís, fel y cynghorwyd fi i'w chyfarch gan ddynes y bûm yn sgwrsio â hi ar yr awyren i Reykjavík. Cafwyd derbyniad ar ddiwedd y gynhadledd yn ei chartre arlywyddol. Dywedodd wrthyf ei bod wedi clywed gan ei chynorthwywr personol i mi roi anerchiad 'hardd' iawn a diolch i mi yn enw trigolion Ynys yr Iâ.

Fel y nodais, gan i mi orfod gorffen paratoi fy narlith mewn da bryd roedd gen i amser i ymchwilio i hanes y wlad cyn y gynhadledd a gwyddwn yn dda am ei thraddodiad democrataidd. Ar ddiwedd y gynhadledd aed â ni ar daith mewn bws i fannau o ddiddordeb o fewn cyrraedd i Reykjavík, yn eu plith Þingvellir lle cynhelid cyfarfodydd llywodraeth y wlad, yr Alþingi, cyn belled yn ôl â 930 O.C. Wrth glywed rhyw ŵr barfog, cydnerth yn sôn wrthon ni am y senedd wych honno, gwichiodd Saesnes – oedd yno o Gatalonia – wrthyf, 'What is he saying, we have the Mother of Parliaments!' Edrychais arni mor dosturiol fyth ag y medrwn cyn ateb, 'Come now, surely you never actually believed that, did you?' Edrychai fel pe bai wedi ei llwyr ddadrithio.

Un Sais o Loegr oedd yno ac roedd y gynhadledd drosodd bron cyn i mi ei gyfarfod. John Bell oedd golygydd y gyfrol oedd i'w chyhoeddi yn dilyn y gynhadledd a bu'n gweithio yn Adran Addysg y BBC yn Llundain. Dywedodd wrthyf ei fod yn disgwyl rhywun tipyn byrrach na mi o Gymru. Yn cydoesi â mi yn y BBC yng Nghaerdydd roedd Gwynn Cadnant Griffith, Pennaeth Adran Addysg BBC Cymru, brodor o Flaenau

Ffestiniog. Roedd Gwynn, fel finnau, wedi ymddeol yn gynnar, tua dwy flynedd o 'mlaen i. Pan oedd y ddau ohonon ni yn gweithio i'r BBC caem lythyrau a galwadau teleffon ein gilydd o dro i dro. Bryd hynny y sylweddolais mai Gwynn Cadnant oedd i fod i gael ei wahodd i siarad yn y gynhadledd! Felly, Gwynn, os wyt ti'n darllen hyn o eiriau, mae'n wir ddrwg gen i – wnes i jyst ddim meddwl. Bu yna un digwyddiad arall ar ddiwrnod olaf y daith honno. A ninnau'n sefyll ger un o'r rhaeadrau mawreddog sy'n nodweddiadol o Ynys yr Iâ, pwyntiodd ein tywysydd at fryn gerllaw ac meddai, 'Dyna'r lle sy'n cael y mwyaf o law yn yr holl wlad, deirgwaith gymaint o law â Blaenau Ffestiniog!' Bobol bach, oedd hwnnw hefyd yn disgwyl gweld Gwynn Cadnant Griffith? 'Sut gwyddech chi faint o law maen nhw'n gael ym Mlaenau Ffestiniog?' holais. 'Un o fy myfyrwyr sy wedi gwneud prosiect ar Gymru,' atebodd.

Dechreuodd fy nghyfnod o weithio ar fy liwt fy hun yn dda. Ces fynd allan i Lydaw i wneud rhaglen am Sioni Winwns i S4C, gyda Lyn Ebenezer yn cyflwyno. Nid yn unig hynny, a minnau'n dychwelyd o ginio ar fy mhrynhawn olaf ac yn gorffen clirio fy nesg, canodd y ffôn. Gareth Jenkins o'r *Western Mail* oedd yno. 'Clywed bo ti'n ymddeol, oes awydd arnat ti fod yn feirniad teledu i ni am ychydig wythnosau tra bod Gethyn ar wyliau?' Gethyn Stoodley Thomas oedd y beirniad teledu arferol. Cytunais, ac ar y dydd Llun canlynol roeddwn yn dychwelyd drwy ddrysau'r BBC yn Llandaf i gynhadledd i'r wasg i ddatgelu cynlluniau'r BBC ar gyfer darlledu Cwpan Rygbi'r Byd 1991. Toc wedi i mi orffen ceisio llenwi sgidiau Gethyn ces wahoddiad i fod yn feirniad radio'r *Western Mail*, am yn ail wythnos â Herbert Williams, ac wedyn ar fy mhen fy hunan. Wn i ddim pam, ond roedd y papur am i mi ganolbwyntio ar raglenni rhwydweithiau Llundain. Fedra i ddim cofio am ba hyd y parhaodd hynny, pum neu chwe blynedd, efallai mwy. Cafwyd gwared ar Gethyn, Wyn Lloyd, a oedd yn adolygu rhaglenni teledu Cymraeg, a minnau yr un pryd, sef pan roddodd S4C y gorau i gyhoeddi *SBEC* ac y cafodd ei ymgorffori yng nghylchgrawn *Week End* y *Western Mail* a'i gyhoeddi gyda rhifyn bore Sadwrn y papur. Cofiaf mai Carolyn Hitt roddodd wybod i mi 'mod i'n cael y sac, a Hittman fuodd hi i mi byth wedyn. Doedd dim llawer o ots gen i. O wneud y gwaith yn iawn roedd yn cymryd amser. Os ydych am adolygu rhaglen hanner awr, rhaid treulio hanner awr yn gwrando arni, a doedd y tâl ddim yn fawr. Ond gan fy mod yn adnabod swyddogion cyhoeddusrwydd radio'r BBC yn Llundain cawn wasanaeth gwybodaeth ardderchog a phentwr o dapiau'r rhaglenni o leiaf bythefnos cyn y bydden nhw'n cael eu darlledu. Roedd hynny'n hwyluso pethau gan y medrwn wrando ar y rhaglenni pryd y mynnwn.

Wedi i'r *Western Mail* gael gwared ohona i, a minnau'n methu atal y llif gwybodaeth a thapiau a ddeuai'n ddyddiol drwy'r post, cynigiais wneud colofn wythnosol i'r *Morning Star*, ond un yn edrych ymlaen yn hytrach nag adolygu. Ces fy nhynnu i fewn i sgrifennu adroddiadau i'r papur asgell chwith adeg Eisteddfod Castell Nedd yn 1994. Daeth criw ohonon ni o gyffelyb dueddiadau gwleidyddol, os o wahanol bleidiau, ynghyd i drefnu a darparu erthyglau – Robert Griffiths gynt o staff Plaid Cymru yn y Senedd, ond sydd bellach yn Ysgrifennydd Cyffredinol y Blaid Gomiwnyddol Brydeinig, Meic Birtwistle, undebwr yn y byd teledu ac aelod o'r Blaid Lafur, Gareth Miles, a oedd hefyd yn aelod o'r Blaid Gomiwnyddol, a minnau'n aelod o Blaid Cymru. Trefnwyd erthyglau ymlaen llaw gan Rob a Meic, a oedd yn cynnwys rhai gan Rhodri Morgan, Ron Davies ac Adam Price, a ches innau'r gwaith o sgrifennu un stori newyddion y dydd ac erthygl fawr ar gyfer dydd Sadwrn. Fe fwynheais y gwaith, a des yn ffrindiau gyda'r golygydd, John Haylett, Sgowsar oedd yn gysurus ymhlith Cymry. Daliais ati i sgrifennu ambell erthygl nodwedd i'r papur. Cofiaf anfon erthygl o Ŵyl Ffilmiau Douarnenez, Llydaw, a chyfarfod cyfnither i ffrind a honno'n sgrifennu adroddiadau i *l'Humanité*, papur dyddiol

Plaid Gomiwnyddol Ffrainc. Nid oedd angen perswâd ar John y byddai colofn radio o ddiddordeb i ddarllenwyr y *Morning Star* a dechreuais sgrifennu colofn ragflas wythnosol i'r papur a aeth yn fuan yn golofn ddyddiol. Mae cynhyrchwyr radio yn medru bod yn fwy dadleuol a radicalaidd na'u cyfoedion ym myd teledu. Mwyaf i gyd sy'n gwylio a gwrando, mwyaf ceidwadol yw'r cynnwys.

Fedra i ddim cofio am ba hyd y bûm yn sgrifennu'r golofn ddyddiol – o leiaf ddeng mlynedd – ac rwy'n parhau i adolygu llyfrau i'r papur. John yn fwy na neb gafodd berswâd arna i i ymuno â'r Blaid Gomiwnyddol maes o law. Bu dyfodol y blaned yn bwnc o ddiddordeb a gofid i mi ers blynyddoedd, a fedra i ddim gweld sut y gellir ei hachub o dan drefn o drachwant cyfalafol – ffaith a ddaeth yn fwy a mwy amlwg gyda threigl y blynyddoedd. Gwelsom y cyfryngau torfol yn rhoi llais i'r rhai sy'n gwadu bod yr hinsawdd yn cynhesu ac yn honni nad ni – pobl a diwydiant – sy'n gyfrifol am hynny. Cydbwysedd, medden nhw. Ond pa synnwyr sydd mewn tafoli gwirionedd gydag anwiredd? Rwy'n bur sicr fy meddwl fod y dechnoleg i'n cadw rhag mynd ar ein pennau i ddifancoll yn bodoli, ond yr un mor bendant nad yw'r ewyllys gwleidyddol yna i ddatblygu a defnyddio'r dechnoleg honno. Fy ngofid, fel tad a thad-cu, yw ein bod eisoes y tu hwnt i'r pwynt diadlam.

I ddychwelyd at fy ymadawiad â'r BBC, lai na mis wedi i mi fynd ces gais i ddychwelyd i gynhyrchu llyfryn am BBC Cymru, gan fod Llywodraethwyr y Gorfforaeth yn dod ar eu hymweliad – un bob tair blynedd – â Chymru. Gyda blerwch arferol y Gorfforaeth, anghofiwyd penodi neb yn fy lle, gan gredu hwyrach 'mod i'n gwneud dim ac nad oedd angen gwneud hynny. Roedd Dennis Francis, gynt o'r IBA a HTV, newydd adael Croes Cwrlwys yn dilyn toriadau a daeth i Landaf i wneud fy swydd dros dro. Gwyddwn am Dennis, er nad oeddwn yn ei adnabod yn iawn, a daethom yn gyfeillion. Roedd yn ddyn eang ei ddiwylliant a'i wybodaeth ac yn gampwr ar ddatrys posau croeseiriau, ac un tro fe'i gwahoddwyd i ymuno yng nghystadleuaeth croeseiriau'r *Times*. Ychwaneger at hynny hiwmor cyn syched â'r Sahara a dyna gwmnïwr na ellid dymuno'i well. Roedd bron yn Nadolig cyn i mi orffen fy mhrosiect, gan fod y byd a'i frawd am newid neu ychwanegu rhywbeth i'r llyfryn. Tua'r un adeg cynhaliwyd cyfweliadau am fy hen swydd ac roedd Dennis ymhlith yr ymgeiswyr. Roedd yr Amgueddfa Genedlaethol wedi ceisio'i ddenu ers tro ond byddai'n well ganddo aros yn y BBC. Cafodd Dennis ei gyfweliad, ond ar y bore hwnnw ffoniodd un o'r ymgeiswyr eraill i ddweud ei fod newydd dderbyn y llythyr yn ei wahodd i'r cyfweliad ac na fedrai byth gyrraedd mewn pryd. Dywedyd wrtho y byddai aelodau'r panel penodi yn cyfarfod eto ymhen wythnos a chafodd ei wahodd i gyfweliad y diwrnod hwnnw. O glywed hynny, a theimlo na chafodd gyfweliad da, derbyniodd Dennis gynnig yr Amgueddfa. Ymhen yr wythnos cafodd Dennis gynnig y swydd gan y BBC, ond roedd yn rhy hwyr. Ni theimlai'r panel y medren nhw gynnig y swydd i neb arall a dyma fi 'nôl dros dro yn fy hen swydd.

Roedd *conflict of interest* bellach, gan fy mod yn adolygu rhaglenni radio i'r *Western Mail*. Ymateb Wyn Mears oedd, 'Paid poeni, bydd popeth yn iawn!' Daliais ati i adolygu rhaglenni'r BBC gyda'r nos ac amddiffyn y Gorfforaeth yn ystod y dydd. Dim ond unwaith y ces awgrym o feirniadaeth gan un o'r penaethiaid, a ddywedodd yn sychlyd wrtha i un diwrnod, 'Gweld bod y ffaith bo ti'n ôl yn gweithio yma yn lliniaru dim ar dy farn am ein rhaglenni radio!' Doedd hynny ddim yn hollol wir. Rwy'n cofio Radio 3 neu Radio 4, ychydig ddyddiau cyn etholiad cyffredinol Ebrill 1992, yn darlledu drama wedi ei seilio ar y Visigoths yn ymosod ar Rufain ar ddechrau'r bumed ganrif O.C. Drama mewn diwyg cyfoes oedd hon, gyda'r Barbariaid yn meddu ar siwtiau streipiau a ffonau symudol ac yn swnio'n debyg iawn i rai o arweinwyr y Blaid Dorïaidd. Beth ar y ddaear oedd y BBC yn ei wneud yn darlledu drama fel hon wythnos cyn yr etholiad oedd y cwestiwn yn fy meddwl. Ond gan mai fi fyddai'n gorfod ateb y cwestiwn, penderfynais anwybyddu'r ddrama.

Un prynhawn Sul roedden ni allan fel teulu yn y car a chlywais Ray Gravell yn cyflwyno rhaglen o gerddoriaeth glasurol boblogaidd ar Radio Wales. Hoffais ei frwdfrydedd a'r wythnos wedyn sgrifennais ddarn yn ei ganmol. Y Llun wedi i'r darn ymddangos yn y *Western Mail*, pwy ruthrodd i mewn i'r swyddfa ond Ray. 'Gwyn, achan, diolch yn fowr i chi, ry'ch chi'n rhy garedig, o'ch chi wir yn meddwl be sgrifennoch chi dydd Sadwrn? Gwyn, achan, chi'n llawer rhy garedig...' Dyna'r tro cyntaf i mi sylweddoli un mor ansicr a dihyder oedd Ray yn y bôn. Am hydoedd wedyn byddai'n sôn am fy nghyfeiriad at ei raglen. Arfer ambell gyflwynydd a sylwebydd oedd cwyno pan deimlai na chafodd ei haeddiant a dweud dim ar ôl cael mwy na'i haeddiant.

Bûm wrth fy hen ddesg am chwe mis arall cyn y penodwyd Huw Rossiter i fy olynu yn Swyddfa'r Wasg. Roeddwn yn adnabod Huw, Cymro Cymraeg o Lyn Nedd, ers ei ddyddiau ar y *South Wales Evening Post* yn Abertawe ac wedi rhoi mymryn o hwb i'w achos pan gafodd ei benodi'n swyddog cyhoeddusrwydd rhaglenni addysg y BBC yn Llundain. Rwy'n tybio i Wyn Mears ei wahodd yn ôl i Gymru ac na hysbysebwyd y swydd. Diolch i Huw, ces ddychwelyd am gyfnodau i olygu papur staff BBC Cymru neu lenwi bylchau pan fyddai rhywun ar wyliau. Bryd hynny y des i gysylltiad eto ag un o fy nghyn-gyd-weithwyr ar y *Radio Times*, Liz Davies, merch o Sir Fôn a fu hefyd yn gweithio ar gylchgrawn lliw dydd Sadwrn y *Daily Telegraph*. Dychwelyd i Gymru gyda'i gŵr, y nofelydd a'r newyddiadurwr Tom Davies, oedd hi ac roedd yn hyfryd cydweithio â hi bob amser. Mae'r ddau yn byw yn y Bala bellach lle mae ganddyn nhw oriel gelf.

Yng nghanol y nawdegau clywais fod *Y Cymro* yn chwilio am rywun i weithio deuddydd a hanner yr wythnos o gartre yn sgrifennu a denu colofnwyr newydd i'r papur. Roeddwn wedi cadw cysylltiad â Glyn Evans, a oedd bellach yn olygydd y papur, a dywedais wrtho y byddai diddordeb gen i yn y gwaith. Felly, am rai blynyddoedd bûm yn gweithio eto i'r *Cymro*. Rwy'n cofio perswadio Bethan Kilfoil, a oedd ar y pryd yn ohebydd BBC Cymru yn Ewrop, i gyfrannu colofn wythnosol i ni, ac Orig Williams hefyd. Peth arall a gofiaf oedd i mi sgrifennu stori am ryw sgam gan TAC (Teledwyr Annibynnol Cymru) i gael nawdd gan y Llywodraeth ar gyfer yr Ŵyl Ffilmiau Celtaidd. O gael cwmni i noddi digwyddiad diwylliannol roedd modd cael swm cyfatebol gan y Llywodraeth. Ond petai'r un cwmni'n cynnig nawdd y flwyddyn wedyn byddai cyfraniad y Llywodraeth yn gostwng 50 y cant, a 50 y cant arall y flwyddyn ar ôl hynny. Beth roedd TAC yn ei wneud oedd sianelu swm o'u cyllid eu hunain drwy gwmni gwahanol bob blwyddyn er mwyn sicrhau'r nawdd llawn gan y Llywodraeth bob tro. Aeth yn ben set pan sianelwyd yr arian drwy gwmni o'r enw Cynhyrchiadau'r Pengwyn Pinc.

Gwilym Owen gododd y stori gyntaf ar Radio Cymru a phan, fisoedd wedi hynny, y gwnaed datganiad ar y mater gan Stephen Dorrell, yr Ysgrifennydd Gwladol dros Dreftadaeth, sgrifennais stori lawn i'r *Cymro*. Roedd Sion Pyrs, Cyfarwyddwr TAC, yn gandryll a dechreuodd *Y Cymro* dderbyn llu o lythyrau cyfreithiol yn hawlio ymddiheuriad a phob math o iawndal. Er bod y BBC wedi cyhoeddi'r un stori fwy neu lai, chawson nhw ddim bygythiad, ond roedd TAC yn ddigon o lanciau i herio'r *Cymro*. Ar y pryd roeddwn yn mynd i Lydaw bob yn ail benwythnos, ac mor wired ag y byddai'n ddydd Gwener a minnau allan o gyrraedd, byddai llythyr cyfreithiol arall yn cyrraedd swyddfa'r *Cymro* a Glyn druan yn gorfod gwneud penderfyniad. Chwarae teg iddo, gwrthododd ymddiheuro na chyhoeddi dim. Fel roedd hi'n digwydd, roedd gen i gasét o'r hyn a ddarlledwyd gan Radio Cymru, felly gwyddwn 'mod i ar dir diogel. Eto, roedd yn drafferthus gorfod cyfieithu fy stori fy hunan a'r hyn ddarlledwyd gan Radio Cymru i'r Saesneg er mwyn cyfreithwyr *Y Cymro*. Ac wedi i mi wneud yr holl waith, ac yn ddi-au achosi nosweithiau di-gwsg i Glyn, peidiodd y storm lythyrau mor sydyn ag y cychwynnodd. Ni chyhoeddwyd cymaint â llythyr o gŵyn gan TAC, heb sôn am ymddiheuriad. Wnes i erioed ddeall cyfreithwyr. Bygwth pethau mawr pan mae'r tir oddi tanyn nhw'n dra sigledig a chael dim i'w cwsmeriaid pan fyddai'n well iddyn nhw anelu'n is ac efallai gael rhywbeth. Rwy'n amau bod eu cyfrif banc nhw eu hunain yn bwysicach i lawer ohonyn nhw na budd eu cwsmeriaid.

Dychwelais am fy nghyfnod olaf i'r BBC yn Llandaf tua Medi 1999, i gymryd lle Mari Jones-Williams yn Adran y Wasg. Roedd Mari wedi mynd i weithio dros dro ar brosiect sefydlu'r wefan Gymraeg, BBC Cymru'r Byd. 'Wythnos neu ddwy fyddi di yma,' meddai Huw Rossiter, 'fe gawn ni rywun mewnol i wneud y gwaith achos falle bydd Mari'n aros gyda Cymru'r Byd.' Wel, bûm yno am dri mis llawn a chael cyfle i gyfarwyddo gyda dirgelion y ddyfais newydd ddiweddaraf, yr ebost. Ar fy mhrynhawn Gwener olaf, a minnau'n ymlwybro'n ôl i fy swyddfa wedi peint ffarwél – arall – pwy oedd yn dod i 'nghyfarfod ond Menna Richards, Rheolwraig BBC Cymru erbyn hynny. 'Hylo, Gwyn, diolch i ti am dy waith dros y misoedd dwetha,' meddai. 'Rwy'n siŵr byddi di 'nôl 'ma'n glou.'

Eisteddais wrth y ddesg am y tro olaf, a chanodd y ffôn. Glyn Evans oedd yno, cyd-weithiwr a chyfaill o ddyddiau'r *Cymro* gynt. Daethai at y BBC ychydig fisoedd ynghynt i weithio ar Cymru'r Byd ac, fel swyddog cyhoeddusrwydd y prosiect, bûm yn cydweithio ag e. 'Gwranda,' meddai Glyn, 'problem fach 'da ni. Rydan ni wedi anghofio gwneud darpariaeth ar gyfer chwaraeon. Wyt ti'n meddwl fedri di ddod i fewn tua saith fore Llun? Dim ond am wythnos neu ddwy. Cysyllta gyda John Evans [Tregaron], fydd yn gwneud y bwletin i Radio Cymru fore Llun.' Cyfrifoldeb rhywun arall oedd trefnu bod rhywun yn gwneud y chwaraeon, nid Glyn – rhag i neb ei feio fe. Wythnos neu ddwy? Bûm yno am ddwy flynedd union a chael, am y tro cyntaf, gweithio ym myd chwaraeon, y pwnc y bûm yn ei astudio yng Ngholeg Hyfforddi Dinas Caerdydd bron ddeugain mlynedd ynghynt. Cawn ryddid i wneud yr hyn a fynnwn. Byddwn wrth ryw ddesg erbyn saith, gan ymdrechu i roi newyddion y bore ar y wefan erbyn hanner awr wedi wyth fan bellaf. Ffynhonnell pob gwybodaeth fyddai'r sawl oedd yn gwneud pecyn chwaraeon Radio Cymru – Gareth Blainey, John Evans, Dylan Griffiths neu Dylan Ebenezer. Roedd modd gwneud stori ddigon taclus, gan y byddai cyfweliadau byw yn rheolaidd yn y pecynnau. Am wythnosau fu gen i ddim desg i mi fy hunan. Mae gan yr Americanwyr ystryw fwriadol a elwir yn *hot-desking*. Pan fydd rhywun newydd yn ymuno â chwmni mae'n darganfod ar ei fore cyntaf fod rhywun heb sicrhau desg ar ei gyfer. Gan fod disgwyl iddo fwrw ymlaen â'i waith er gwaethaf hynny, does dim dewis ganddo ond ymbil i gael defnyddio cornel desg rhywun arall. A chan nad yw'n bosib mynd ar ofyn yr un person bob dydd, mae'n golygu bod newydd-ddyfodiad yn dod i adnabod ei gyd-weithwyr yn sydyn ac yn gorfod bod yn glên wrthyn nhw. Rwy'n amau mai blerwch, nid athroniaeth personél BBC Cymru, oedd yn gyfrifol am y ffaith mai felly y bûm yn gweithio am yr wythnosau os nad y misoedd cyntaf. Doedd y trefniant ddim yn rhy ddrwg yn fy achos i, er i Aled Eirug gwyno i mi or-ddefnyddio stafell y gohebwyr, y lle mwyaf anhrefnus ac aflêr yn Llandaf. Roeddwn i'n adnabod nifer o'r gohebwyr, fel y diweddar Bob Humphrys, y Gohebydd Chwaraeon, cyfaill ers y dyddiau pan oedd yn sgrifennu erthyglau nodwedd i'r *Western Mail* ddeng mlynedd ar hugain ynghynt.

Bu'n gyfle i gynefino â'r dull diweddaraf o ledaenu newyddion a chydweithio'n agos â'm hen gyfaill, y diweddar Glyn Evans. Yn ogystal â bod yn gyfrifol am chwaraeon ar BBC Cymru'r Byd byddwn yn sgrifennu ambell erthygl nodwedd iddo ac yn adolygu llyfrau. Roedd yn drefniant ardderchog: byddwn yn dechrau am saith y bore a gorffen tua thri y prynhawn. Roedd Glyn yn weithiwr diarbed, ac rwy'n meddwl 'mod innau'n greadur digon cydwybodol a diwyd, a chydweithiai'r ddau ohonon ni'n dda. Grahame Davies, y bardd, a thywysydd y Tywysog Charles yng Nghymru bellach, oedd â'r cyfrifoldeb o gadw trefn ar Glyn – a minnau am wn i – a'r unig beth a glywais e'n dweud am Glyn oedd, 'He's the most industrious and productive man I have ever come across.' Gwir bob gair. Gadewais BBC Cymru'r Byd yn Ebrill 2002, wedi dwy flynedd a oedd bron mor bleserus â'r tair blynedd a dreuliais gyda'r *Cymro* yng Nghroesoswallt. Parhaodd Glyn i anfon llyfrau i mi i'w hadolygu a bob yn ail flwyddyn cawn fynd i BBC Canwr y Byd Caerdydd i sgrifennu adroddiadau i'r wefan, ac i'r Eisteddfod Genedlaethol i wneud yr un peth pan oedd yn y De.

Mae'r we'n ei gwneud yn bosib i gyhoeddi'r newyddion diweddaraf ar unwaith. Arferwn gyrraedd adre o Canwr y Byd erbyn tuag un ar ddeg y nos, sgrifennu adroddiad a'i ebostio i Glyn a byddai ar y wefan erbyn chwech y bore canlynol. Fyddai dim adroddiad yn y *Western Mail* am ddiwrnod arall ac roedd gwefan Saesneg cystadleuaeth Canwr y Byd yn gwbl anobeithiol, er bod amryw'n gweithio arni – gan gynnwys rhywun a oedd i fod i sgrifennu am ffrogiau'r merched. Pan ymddeolodd Glyn daeth yr adolygiadau a'r erthyglau nodwedd i ben hefyd. Daeth yr adolygiadau cyson o lyfrau Cymraeg – yr unig fan lle ceid adolygiadau gonest, prydlon – i ben tua Nadolig 2011. Nid yw Gwales yn brydlon a chanmoliaethus yw natur yr adolygiadau. Deallaf i'r Lolfa gwyno ac, er i mi sôn wrth y Writers' Guild of Great Britain, wnaethon nhw ddim codi llais hyd y gwn i. Mae'r ffaith i nodweddion gwerthfawr eraill o'r wefan ddiflannu heb i neb ddweud gair, na hyd yn oed sylwi, yn dweud llawer am gyflwr diwylliant Cymraeg. Pan lansiwyd BBC Cymru'r Byd fe'i broliwyd fel papur dyddiol Cymraeg ar y we. Am rai blynyddoedd byddwn yn mentro dweud y cyflawnwyd yr addewid. Tebyg fod rhai'n darllen blogiau, ac y mae medru clywed rhaglenni ar y cyfrifiadur ar ôl iddyn nhw gael eu darlledu yn werthfawr. Ond heblaw am wrando ar raglenni sydd eisoes wedi'u darlledu, anaml y byddaf yn defnyddio'r gwasanaeth bellach. Da, er hynny, gweld arwyddion fod yr elfen nodwedd yn dychwelyd i'r wefan, a elwir bellach yn BBC Cymru Fyw.

Fel amryw o 'Gymry da' eraill, collais innau ychydig arian yn achos trychinebus *Y Byd*. A dweud y gwir, doedd gen i fawr o ffydd y byddai'n llwyddo ond hwn oedd y cyfle olaf a chyda'r papurau dyddiol ac wythnosol Saesneg wedi disgyn mor arswydus mewn ansawdd a gwerthiant teimlwn fod rhywfaint o obaith. Y gwir yw, llamodd Cymru a'r Gymraeg yn syth o fyd y papur wythnosol Cymraeg i fyd radio a'r teledu. Ac yr oedd BBC Cymru'r Byd ar y pryd yn cynnig papur dyddiol cyflawn i ni ar y we. Mae'n well gen innau gael papur yn fy llaw na darllen rhywbeth ar sgrin, ond rwy'n hen a hen ffasiwn.

Ar ymyl dalennau

BU'R BLYNYDDOEDD WEDI i mi ymadael â staff BBC Cymru yn rhai difyr. Bu'r gorfforaeth fel magned yn fy nhynnu'n ôl dro ar ôl tro dros y deuddeng mlynedd wedi hynny. Peth braf yw gadael lle ar delerau cyfeillgar gyda phawb – bron. Ond daeth yn amser i edrych ar ddiddordebau a bywyd y tu allan i'r gweithle. Daeth Gwen a minnau i fyw i Don-teg, ger Pontypridd. Fel y nodais eisoes, roedd gen i deulu yn y dref, os nad yn agos o ran perthyn, yn agos o ran perthynas. Er ein bod yn briod ers pum mlynedd ac wedi byw mewn tri lle, nid oeddem wedi bwrw gwreiddiau yn yr un o'r mannau hynny.

Prin nad oeddem wedi glanio yn Nhon-teg cyn i Gwen a minnau gael ein gwahodd i gyfarfod i drafod gwahodd Eisteddfod Genedlaethol yr Urdd i Bontypridd. Hynny wnaed ac o fewn dim o dro roedden ni yng nghanol cymdeithas fywiog Gymraeg. Gwynn Tudno Jones, un yr oeddwn yn ei adnabod ers dyddiau Gwersyll Glan-llyn, oedd Ysgrifennydd y Pwyllgor Gwaith, ac Eric Evans, Pennaeth yr Uned Iaith ym Mhontypridd, oedd y Cadeirydd. Eddie Rea, Y Groes-faen, brodor o Flaenau Ffestiniog a Rheolwr Gyfarwyddwr Wella ym Mhrydain, oedd Cadeirydd y Pwyllgor Cyllid. Wedi hynny daeth Eddie yn fwy amlwg ym myd y pethe a bu'n Drysorydd yr Eisteddfod Genedlaethol. Yn 1984 cafodd ei ddewis yn Uchel Siryf Morgannwg Ganol. Ted Lewis, un arall o'r doeth a'r da ym Mhontypridd, cyn-was sifil yng ngwasanaeth y Gymanwlad a chyda'r Bwrdd Glo wedi hynny ac Uchel Siryf arall, oedd Ysgrifennydd y Pwyllgor Cyllid. Ac wrth gwrs, roedd llu o athrawon ifanc brwdfrydig a gweithgar fel Penri Jôs ac Edward Morus

Jones a oedd hefyd yn byw yn Nhon-teg, Wil Morus Jones, a ddaeth yn arweinydd Côr Godre'r Garth, Dafydd Idris, y canwr gwerin y des i'w adnabod yng ngwersylloedd Glan-llyn a Llangrannog, Mostyn Davies, dylunydd yn yr Uned Iaith, a Rhys Daniel o Swyddffynnon a oedd ddwy flynedd y tu ôl i mi yn Ysgol Tregaron, arlunydd ac athro arlunio yn Ysgol Uwchradd Rhydfelen.

Ces fy ethol yn Swyddog Cyhoeddusrwydd a bu hynny'n hwyl. Ond yr hyn a erys yn y cof yw gwaith y pwyllgor codi arian lleol yn ardal Llanilltud Faerdre. Roedd ymhlith y newydd-ddyfodiaid amryw o gantorion pop Cymraeg dawnus fel Edward a Rhys Llwyd. Hefyd, oherwydd fy ngwaith gyda'r *Cymro* ychydig cyn hynny roeddwn yn adnabod llawer iawn o'r cantorion a'r grwpiau Cymraeg a chan y bydden nhw'n dod i Gaerdydd i gymryd rhan yn *Disc a Dawn* ar BBC Cymru ar nos Sadwrn medrwn berswadio rhai ohonyn nhw i ddod i ganu ar nos Wener mewn nosweithiau gwerin y bydden ni'n eu cynnal yn un o dafarnau Llanilltud Faerdre. Byddai Ruth Price, cynhyrchydd y rhaglen, yn rhoi gwybod i mi ymlaen llaw pwy fyddai'n dod o bant ac yn aros yng Nghaerdydd ar y nos Wener. Un broblem oedd gyda ni, sef perswadio'r tafarnwr i drefnu estyniad tan hanner nos. Yn fy marn i, roedd noson o ddiwylliant gwerin cystal rheswm â dim dros gael estyniad, ond roedd y tafarnwr yn mynnu cael rhyw reswm fel noson dathlu dyweddïad, pen-blwydd arbennig, priodas arian ac yn y blaen. Gan ein bod yn cynnal y nosweithiau gwerin yn gyson iawn – bob wythnos, os cofiaf yn iawn – roedd meddwl am 'reswm' dros y digwyddiad yn dipyn o dreth ar y dychymyg, heb sôn am gofio pa resymau a roddwyd eisoes i'r tafarnwr eu rhoi gerbron Mainc yr Ynadon. Bu'n agos i bethau fynd yn flêr pan ymwelodd dau blismon â chartre Gwynn Tudno yn awyddus i wybod pam y cynhaliwyd cyfres o bartïon iddo – dyweddïo, priodas, priodas arian a dathlu ei ben-blwydd yn drigain oed – i gyd mewn cyfnod o chwe mis. Wn i ddim sut daeth e allan ohoni, ond beth bynnag, fe fuon ni'n fwy

gofalus o hynny ymlaen. Coffa da am Max Boyce, a fyddai'n
barod i ddod aton ni unrhyw bryd, yn sgwrsio gyda chriw
bach ohonon ni tu allan i'r dafarn a hithau wedi hanner nos,
ac yntau'n gofyn yn swil pwy oedd i fod i'w dalu. Ninnau'n
edrych o gwmpas am Brian Rogers, trysorydd y pwyllgor
cyllid lleol, a gweld ei fod wedi hen fynd adre. Ar ôl ei regi'n
huawdl, doedd dim amdani ond gofyn i Max faint oedd arnon
ni. 'Ydi pumpunt yn iawn?' atebodd. 'A chostau?' meddwn
innau. 'Na, na, mae pumpunt yn hen ddigon,' meddai Max.
Gwnaed casgliad yn y man a'r lle ar ei gyfer. Mae'n wir mai
tua 1970 oedd hyn a Max heb ddod i enwogrwydd mawr. Aeth
e'n syth oddi yno i wneud hanner shifft nos yn Metal Box.

Problem fawr cynnal Eisteddfod Genedlaethol yr Urdd
mewn lle fel Pontypridd oedd parcio ond rywsut cafwyd
caniatâd i barcio ar y darn o'r A470 rhwng Glan-bad a
Chilfynydd oedd wedi'i orffen ond heb ei agor.

Bu etholiad cyffredinol yn 1970 a chafodd y ddau ohonon
ni ein llusgo i fewn i weithio i Blaid Cymru. Bu Gwen yn
weithgar gyda'r Blaid ers dyddiau coleg, a chyn hynny, ond
tueddu i gadw'n glir rhag gwleidyddiaeth oeddwn i. Roedd y
BBC yn bendant ynglŷn â beth roedd hawl i chi ei wneud, a
byddai hynny'n amrywio yn ôl natur eich swydd. Roeddwn
i ymhlith y mwyaf caeth. Cawn lyfu stampiau ac amlenni a
hyd yn oed wthio taflenni drwy'r drysau ond ni chawn gnocio
drysau a chanfasio. Treuliais yr etholiad cyntaf hwnnw yn
sgrifennu datganiadau i'r wasg dros ein hymgeisydd, Errol
Jones, a mynd â nhw bob nos i'r *Western Mail*, yr *Echo*,
HTV a'r BBC. Roedd ein swyddfa ym Mhentre'r Eglwys –
fedren ni ddim fforddio un ym Mhontypridd a, beth bynnag,
yn Nhon-teg, Pentre'r Eglwys a Llanilltud Faerdre roedd
mwyafrif y ffyddloniaid yn byw. William Euros Lloyd Rees
– Bill Rees – arbenigwr llygaid yn yr hen Ysbyty Dwyrain
Morgannwg, oedd cadeirydd Cangen Ton-teg a'r Cylch.
Brodor o Langrannog a chreadur difyr ydoedd, a fu yn y
commandos ac a oedd wedi cynrychioli ei goleg mewn rygbi

a bocsio – St Andrews yn yr Alban, os ydw i'n iawn. Bryd hynny, yr unig Bleidiwr rwy'n ei gofio ym Mhontypridd oedd Clive Henley, a frwydrodd am flynyddoedd dros bob achos Cymreig a Chymraeg, yn arbennig ysgolion Cymraeg. Gan mai dyna'r tro cyntaf i'r Blaid ymladd y sedd, roedd pleidlais o dros 5,000 yn cael ei hystyried yn llwyddiant ysgubol.

Yn 1974, yn dilyn ad-drefnu llywodraeth leol etholwyd criw o Bleidwyr – Gwen a Randall Isaac yn eu plith – ar Gyngor Cymuned Llanilltud Faerdre a daethpwyd o fewn hanner dwsin o bleidleisiau i ennill rheolaeth o'r cyngor. Chwe chynghorydd Llafur a phump i Blaid Cymru. Wedi hynny, bu Gwen ar Gyngor Bwrdeistref Taf Elai a Chyngor Tref Pontypridd.

Roedd yna gymdeithas ardderchog. Byddai criw ohonon ni yn cyfarfod ar nos Wener yn y Farmers Arms ym mhen uchaf Pentre'r Eglwys i ganu i gyfeiliant gitârs Edward Morus Jones a Rhys Llwyd. Tafarn hen ffasiwn oedd hon, yn cael ei chadw gan dair hen chwaer a fyddai'n dod â'r cwrw o gwmpas mewn jygiau enamel. Ac yn achlysurol deuai cais, 'Come and help me lift a barrel on the bar, love.' Bu yna frawd ar un adeg ond roedd e wedi marw cyn fy amser i. Yn ôl a glywais gan Dai Hughes, Cadeirydd (Llafur) Cyngor Cymuned Llanilltud Faerdre bryd hynny, byddai'r brawd o dro i dro yn mynd ar *benders*. Ond byth ar ei ben ei hun. Byddai'n chwilio am rywun i ddod i yfed gydag e, ac weithiau'n eu gorfodi ar flaen baril gwn! Un bore Sul aeth gyda'i wn i chwilio am rywun i fynd gydag e ar y sbri. Y cyntaf welodd e oedd pen-blaenor Salem (Bedyddwyr), Ton-teg, ar ei ffordd i'r oedfa. Ar berygl einioes bu'n rhaid i'r pen-blaenor fynd gyda'r brawd i'r Farmers, lle bu'r ddau'n yfed drwy'r dydd. (Roedd hyn yn y cyfnod pan oedd tafarnau ar gau ar ddydd Sul.) Tafarn bragdy Fernvale oedd y Farmers ac yn ôl Dai enillodd un o selogion y dafarn £100 – ffortiwn bryd hynny – am y slogan 'Some Ale This Fernvale' a fu'n amlwg ar furiau tafarnau'r Cymoedd am flynyddoedd wedi i'r bragdy fynd yn hesb.

Perthynai Dai Hughes i'r to olaf a oedd yn siarad y Wenhwyseg a chofiai'r ardal yn ei gogoniant amaethyddol cyn adeiladu'r holl ystadau tai newydd. Roedd ganddo frawd hefyd, gwerthwr tai oedd yn rhugl ei Gymraeg. Dywedodd Eileen Beasley, un arall o'n cymdogion, y byddai'n galw'n aml ar frawd Dai er mwyn ei glywed yn 'wilia Cwmrêg'. Un arall o'r criw olaf i siarad y dafodiaith yw'r cyfreithiwr ym Mhentre'r Eglwys, Miles Richards.

Pan oedd y plant yn fach dechreuais fynd i Gapel y Tabernacl (Annibynwyr), Efail Isaf. Roeddwn am i'r plant ddeall bod yna fywyd Cymraeg y tu hwnt i'r cartre a'r ysgol Gymraeg ac roedd yn yr Efail Isaf nifer o hen bobol oedd yn siarad Cymraeg yr ardal ond heb godi eu plant i'w siarad. Un o'r rhain oedd yr organyddes – Anti Vi i bawb – a fyddai'n canu'r piano yn y Carpenter's Arms ar nos Sadwrn a'r organ yn y Tabernacl ar fore Sul. Tenau oedd y gynulleidfa pan ddechreuais fynd yno gyda'r plant – Penri Jôs, Edward Morus Jones, Rhys Llwyd a'u teuluoedd, gydag Eirian Rees yn weinidog. Erbyn heddiw mae'r achos yn gryf a ffyniannus. Geraint, mab Eirian, ddywedodd wrthyf fod llawer iawn o Gymry Cymraeg – uniaith bron – yn byw ar hen ffermydd yr ardal yn y saithdegau. 'Y trueni yw na fyddai'r mewnlifiad Cymraeg wedi digwydd rai degawdau ynghynt,' meddai Geraint. 'Fe allesid bod wedi cadw llawer o'r hen deuluoedd brodorol yn Gymraeg eu hiaith.'

Rwy'n siŵr ei fod yn iawn. Cofiaf fynd i siop Pentyrch ar fy ffordd adre o'r gwaith tua'r adeg honno, y lle'n llawn a phawb yn siarad Cymraeg – i gyd yn bobol a oedd wedi'u geni a'u magu yn y pentref. Yr hyn sy'n rhyfedd – a brawychus – yw mor Gymraeg oedd yr ardaloedd hyn mewn cyfnod diweddar iawn. Tua dwy flynedd yn ôl roeddwn yn siarad yng Ngŵyl Lenyddol Penzance pan ddaeth dynes ataf yn siarad Cymraeg. Daeth yn ifaciwî o Lundain i'r Beddau adeg yr Ail Ryfel Byd a dysgu Cymraeg ar y fferm lle cafodd gartre, ac yn yr ysgol. Ewch yn ôl i ail hanner y bedwaredd ganrif ar bymtheg ac roedd mynd afieithus ar y diwylliant Cymraeg yng Nghwm Rhymni, Cwm Sirhywi, Tredegar a Glyn Ebwy, heb sôn am y Fenni. Mor frawychus o sydyn y gall y Gymraeg golli gafael ac mor hawdd i ninnau anghofio hynny. Wedi symud i Bontypridd dechreuais fynd i Gapel Sardis ond gadael i bethau lithro, gwaetha'r modd, fu fy hanes wedi hynny.

Dyma gyfnod dechrau llenydda, neu sgrifennu llyfrau – fyddwn i ddim yn galw fy hun yn llenor. Y llyfr cyntaf i mi ei sgrifennu oedd *Crwydro Llydaw*. Rwy'n gasglwr diwyd ac, fel newyddiadurwyr yn gyffredinol, yn ddigywilydd. Ar ein gwyliau cyntaf yn Llydaw yn 1967 llwyddais rywsut i gael mynediad i ysgol haf Al Leur Nevez (Y Llawr Newydd) – mudiad diwylliannol newydd – yn Quimper. Daw'r enw, rwy'n tybio, o hen arfer y Llydawyr o gynnal dawns neu *fest noz* i stablan y tir yn galed er mwyn gwneud llawr dyrnu newydd. Ces gyfweliad gyda rhai o arweinwyr y mudiad diwylliannol a sgrifennais erthygl i'r *Cymro* ac un arall i'r *Liverpool Daily Post*. Mae gen i well cof o'r erthygl yn y *Daily Post*. Ychydig wythnosau cyn hynny roedd Charles de Gaulle wedi cyhoeddi 'Vive le Québec libre' mewn araith yn Montreal. Pennawd fy erthygl oedd 'Meanwhile in Brittany...', a bwriais ati i ddefnyddio'r wybodaeth a ges gan Armand Kéravel, ysgrifennydd mudiad Emgleo Breiz, ac eraill oedd yn darogan tranc y Llydaweg oni fyddai newid mawr yn agwedd gwladwriaeth Ffrainc tuag at Lydaw. Ni chafwyd newid ac y mae'r iaith yn dal i lusgo byw. Roeddwn yn casglu gwybodaeth drwy'r adeg, a'r haf hwnnw hefyd cyfarfu'r ddau ohonon ni â'r teulu Milin o Brest, y fam a'r tad yn rhugl eu Llydaweg ond nid y plant. Parhaodd y cysylltiad am ddeng mlynedd ar hugain a bu Cecilé – y fam – yn hael iawn ei chymorth gyda llyfrau a chyfieithu o'r Llydaweg. Bu'r plant, Jean-Claude a Monique, yn treulio gwyliau gyda ni am flynyddoedd. Y flwyddyn wedyn aethon ni i'r Gyngres Geltaidd yn Fougères gyda Gareth a Gina Miles. Roedd hyn ychydig wythnosau wedi marw fy mam, a fu'n ergyd bersonol drom i mi, ond mynd wnaethon ni er y tristwch. Bu'n Gyngres gofiadwy gyda llawer o ffrindiau yno – y teulu Selway, Dafydd Iwan, Edward, Huw Ceredig, Ceredig Davies... Cyn mynd roeddwn wedi taro bargen gyda Llion yn *Y Cymro* y byddwn yn anfon adroddiad a lluniau o'r Gyngres ac y cawn fy nhalu bunt am bob llun a *lineage* am y straeon. Dyna'r ffordd arferol o dalu y dyddiau hynny, pedair neu bum ceiniog y llinell. Dim ond rhyw dri neu bedwar gair sydd mewn llinell o golofn arferol. Felly, tra bod pawb arall yn mwynhau eu hunain wrth y pwll nofio, gan baratoi am noson arall o rialtwch, fe fûm i'n ffyddlon fynychu'r darlithoedd a mwyafrif y cyfarfodydd. Rwy'n amau a gafodd y Gyngres well sylw yn *Y Cymro* na'r Gyngres honno yn Fougères. Rwy'n amau a gafwyd cynifer o Gymry ifanc a chymaint o hwyl yn y Gyngres 'chwaith. Aeth Gareth, Gina, Gwen a minnau ymlaen wedyn i wersylla ger trefi difyr a diddorol fel Locronan.

Rywbryd ar ddechrau'r saithdegau y teimlais yr awydd i geisio sgrifennu cyfrol am Lydaw a bwriais ati heb geisio barn na chyhoeddwr. Rhaid i mi fod wrthi am rai blynyddoedd ac rwy'n tybio i mi gynnig y gwaith i Wasg Christopher Davies (Llyfrau'r Dryw gynt) tua diwedd 1975. Roeddwn am weld cynnwys y gyfrol yn y gyfres *Crwydro Cymru*, a oedd hefyd yn cynnwys cyfrolau ar Gernyw ac ynysoedd gorllewinol yr Alban. Roedd gen i dipyn o wyneb oherwydd roedd yr awduron i gyd ymhlith llenorion amlycaf y genedl. Beth bynnag, fe'i derbyniwyd yn frwd gan John Phillips, cyfarwyddwr y wasg. Erbyn i mi gasglu lluniau ac i'r gyfrol fynd drwy'r Cyngor Llyfrau roedd yn 1977 cyn iddi weld golau dydd yn y siopau. Diddorol cymharu'r cyfnod hwnnw gyda heddiw. Cafodd *Crwydro Llydaw* groeso a chefais gyfweliadau radio a theledu a nifer o adolygiadau ac erthyglau mewn papurau newydd – ac yn Llydaw hefyd. Roedd yr ymateb yn ardderchog.

Er hynny, ac er mai *Crwydro Llydaw* oedd y llyfr cyntaf i mi ei sgrifennu, cyhoeddwyd cyfrol fach arall yn y cyfamser.

Dechreuodd *Wês Wês* fel tipyn o hwyl ddiniwed. Roedd Eisteddfod Gadeiriol Godre'r Garth, gwaddol Eisteddfod Genedlaethol yr Urdd Pontypridd, 1973, yn mynd yn dda a chyda'r Eisteddfod Genedlaethol i'w chynnal yn Aberteifi yn 1976, anfonwyd cais swyddogol ar i'r Archdderwydd alw 'A wês heddwch' ym mhrif seremonïau'r Brifwyl. Ni ddaeth ateb (er i Elerydd wneud hynny yn Eisteddfod Abergwaun flynyddoedd wedyn). Ysgogydd y brwdfrydedd hwn dros 'iaith Dyfed' oedd John Phillips – arall – brodor o Lanboidy. Roedd y syniad yn apelio ata i gan i mi dreulio blynyddoedd fy swydd gyntaf yn Sir Benfro a bod Gwen, fy ngwraig, hefyd yn dod o'r sir ac yn siarad yr iaith yn ei holl ogoniant. Gofynnais i John beth oedd e'n feddwl o'r syniad o gyhoeddi cyfrol yn y Ddyfedeg a chytunodd ei fod yn syniad da. Ffoniais Wasg Gomer a chytunodd Huw Lewis ar unwaith ond dywedodd ei fod am gael deunydd gwreiddiol – dim byd fel 'Pwllderi', cerdd enwog Dewi Emrys ac un o'r darnau tafodiaith enwocaf yn y Gymraeg, goelia i – oherwydd problemau hawlfraint, meddai. Roedd John yn gweithio i Hanson Aggregates, chwarel Craig yr Hesg, Pontypridd. Dros yr wythnosau a'r misoedd wedyn bu'n ddiwyd yn gwerthu cerrig o gwmpas Sir Benfro – ac ymweld â beirdd a llenorion fyddai'n debyg o gyfrannu i'r fenter. Y cwbl a fynnem oedd fod y gwaith mewn tafodiaith a bod yr orgraff yn gyson o fewn pob darn neu gerdd unigol. Roedd croeso i sgrifennu am unrhyw beth, ac er mai atgofion oedd llawer o'r cynnwys, fe gafwyd darnau fel erthygl am wyliau yn Rhufain a dysgu hedfan *glider* gan Eirlys Charles, fy olynydd yn Drefnydd yr Urdd Sir Benfro.

Daeth y gyfrol *Wês Wês* o'r wasg ar ddechrau wythnos yr Eisteddfod a bu'n llwyddiant go lew a'r ymateb iddi'n dda. Gofynnais i Gomer a oedd ganddyn nhw ddiddordeb mewn ail gyfrol. 'Yn bendant,' oedd yr ateb. Casglwyd y deunydd a'i anfon iddyn nhw, ond wedi ysbaid fe ddaeth yn ôl – roedden nhw wedi newid eu meddwl. Gyda'r deipysgrif roedd llythyr ymddiheurol gan olygydd y wasg, Dyfed Elis-Gruffydd,

'Annwyl Gwyn, Ddrwg iawn gen i ac ati ac ati... Cofion, Dyfed.' A minnau'n fflamio Gomer, gwelais fod amlen arall yn y pecyn. Llythyr ar bapur swyddogol Cyhoeddiadau'r Frenni – 'Annwyl Mr Griffiths, Yr ydym fel gwasg yn awyddus i gyhoeddi cyfrol yn nhafodiaith Sir Benfro, rhywbeth tebyg i *Wês Wês* a olygwyd gennych rai blynyddoedd yn ôl. Os oes gennych syniad am rywbeth neu ddeunydd fyddai'n addas byddwn yn falch o glywed oddi wrthych ac ati ac ati... Yr eiddoch yn gywir, Dyfed Elis-Gruffydd.' Felly y cyhoeddwyd *Wês Wês Wêth* gan y criw oedd yn cyhoeddi'r papur bro. A'r un modd *Wês Wês – Shwrne 'To*, er i John Phillips roi'r gorau iddi ar ôl y ddwy gyfrol gyntaf. Roedd yn un o gyfarwyddwyr Hanson Aggregates bellach a di-au bod ei ran fel cyd-olygydd dwy gyfrol wedi ateb dibenion ei CV. Daeth un gyfrol arall, *Wês Wês Pentigily*, mewn pryd i Eisteddfod yr Urdd Crymych yn y nawdegau, y tro hwn wedi ei chyhoeddi gan Gomer. Doedd y Cyngor Llyfrau, bellach, ddim yn rhoi grantiau i weisg nad oedd ond yn cyhoeddi dwy neu dair cyfrol y flwyddyn.

Ddechrau 2001 ces alwad ffôn gan Gomer yn gofyn a oeddwn angen copïau o *Wês Wês Pentigily*. Oeddwn, doedd gen i ddim un ar ôl. 'Pam y'ch chi'n gofyn?' holais. 'Ni'n mynd i shredo nhw,' oedd yr ateb. 'O, dewch weld nawr, falle gallwn ni ddod i drefniant,' meddwn innau. Derbyniais yr ugain roedden nhw'n eu cynnig am ddim a phrynais y gweddill, tua 200, am rai ceiniogau yr un. Ddywedais i ddim wrth Gomer ond roedd yr Eisteddfod Genedlaethol yn Nhyddewi ymhen deunaw mis. Es â mwyafrif y llyfrau yno a'u gwerthu i gyd. Roedd pob stondin lyfrau ar y maes – ond Gomer a'r Cyngor Llyfrau – yn gwerthu *Wês Wês Pentigily* a'r rheini'n mynd fel slecs. Mae byd cyhoeddi a marchnata llyfrau yng Nghymru yn ddirgelwch i mi.

Yn ystod haf 1975 roeddem, fel pob blwyddyn, ar wyliau yn Llydaw ac yn gwersylla ar ddarn o dir ar arfordir Kerlouan oedd yn eiddo i'm cyfaill Robert Simon, atgyweiriwr clociau o Plabennec. Digwyddai fod yn ganmlwyddiant geni Tangi Malmanche, un o ddramodwyr a llenorion pwysicaf a mwyaf diddorol Llydaw yn hanner cyntaf yr ugeinfed ganrif. Treuliai Malmanche bob gwyliau yn Le Manoir du Rest ac yno gyda'r gweision a'r morynion y dysgodd Lydaweg. Un o'i hoff encilfannau oedd capel bach Locmaria, y ddeule yn agos i Plabennec, ac yn 1975 roedd mynd ar ddathliadau canmlwyddiant ei eni. Ces fy ysbrydoli i geisio cyfieithu dwy o'i ddramâu i'r Gymraeg ac fe'u cyhoeddwyd mewn cyfrol a oedd hefyd yn cynnwys dwy ddrama arall o waith Malmanche wedi eu cyfieithu gan Rita Williams. Cyhoeddwyd y gyfrol gan Christopher Davies yn 1982. Roedd un o'r dramâu a gyfieithais, *Ar Baganiz*, yn ddarlun o fywyd y bobol oedd yn byw ar yr arfordir o gwmpas Kerlouan, bro wyllt a noeth a'r trigolion yn enwog am gynnau tanau a ffaglau i dwyllo llongau i'w tranc ar y creigiau. Drama ydyw sy'n amddiffyniad o'r arfer o wreca, neu ysbeilio llongau. Erys fy niddordeb yng ngwaith Malmanche o hyd a ryw ddydd pwy a ŵyr na ddaw'r amser a'r cyfle i ddychwelyd at rai o'i weithiau eraill, yn arbennig y straeon a sgrifennodd yn Ffrangeg. Mae ei ddiddordeb a'i ddefnydd o hen hanes a thraddodiadau gwerin Llydaw yn haeddu sylw.

Caf sôn eto am fy nghyfrolau am Sioni Winwns. Ganol y nawdegau ceisiais droeon am grant i sgrifennu llyfr taith ar Ynys yr Iâ – roedd daeareg a daearyddiaeth y wlad, ac yn arbennig ei thraddodiadau llenyddol a'i ffurfiau barddol, a welwn yn debyg i rai Cymru, wedi fy rhyfeddu. Ond aflwyddiannus fûm bob tro ac mewn ffit o dymer ddrwg anfonais gais ffwrdd-â-hi am gymorth i fynd i sgrifennu llyfr arall ar Lydaw. A'i gael, wrth gwrs! Yng ngwanwyn 1995 aeth Gwen a minnau ar daith o gwmpas Llydaw yn sgwrsio gyda hwn a'r llall a'r flwyddyn wedyn anfonais y deipysgrif i Gomer, a oedd wedi dangos diddordeb. Ond rhwng newid golygyddion, nid ymddangosodd *Llydaw – ei llên a'i llwybrau* tan fis Medi 2000. Amser perffaith i gyhoeddi llyfr taith, â phawb newydd ddychwelyd o'u gwyliau! Ac i ble'r aeth y map?

Er na werthodd yn dda, daeth un peth diddorol o'r gyfrol honno. Cysylltodd Clive Boutle o gwmni cyhoeddi Francis Boutle Publishers yn Llundain â mi. Roedd wedi clywed am y gyfrol drwy Tim Saunders a gofynnodd i mi a fyddai gen i ddiddordeb mewn golygu blodeugerdd o lenyddiaeth Llydaw. 'Wrth gwrs' oedd yr ateb, cyn oedi i feddwl beth yffach o'n i'n wneud nawr. Dywedais wrth Clive beidio â disgwyl dim yn rhy fuan, gan fod angen rhywun i gydweithio â mi. Digwyddais, ychydig wedi hynny, fod yn rhoi darlith mewn ysgol undydd ym Mhrifysgol Morgannwg ac un arall oedd yn rhoi darlith yno oedd Jacqueline Gibson, Llydawes o Adran Ffrangeg Aberystwyth. Synnais ei bod yn gwybod pwy oeddwn i a mwy fyth ei bod, er nad oedd eto'n rhugl yn y Gymraeg, yn darllen *Llydaw – ei llên a'i llwybrau*. Yn swil iawn, gofynnais a fyddai ganddi ddiddordeb mewn cydweithio ar yr hyn oedd gan gwmni Francis Boutle mewn golwg. Atebodd yn syth y byddai'n falch o wneud gan ategu ei bod yn gweithio ar ddoethuriaeth ond y byddai'n fwy na bodlon ei rhoi o'r neilltu am gyfnod i ganolbwyntio ar y gyfrol. Cawsom gyfarfodydd yn Aberystwyth ac yn Llundain gyda Clive Boutle ac aeth pethau yn eu blaenau'n dda, er mai yn 2006 y cyhoeddwyd *The Turn of the Ermine*, cyfrol sylweddol â llawer ohoni'n ddwyieithog – Llydaweg gyda chyfieithiadau Saesneg. Yn wreiddiol meddyliais gynnwys darnau Ffrangeg gan fod cynifer o brif lenorion Ffrainc wedi sgrifennu am Lydaw rywbryd neu'i gilydd. Yn y diwedd penderfynwyd hepgor yr holl ddeunydd hwnnw, heblaw am un darn mewn Ffrangeg cynnar, a chanolbwyntio ar y Llydaweg.

Cafodd y gyfrol sylw mewn cylchgronau a phapurau ar y cyfandir, y *Times Literary Supplement* ac mewn cyhoeddiadau yng Ngogledd America, ac er na fu'r gwerthiant yn fawr bu'n ddigon i ddarbwyllo'r wasg fod yna faes arbenigol i gyflwyno golwg ar lenyddiaethau o ieithoedd eraill llai eu defnydd. Un ffaith a roddod fwynhad arbennig i Jacqueline a minnau yw fod *The Turn of the Ermine* yn awr ar restr llyfrau darllen myfyrwyr Llydaweg a Chelteg Prifysgolion Rennes a Brest. Erbyn hyn cafwyd cyfrolau o lenyddiaeth Galicia, Ynys Manaw, Ffrangeg Jersey a Guernsey, iaith Malta ac Esperanto. Oes, mae yna bobol yn llenydda a barddoni yn yr iaith honno hefyd. Ocitaneg yw un o'r rhai nesaf ac fe ddaw'r Gymraeg heb fod yn hir iawn. Hefyd mae'r cwmni wedi cyhoeddi cyfrolau gyda chyfieithiadau Saesneg o weithiau beirdd unigol sy'n sgrifennu mewn Ocitaneg, Catalaneg a Chernyweg. Un o gyfranwyr mwyaf nodedig y gyfres yw Aurélia Lassaque o Albi sy'n sgrifennu mewn Ocitaneg a Ffrangeg, merch y mae ei barddoniaeth yn adnabyddus – drwy gyfieithiadau – ledled Ewrop a thu hwnt. Bûm yn ffodus i'w chyfarfod droeon mewn digwyddiadau a drefnwyd gan gwmni Francis Boutle. Mae'n ddynes ddymunol, gynnes a hwyliog. Ni chafodd ei magu i siarad Ocitaneg, ond wedi i'w thad ymddeol dychwelodd i'w fro enedigol gyda'i deulu a dechrau rhoi gwersi Ocitaneg, yn wirfoddol, i blant yr ysgol uwchradd leol, Aurélia yn eu plith, ac felly y cychwynnodd farddoni yn yr iaith. Erbyn hyn daeth gwasg Francis Boutle i amlygrwydd rhyngwladol, yn arbennig ym maes ieithoedd llai eu defnydd.

Parhaodd fy nghysylltiad gyda'r wasg gyda chyhoeddi *Henry Richard – Apostle of Peace and Welsh Patriot* yn 2012, sef blwyddyn dathlu daucanmlwyddiant geni y gŵr mawr o Dregaron. Bu cyhoeddi'r gyfrol honno'n dipyn o hwyl gyda lansiadau di-ri – ym Mhontypridd, Aberhonddu, Merthyr, Aberdâr, Pontypridd, Llundain, Tŷ'r Cyffredin ac amryw yn Nhregaron. Cyhoeddwyd y fersiwn Gymraeg, *Henry Richard – Heddychwr a Gwladgarwr*, gan Wasg Prifysgol Cymru yn y gyfres *Dawn Dweud* yn 2013. Bu'r diddordeb a'r gefnogaeth i'r ddwy gyfrol yn gyfrwng i fy nhynnu fwyfwy i weithgaredd y mudiad heddwch, yn arbennig Cymdeithas y Cymod a'r ymgyrch i sefydlu Academi Heddwch Cymru.

Ar ddamwain, bron, y bu i mi gytuno i sgrifennu dwy gyfrol – un yn Gymraeg ac un yn Saesneg – am gyfansoddi 'Hen Wlad Fy Nhadau' ar gyfer canmlwyddiant a hanner cyfansoddi ein hanthem yn 2006. Dafydd Mei, cydweithiwr o'm cyfnod gyda BBC Cymru'r Byd, gomisiynodd y ddwy gyfrol a bu'n dipyn o ras i'w gorffen mewn pryd. Yn drychinebus, a minnau'n gorffen cyfieithu'r gyfrol i'r Saesneg, darganfuwyd bod canser ar Dafydd a bu farw rai wythnosau cyn i'r cyfrolau ddod o'r wasg. Yn ffodus i mi fe ddaliodd Alan Jôs, Stiwdio 23, dylunydd y gyfrol, ymlaen gyda'r gwaith – gweithred o ffydd os bu un erioed. Cymerwyd y ddwy gyfrol drosodd gan Wasg Carreg Gwalch a'u cyhoeddi mewn pryd i'r dathliadau ym Mhontypridd. Bu'n wythnos o ddathlu mawr, cyngerdd mawr ym Mharc Ynysangharad yn gorffen gyda chant o delynorion yn perfformio 'Hen Wlad Fy Nhadau'. Daeth cynrychiolaeth o Orsedd y Beirdd i gyfarfod ger y Garreg Siglo ar gomin Pontypridd, hoff gyrchfan Iolo Morganwg, gyda'r Archdderwydd Selwyn Iolen yn darllen awdl fer a luniwyd gan Evan James i gyfarch Myfyr Morganwg a beirdd Morgannwg a Gwent yn 1850. Teithiodd y Gorseddogion o Barc Ynysangharad, drwy Bontypridd, i fyny i'r comin mewn bws mini, a chan fod y cledd mor fawr fe'i gosodwyd ar draws côl Ray Gravell, Ceidwad y Cledd bryd hynny, a minnau – gyda'i flaen yn sticio allan drwy'r ffenest! Rwy'n meddwl mai dyna'r tro olaf i mi siarad gyda Ray. Bu'n ddiwrnod o lawen chwedl gyda chynrychiolaeth dda o Lydaw ac o Orsedd Cernyw yn bresennol.

Gyda'r Sionis, ac ambell arddangosfa arall

FE GYMERODD FY obsesiwn gyda Llydaw dro annisgwyl tua 1977. Cafodd *Crwydro Llydaw* groeso arbennig, gydag adolygiadau ffafriol hyd yn oed mewn cylchgronau yn Llydaw. Roedd *Wês Wês* hefyd – a gychwynnodd fel tipyn o hwyl direidus – wedi cael derbyniad rhyfeddol ac wedi ysgogi diddordeb yn nhafodiaith Sir Benfro. Roeddwn yn awdur cyhoeddedig – ac yn chwilio am destun. Un bore Sadwrn wrth grwydro yn yr Aes yng nghanol Caerdydd, gwelais Sioni Winwns y tu allan i'r man lle mae siop lyfrau Waterstones bellach. Rwy'n meddwl i mi gyfeirio at y Sionis yn *Crwydro Llydaw* – cyfeiriad bach, sy'n rhyfedd achos mae gen i fwy na brith gof am Francis, y Sioni Winwns cyntaf i mi ei weld. François Kergoat oedd ei enw llawn ac roedd yn dod i werthu winwns o gwmpas ffermydd ardal Tregaron wedi'r Ail Ryfel Byd. Bryd hynny roedd sipsiwn – Romanis iawn – yn dod i werthu pegiau, tincars yn atgyweirio potiau a dynion gyda thyrbans yn gwerthu carpedi. Ac yna roedd y dyn yma gyda'i winwns. Yn ots i'r lleill, roedd hwn yn siarad Cymraeg gyda Mam. Dyma fi'n ei holi hi am y dyn yma a'r ateb ges i oedd mai Sioni Winwns oedd e a'i fod e'n dod o ran o Ffrainc o'r enw Llydaw lle roedd pawb yn siarad Cymraeg, sy'n egluro pam mae rhai Cymry o hyd yn meddwl bod Cymraeg a Llydaweg yn debyg iawn i'w gilydd. Fel y gwyddon ni heddiw, wrth gwrs, dyw hynny ddim yn hollol gywir. Ond fe greodd Sioni syniad – ryw ddelwedd – ym meddwl y Cymry fod Llydaw yn wlad y medrech fynd iddi a byddai pobol yn eich deall pe byddech chi'n siarad Cymraeg â nhw. Nid y Cymry'n unig sy'n credu hynny.

Beth bynnag, fe welais y Sioni hwnnw gyda'i feic a'i winwns yn yr Aes ac fe ges i syniad. Prynais y rhaff fwyaf oedd ganddo a thrio tynnu sgwrs ag e. Ches i fawr o lwc. Es yn ôl y dydd Sadwrn wedyn a phrynu clamp o raff arall a dyma ofyn iddo'r tro hwn a fyddai'n barod i siarad â mi a dweud tipyn o'i hanes. Wedi peth dadlau fe gytunodd ac felly, ym Medi 1977, dechreuais ymweld yn wythnosol â Jean-Marie Cueff ac Olivier Bertevas, y ddau bartner, mewn hen siop gondemniedig roedden nhw'n ei defnyddio fel storws tua phen uchaf Bute Street. Y fath lwc! Pan ddechreuais ymchwilio i hanes y Sionis roedd y to olaf o'r hen Sionis iawn, Llydaweg eu hiaith, yn rhoi'r gorau iddi. Wyddwn i mo hynny ar y pryd, wrth gwrs, ond ddiwedd y saithdegau y rhoddodd y mwyafrif ohonyn nhw eu beics yn y sied am y tro olaf. Mewn tafarn o'r enw The Custom House y byddwn i'n siarad gyda Cueff a Bertevas – hon oedd eu tafarn hanner awr wedi pump nhw. Dau beint oedd yr arferol, ond mwy pan fyddwn i yno i dalu. Os oedden nhw'n gwerthu yng nghanol Caerdydd, fe fydden nhw'n cael dau beint yn yr Old Arcade amser cinio, a dau beint cyn clwydo mewn tafarn o'r enw'r Glendower, eto'n agos i'r dociau. Mae'r Custom House a'r Glendower wedi hen ddiflannu. Ac os ydych chi'n meddwl – fel finnau – bod chwe pheint y dydd bob dydd yn dipyn o gwrw, wel, roedd hyd yn oed tafarnau dociau Caerdydd yn fwy cysurus na'r hen siop ddiflas roedden nhw'n byw ynddi.

Eto, roedden nhw'n ofalus o'u harian. Roedd Cueff wedi dechrau gwerthu winwns ym Mryn-mawr yn 9 oed, a'i gyflog cyntaf oedd pâr o sgidie a blwyddyn o rent i'w fam ddibriod. Doedd e ddim yn eithriad 'chwaith. Des i adnabod rhai oedd wedi dechrau yn 10 oed, a nifer oedd wedi dechrau yn 11.

Er eu bod yn ddigon parod i siarad erbyn hyn, gwaith digon llafurus oedd llusgo'r stori allan ohonyn nhw. Roedden nhw'n ddigon parod i drafod eu bywyd bob dydd – sôn am fynd i'r banc i drosglwyddo'u harian i'w banc yn Llydaw, neu sôn am y llwyth o frwyn ar ganol llawr y siop a'r gwlybaniaeth oedd yn llifo ohono. Roedden nhw wedi bod yn ei dorri ar y mynydd uwchben Cilfynydd ac wedi llogi tacsi i ddod ag e'n ôl! Ar do'r tacsi, fe ddylwn egluro. Doedd dim un ohonyn nhw'n medru gyrru car. Ces gynnig ar raffo winwns, ymdrech drwsgwl ac aflêr. Er na fu Olivier yn gwerthu winwns yn unlle ond yng Nghaerdydd, roedd yn ymwybodol fod Cymraeg a Llydaweg yn perthyn 'fel dwy chwaer' a gwyddai ble roedd yna ysgolion cyfrwng Cymraeg draw cyn belled â Chastell Nedd ac i fyny'r Cymoedd cyn belled â Merthyr.

Weithiau fe ganai Cueff ryw faled ac ymdrechwn i'w chofnodi, ond er i mi gael tipyn o liw a naws eu bywydau llwydaidd, digysur, roeddwn ymhell iawn o ganfod gwreiddyn eu hanes. Weithiau fe gawn ryw lygedyn o rywbeth addawol. Canodd Cueff ddarn o faled Lydaweg am y *Titanic* a gofynnais iddo a fu unrhyw longddrylliadau a effeithiodd ar fywydau'r Sionis. Dywedodd y bu i ryw long o'r enw'r *Hilda* suddo a bod llawer o Sionis arni. Ni wyddai pryd y bu hynny, ond credai iddo weld mast y llong ar y creigiau pan oedd yn Sioni bach yn hwylio i mewn ac allan drwy Saint-Malo. Ymgynghorais â'r *Lloyd's Register of Ships* a chael hanes y trychineb ofnadwy a fu yn 1905 pan suddodd yr *Hilda* ar ei ffordd yn ôl i Saint-Malo gan foddi 79 o Sionis, 25 ohonyn nhw o gymuned fechan Cléder. O dipyn i beth ces hanes eu hwinwnsyn unigryw gyda'i wawr binc ysgafn – hynny am fod y ffermwyr yn eu tyfu ar wymon. Bydden nhw'n mynd i lawr i'r traethau, cribinio'r gwymon lan a'i wasgaru ar y tir ac yna'n dod â'r aradr a'i aredig i'r pridd. Winwns organig. Mae stori am Sioni yn trio gwerthu winwns i ferch ifanc a honno'n gofyn iddo fe 'Odyn nhw'n organig?' 'Odyn, organig ac orgasmig!' atebodd Sioni. Roedd Sioni yn dipyn o werthwr. Ac roedd ganddo fe rywbeth gwerth ei werthu. Winwnsyn mwyn sy'n coginio'n gyflym, y medrwch ei fwyta heb ei goginio mewn brechdan gyda chaws, sy'n ardderchog mewn cawl neu wedi'i ffrio gyda stecen ac sy'n cadw am ysbaid go lew ac yn addurn i'r gegin.

Mae masnach y Sionis yn hen, yn mynd yn ôl i 1828 pan hwyliodd dyn o'r enw Henri Olivier o Roscoff i Plymouth gyda chriw bach o ffrindiau a sacheidiau o winwns, gan ddychwelyd ymhen wythnos wedi gwerthu'r cyfan a'u pocedi'n llawn sofrens. Dyna gychwyn stori o lanw a thrai a oroesodd drychineb yr *Hilda* yn 1905, trychineb llai y *Channel Queen* yn 1898, dau Ryfel Byd a dirwasgiad y tridegau, ond bu dirwasgiad y saithdegau bron iawn yn ddiwedd arnyn nhw. Erbyn 1980 roedd yr hen griw Llydaweg eu hiaith a oedd wedi bod drwy'r holl anawsterau hynny yn rhoi'r gorau iddi. A dyna'r union adeg y dechreuais innau ymchwilio i'w hanes. Fe ddaliais Cueff a Bertevas pan oedden nhw ar eu tymor olaf yng Nghymru. Ers blynyddoedd roedden nhw wedi dweud wrth eu cwsmeriaid – a gohebwyr y *South Wales Echo* – mai hwn oedd eu tro olaf, ond 'nôl yr oedden nhw'n dod ddiwedd pob Awst. Ond hwn *oedd* y tro olaf – a thrwy lwc fe goeliais i nhw a threfnu mynd i Lydaw y mis Medi canlynol ar ôl cael grant o £100 tuag at fy nghostau gan Gyngor y Celfyddydau. Lwc arall, cawsom fenthyg carafán ar draeth Kerlouan gan Robert Simon, y trwsiwr clociau a gwerthwr gemau yn Plabennec, a dyna'r Haf Bach Mihangel gorau mewn hanes, a oedd yn golygu amser braf i Gwen a'r pedwar o rai bach a rhyddid i minnau fynd i chwilota ac ymchwilio.

Roedd Cueff wedi rhoi ei gyfeiriad i mi, ond rhyw enw ardal a chod post o gyfeiriad oedd e. Serch hynny, fe ddes o hyd iddo yn y diwedd, a chael croeso mawr. Doedd dim car gan Cueff, dim ond 'beic cacwn' a llond garej o boteli gwin gweigion. Bryd hynny roeddech chi'n cael arian am ddychwelyd potel wag i'r siop – ac roedd gen i gar. Y drefn wedyn oedd i mi fynd ag ef – a llwyth o boteli – i'r archfarchnad ac yna ymlaen i ryw dafarn neu'i gilydd lle byddai criw o hen

Sionis wedi crynhoi i sgwrsio. Aeth rhai dyddiau heibio cyn i ni lwyr wagio garej Cueff o'r poteli gweigion, ond fe fu'n ariannol fuddiol iddo fe ac roedd yn sicrhau ei fod e'n falch iawn o 'ngweld i ac yn awchus am ddiwrnod arall o ddiota a hel atgofion.

Fel hynny y des i lawn adnabod Roscoff a llawer iawn o'i thrigolion – ond yn bennaf gwŷr y winwns. Dynion – ac ambell ddynes – cyfoethog eu storïau, ac yn medru eu dweud gyda blas oedd y rhain. Pobol ddiwylliedig, er na chafon nhw fawr o addysg. Dynion fel 'Peta' Claude Corre a fu'n gwerthu winwns yn Glasgow drwy'i oes, cefnogwr Celtic ac ymhyfrydwr yn yr 'hen gynghrair' rhwng yr Alban a Roscoff, cyfieithydd rhai o ganeuon Robert Burns i'r Llydaweg a gŵr gwadd anrhydeddus ar Noson Burns gyda rhaff o winwns am ei wddwg. Drwyddo fe, a Claude Tanguy, 'Albanwr' gwybodus arall, llwyddais i ddod â'r stori at ei gilydd. Jean-Marie Prigent wedyn, a oedd yn llawn gwybodaeth ddiddorol am hanes Blaenafon, ei acen cyn gryfed fel y gallasech yn hawdd dybio mai glöwr neu weithiwr yn ffwrneisi haearn a dur Blaenau Gwent oedd e. Roedd hwyl arbennig yng nghwmni'r tad a mab o Mecheroux, Joseph a Michel Olivier, gwerthwyr winwns a chanddyn nhw storws ar fferm yng Nghastellnewydd Emlyn, dau a siaradai Gymraeg cystal â minnau – a dim Saesneg. Roedd gwraig Joseph – mam Michel – yn uniaith Lydaweg.

Un arall a siaradai Gymraeg oedd Marie Le Goff, a arferai werthu winwns ym marchnad Llanelli ac a ddeuai drosodd am y tymor gyda'i merch a'i mab-yng-nghyfraith, Thérèse a Sebastien Prigent, ynghyd â'u plant hwythau, Marie-Josée a Guy, y ddau'n mynd i'r ysgol gynradd Babyddol am ddau dymor bob blwyddyn ac i'r ysgol gartre yn Llydaw am un tymor. Des o hyd i hanes un Sioni o'r enw Charles Floc'h a oedd hefyd yn mynd i Lanelli ac a orfu fynd i'r llys oherwydd rhyw ddiffyg ar olau ôl ei fan. Mynnodd gael cynnal yr achos yn Gymraeg am na ddeallai Saesneg. Yn 1930 yr oedd hynny. Mab neu nai iddo oedd y pêl-droediwr ieuengaf i gynrychioli

Ffrainc erioed, sef Louis 'Loulou' Floc'h, a fu'n cadw siop lyfrau a phapurau newydd yn Roscoff ar ôl ymddeol. Ymhyfrydai ei fod o dras y Sionis a chawn groeso bob amser i'w stafell gefn gyda'r lluniau mawr ohono yn lliwiau Ffrainc, Monaco, Paris Saint-Germain, Rennes a Brest. Lawer gwaith dywedodd wrthyf sut y bu iddo dorri ei goes mewn gêm gyfeillgar yn erbyn Gwlad Belg yn 1966. Oni bai am hynny, ni fyddai Lloegr wedi ennill Cwpan y Byd, meddai. Y cyfan fedrwn i ddweud oedd, 'Pam na fuaset ti wedi dewis rhyw dymor arall i dorri dy goes?'

Sioni arall oedd Saik Mevel – y cantwr – a oedd yn mynd i Lundain i werthu winwns ac yn treulio ei nosweithiau yn canu yng nghlybiau cabaret y ddinas. A dyna Jean Le Roux, un arall a dreuliodd oes yn gwerthu winwns yn Llundain. Aeth criw o Adran Addysg y BBC yn Llundain â Jean i Genarth i wneud eitem i gyfres deledu ar *The Story of English* i weld ai gwir y stori fod Cymry a Llydawyr yn medru cyfathrebu. Roeddwn yn gweithio i'r BBC ar y pryd a chefais gais i wneud trawsgrifiad o'r sgwrs gan nad oedd neb a oedd yn gweithio ar y rhaglen yn medru'r Gymraeg – heb sôn am Lydaweg. Pan ges dâp o'r sgwrs roedd yn amlwg fod Jean yn cyfathrebu'n iawn gyda'r Cymry – yn Gymraeg! Er na fu erioed yn agos i Gymru, medrai'r Gymraeg yn bur dda, wedi ei dysgu gan y Cymry oedd yn gwerthu llaeth yn Llundain. Yn y trawsgrifiad ceisiais roi'r argraff fod peth Llydaweg yn y sgwrs – trueni difetha stori dda. Rai blynyddoedd wedyn, derbyniais gopi o'r llyfr a oedd yn cyd-fynd â'r gyfres deledu ac ynddo roedd llun o Jean Le Roux â'i feic a'i winwns gyda chriw o Gymry y tu allan i un o dafarnau Cenarth. Oddi tano roedd y geiriau 'Jean Le Roux could communicate easily in Gaelic with his Celtic cousins in Wales.'

Un da am stori oedd Jean. Roedd barbwr o Saint-Pol-de-Léon yn awyddus i fynd am dymor i werthu winwns a chafodd gynnig mynd gyda Sioni oedd yn mynd i Faesteg. Roedd e'n werthwr anobeithiol. Un diwrnod, dyma fe'n cnocio drws a chlobyn o ddyn yn ateb. 'Ti ishe winwns, bos?' meddai Sioni. 'Nagw i,' meddai'r dyn, ond cyn iddo gael cyfle i gau'r drws yn glep, meddai Sioni, 'Mae ishe torri dy wallt di. Fi yw'r barbwr gore yn Llydaw, licet ti i fi dorri dy wallt di?' 'Reit o 'te,' meddai'r dyn. Wedi hynny fe wnaeth y Sioni fusnes da yn torri gwalltiau pobol. Pan fyddai rhywun yn gwrthod prynu ei winwns e, byddai'n cynnig torri ei wallt! Roedd barbwrs yr ardal yn benwan ac yn falch o'i weld yn mynd 'nôl i Lydaw.

Un o gwsmeriaid gorau Jean Le Roux pan oedd e'n ifanc oedd Winston Churchill, ac fe fyddai'n galw bob wythnos yn ei dŷ. Y drefn oedd y byddai'n mynd â rhaff o winwns i'r drws cefn a byddai'r arian cywir yn barod ar ei gyfer gan y forwyn. Un wythnos aeth i'r drws a dyma'r forwyn yn dweud wrtho bod ganddyn nhw ginio mawr y noson ganlynol a gofyn a oedd yn bosib iddyn nhw gael mwy o winwns nag arfer. 'Wrth gwrs,' meddai Jean. Ond roedd problem arall. Doedd y forwyn ddim wedi cael yr arian cywir yn ôl yr arfer, a dyma hi'n cynnig siec iddo. Roedd Jean wedi cael ei siarsio gan ei dad na ddylai byth dderbyn sieciau, dim ond arian parod. Ond wedyn doedd e ddim am gwmpo mas gydag un o'i gwsmeriaid gorau, ac yn anfoddog braidd fe'i derbyniodd. Bant ag e i'r dafarn lle byddai'r Sionis yn cwrdd a gofyn i'r tafarnwr ei newid iddo. 'Â phleser,' meddai hwnnw, gan edrych yn ofalus ar y siec. 'Ond wyt ti wedi gweld llofnod pwy sy arni?' 'Sdim ots gen i llofnod pwy sy arni, dwi ddim isie siec,' meddai Jean, 'mi ga i stŵr gan fy nhad.' ''Na fe, 'te,' meddai'r tafarnwr, 'dim ond bo ti'n gwbod.' Llofnod Winston S. Churchill oedd ar y siec!

Cyhoeddwyd fy nghyfrol *Y Shonis Olaf* gan Wasg Gomer yn 1981 a chynigiais fersiwn Saesneg iddyn nhw. Ches i ddim synnwyr. 'Helwch e i ni i ni gael gweld.' Er yr ymateb llugoer fe fwriais ati i gyfieithu, gan gredu bod hwn yn bwnc fyddai, maes o law, o ddiddordeb y tu hwnt i Gymru. Wedi ei gael, cymerodd Gomer ddeunaw mis i benderfynu cyhoeddi'r gyfrol – a deunaw mis arall i newid eu meddyliau! Es at gyhoeddwr o Gernyw, Dyllansow Truran, a chyhoeddwyd *Goodbye Johnny*

Onions yn 1987. Er mai araf fu gwerthiant y gyfrol Saesneg i gychwyn, ysgogodd dipyn o ddiddordeb, llawer ohono y tu allan i Gymru. Sgrifennodd y Press Association erthygl am y gyfrol, erthygl a ymddangosodd mewn nifer o bapurau dyddiol rhanbarthol Prydain. Ysgogwyd amryw o raglenni radio. Es i Roscoff i recordio cyfweliadau a chynhyrchu rhaglenni i Radio Cymru, Radio Wales a Radio Scotland tua 1989. Bûm allan gyda chwmni *Hel Straeon* i wneud rhaglen i S4C yn 1991. Rhys Lewis, hen gyd-weithiwr yn y BBC, oedd yn cynhyrchu'r rhaglen honno ac aeth i Roscoff o flaen y gweddill ohonon ni. Daeth i'n cyfarfod oddi ar y fferi gyda'r newydd fod Marie Le Goff, a oedd i gael ei chyfweld gen i ar gyfer y rhaglen, wedi marw y diwrnod cynt. Gofynnodd Rhys i mi, am fod y teulu yn fy ystyried bron yn un ohonyn nhw, a wnawn i fynd trannoeth i geisio caniatâd i ffilmio'r angladd. Am naw fore trannoeth cyrhaeddais y tŷ yn Santec a chael croeso mawr gan ei merch, Thérèse Prigent, a'm tywys i fewn i'r stafell fyw. Yno yn ei gwely, wedi ei gosod i eistedd i fyny'n daclus, yr oedd Marie ac eisteddodd Thérèse a minnau bob ochr i droed y gwely yn hel atgofion am ryw ddeng munud cyn mynd i'r gegin am wydraid go fawr o frandi. Yno, wedi fy ymwroli gan y brandi, y gofynnais a fydden ni'n cael ffilmio'r angladd, a oedd yn digwydd y prynhawn hwnnw – dim ond y tu allan, ddim o fewn yr eglwys. Cytunwyd i'r cais yn syth. Yn yr eglwys y prynhawn hwnnw ymunais â'r teulu. Roedd yn amlwg fod yr hen offeiriad wedi dotio at y ffaith fod yna griw ffilmio o Gymru yn y fynwent y tu allan a bwriodd ati gydag afiaith: 'Mor enwog oedd Marie Le Goff yng Nghymru, a chymaint y parch yno tuag ati, fel pan glywyd am ei marwolaeth, anfonodd y BBC griw ffilmio allan yn syth i gofnodi'r digwyddiad trist...' Es am sgwrs sydyn gyda Rhys gan awgrymu iddo efallai y byddai'n syniad i ofyn i'r offeiriad fynd trwy ei bregeth eto o flaen y camera – er bod yr eglwys yn wag. Cytunodd hwnnw yn barod iawn. Roedd yn ddiwedd cyfnod ac yn ddarn effeithiol iawn o deledu gyda'r hers yn mynd ar hyd y Rue des Johnnies i'r fynwent.

Beth amser wedi hynny, ces y syniad y byddai'n werth creu arddangosfa am hanes y Sionis, a soniais am y peth wrth Brian Davies, Curadur Amgueddfa a Chanolfan Hanes Pontypridd. Doeddwn i ddim yn adnabod Brian yn dda bryd hynny a ches dipyn o sioc pan ddywedodd yn syth, 'Ie, ardderchog, fe gawn ni grant gan y Cyngor Amgueddfeydd yng Nghymru ac fe gaiff yr arddangosfa deithio i amgueddfeydd eraill wedyn – syniad da...' Roeddwn i wedi arfer â phobol – yn y BBC a llefydd eraill – yn tynnu wyneb pan gynigiwn unrhyw syniad, a sôn am broblemau cyllid, a thrueni na fyddwn wedi cynnig y syniad llynedd, neu aros bum mlynedd arall cyn gwneud, a bod pobol ddim yn gwneud y math yma o beth nawr ac ati ac ati. Roeddwn ar y ffôn yr un dydd â hen gyfaill annwyl, y diweddar Bernard Le Nail, a oedd yn Gyfarwyddwr Skol-Uhel ar Vro (l'Institut Culturel de Bretagne) ac ar ddamwain crybwyllais wrtho y syniad o greu arddangosfa Sionis. Aeth y ffôn yn dawel. 'Wyt ti yna?' meddwn. 'Y – ydw,' oedd yr ateb. 'Ga i fod yn gyd-gynhyrchydd ar y prosiect? Dwi ddim am wneud dim, ond fe ddo i ag arian i'r bwrdd. Mi hoffwn i gael arddangosfa fel'na i'w chynnig i ganolfannau ac i'w gosod yng nghyntedd banciau ac ati.' Roedd hyn ar ddydd Iau. Y dydd Llun canlynol aeth Brian a minnau i Saint-Malo i gyfarfod Bernard – yn Rennes roedd ei swyddfa. Cytunwyd ar sut i weithredu – fi i wneud y gwaith(!), Brian i ffeindio'r ffordd i fy nhalu i a Bernard i dalu fy nghostau. Wedi dychwelyd i Gymru aeth Brian a mi i weld Gareth Davies, Cymro Cymraeg o Aberdâr, dyn ardderchog a oedd yn gyfarwyddwr y Cyngor Amgueddfeydd yng Nghymru (CyMAL bellach), a chawsom addewid y byddai'n talu fy ffi – ond gydag awgrym i mi gysylltu â chyfyrder i mi, y diweddar Alun Davies, awdurdod Amgueddfa Sain Ffagan ar hen ddodrefn a chlociau Cymreig. Roedd Alun yn aelod o Gyngor Dinas Caerdydd ac ef oedd yn cynrychioli Caerdydd ar y Cyngor Amgueddfeydd. Jyst rhag ofn i rywun ofyn cwestiwn lletchwith, yn ôl Gareth, ond ni ragwelai unrhyw broblem. Wythnos wedyn roeddwn yn Roscoff i gyfarfod eto â Bernard a Madeleine Le Guerc'h – roeddwn i'n adnabod Madeleine ers rhai blynyddoedd, fficsar heb ei hail, cyn-asiant i'r Sionis, cyn-aelod o staff Neuadd y Dref, cyn-gynghorydd hefyd o bosib, a chyn-asiant i ddau o gwmnïau llongau Caerdydd yn Roscoff. Dynes a oedd yn adnabod ac ar delerau da gyda phawb oedd hon.

Des oddi ar y cwch am 7.30 y bore a cherdded i'r Hotel du Centre, lle roeddwn i aros y noson wedyn, a mynd i'r gwely am awr cyn y cyfarfod cyntaf am 9.30. Tua 10 dyma Madeleine yn dweud, 'Gyda llaw, mae'r maer am ein gweld ni. Rwy'n meddwl y bydde'n syniad da i ni gychwyn draw nawr.' Popeth yn iawn, nes i ni gyrraedd a chanfod y cyngor i gyd yno yn ein disgwyl. Eglurais beth oedd mewn golwg gennym ni yng Nghymru a soniodd Bernard am y cyfarfod a gawsom yn Saint-Malo a'r hyn oedd ganddo yntau mewn golwg, a dyna ddechrau'r trafod. Cofiaf fod rhywun eisiau sefydlu tafarn Wyddelig yn gwerthu Guinness gyda Sionis yn rhaffo winwns a Bernard a minnau yn dechrau edrych ar ein gilydd – nid dyna oedd gyda ni mewn golwg. Yn sydyn dyma'r maer, Michel Morvan – deintydd wrth ei alwedigaeth – a oedd wedi bod yn ddigon tawel, yn cyhoeddi bod ganddo gyfarfod gyda dau newyddiadurwr o Baris a bod yn rhaid dirwyn y cyfarfod i ben. Yna, wrth fynd allan, dyma fe'n troi at Bernard, Madeleine a minnau a sibrwd, 'Anghofiwch hwnna i gyd, dewch yn syth i'r Brittany Hotel ac fe gawn ni drafod o ddifri.'

Erbyn i ni gyrraedd, roedd Morvan mewn llawn hwyliau yn trafod rhyw gynlluniau gyda'r newyddiadurwyr. Ymddangosodd potel a gwydrau ar y ford o'n blaenau ac ymhen ychydig daeth y maer aton ni ac meddai wrtha i, 'Gwrandwch, dydyn ni ddim eisie arddangosfa deithiol, mae angen amgueddfa barhaol i'r Sionis. Mae gen i adeilad, fedrwch chi ddarparu'r deunydd?' 'Medra,' meddwn innau, gan feddwl wedyn beth ar y ddaear oeddwn i'n mynd i'w wneud. Am gyfnod, bûm yn ymweld â Roscoff bob yn ail benwythnos ar gyfer cyfarfodydd ac i ymchwilio. Rwy'n cofio un achlysur pan oeddem am wahodd y Sionis i ddod i 'ngweld gyda'u hen luniau a phytiau o bapurau newydd. 'Rwy wedi trefnu iddyn nhw i gyd ddod i Neuadd y Dre brynhawn Sadwrn nesa,' meddai Madeleine. 'Sut gwnaethoch chi hynny?' meddwn innau. 'Rwy wedi rhoi pwt o stori yn *Ouest-France* a *Le Télégramme*; mi fyddan nhw i gyd yno,' meddai Madeleine gyda sicrwydd pendant. 'Ond sut fedrwch chi fod mor siŵr y do'n nhw?' meddwn innau. 'Mae'r maer yn darparu diod i bawb,' atebodd hithau. Gwir a ddywedodd – daeth dros gant ynghyd! Profiad arall o sut mae llywodraeth leol Ffrainc yn gweithio.

Gyda chymorth Brian Davies, Curadur Amgueddfa Pontypridd, a Paul O'Brien, Swyddog Arddangosfeydd y Cyngor Amgueddfeydd, gwireddwyd y freuddwyd a chychwynnodd yr arddangosfa deithiol ym Mhontypridd ym Medi 1994. Bu ym mwyafrif amgueddfeydd y De, gan gynnwys Sain Ffagan, ac ambell un yn y Gogledd, fel Porthmadog a Celtica ym Machynlleth. Y gwanwyn wedyn agorwyd La Maison des Johnnies mewn capel bach ar yr hen borthladd yn Roscoff gydag arweinydd Cyngor Taf Elai, Janet Davies, yn bresennol a chriw ffilmio o raglen *Homeland* BBC Cymru. Bu'r amgueddfa'n boblogaidd iawn gydag ymwelwyr o Brydain a oedd yn defnyddio'r porthladd ac yn cofio gwŷr y winwns, ac yn arbennig ymhlith yr hen Sionis a'u teuluoedd.

Un bore Sul rai blynyddoedd wedi hynny yn Chez Janie, a ninnau ar ein ffordd am ginio gyda theulu'r Prigents yn Santec, ces sgwrs gydag Albanwr, cogydd, a ddywedodd yn sydyn ei fod newydd ymweld ag amgueddfa fach ardderchog a bod yno lun o hen 'Onion Johnny' a oedd yn arfer ymweld ag e bob wythnos yn ei westy yn Glasgow. Roedd e'n methu coelio pan ddywedais wrtho mai fi a'i sefydlodd. Roedd yr amgueddfa ar gau fel arfer ar ddydd Llun ond trefnais ymweliad – preifat – arall iddo fe a'i wraig a mi'n eu tywys. Rhyw wyth mlynedd wedyn symudwyd yr amgueddfa i hen ffermdy a'i hehangu i fod yn amgueddfa amaethyddol yn ogystal ag amgueddfa Sionis. Wedi hynny cychwynnwyd Gŵyl y Winwns, ac ar ôl i'r winwns gael statws A.O.C. (Appellation d'Origine Contrôlée) sefydlwyd y Confrérie – fel y gwneir gyda chynhyrchion cyffelyb ledled Ffrainc. Fel y dywedwyd wrthyf, agwedd bwysig o sicrhau'r statws A.O.C., yn ogystal ag arbenigrwydd a safon y cynnyrch, yw fod iddo stori a bu'r ffaith i mi ailsgrifennu'r hanes ddechrau'r mileniwm newydd yn allweddol i hyn. Cyhoeddwyd tair cyfrol yn 2002 – *Sioni Winwns* a *The Last of the Onion Men* gan Wasg Carreg Gwalch a *Le Monde des Johnnies* gan Le Télégramme – ac fe'u lansiwyd i gyd yn Neuadd y Dref, Roscoff.

Un a fu'n gefn mawr i mi trwy gydol y gwaith o sefydlu La Maison des Johnnies – amgueddfa lle mae popeth ond yr enw yn dairieithog: Llydaweg, Ffrangeg a Saesneg – oedd Patricia Chapalain, perchennog yr Hôtel Le Brittany yn Roscoff. Adeg sefydlu'r amgueddfa roedd hi'n ddirprwy faer Roscoff ac yn frwd dros sicrhau eu lle yn hanes y dref a'r ardal i'r Sionis. Bu ei thad, Eugène Grall, yn Sioni yng Nghaerdydd ac ef fu'n gyfrifol am y cyfeillio cyntaf rhwng tref yng Nghymru a thref yn Llydaw, sef Penarth a Saint-Pol-de-Léon, trefniant sy'n dal yn fywiog hyd heddiw. Mae hi wedi ymddeol bellach a'i mab yn rhedeg yr Hôtel Le Brittany a'r Hotel du Centre. Ceir cyfres achlysurol ar Radio 4 o'r enw *Making History* ac ar un adeg roedd yn cynnwys slot am 'Local History Hero'. Ces fy newis yn un o'r 'arwyr' hynny a'r rhyfeddod mawr oedd mai Roscoff a Patricia a fu'n gyfrifol am fy enwebu. Sut yn union y gwydden nhw am y gyfres a'r eitem, fedra i ond dyfalu.

Y profiad mwyaf lliwgar, er hynny, a'r syndod mawr oedd cael fy ngwahodd i fod yn aelod o Confrérie y Sionis a'r tyfwyr winwns. Syndod, am na wyddwn am eu bodolaeth, ac erbyn hynny roedd nifer fawr o'r hen Sionis roeddwn wedi eu hadnabod yn dda wedi mynd at eu gwobr, yn ogystal â nifer o'r cynghorwyr hefyd, ac eraill yn eu plith naill ai wedi ymddeol neu golli eu seddau. Roeddwn i'n meddwl y bydden nhw wedi hen anghofio amdanaf. Beth bynnag, bu adfer cysylltiad â rhai, a dod i adnabod eraill, yn brofiad ac y mae'r cinio sy'n rhan o'r ŵyl flynyddol yn ddigwyddiad a hanner. Yn ogystal â'r Sionis ceir cynrychiolwyr o gymdeithasau cynhyrchwyr eraill gyda statws A.O.C., yn eu plith y cynhyrchwyr gwin o ddyffryn y Rhône, cynhyrchwyr mefus o Plougastel-Daoulas yn Llydaw, pobyddion o Touraine, cynhyrchwyr treip o rywle yng ngogledd Ffrainc, y tyfwyr marchysgall (*artichokes*) o Lydaw, y rhai sy'n ffermio'r cregyn Sant Iago yn ardal yr Armor a physgotwyr o'r aberoedd ym mhen draw Finistère... pob math o bobol ddifyr a hwythau yn eu gwisgoedd ysblennydd.

Fe wyddwn fod cymdeithasau o'r fath yn gysylltiedig â chynhyrchwyr o bob math – ond pobol y gwin a'r gwinllannoedd yn bennaf. Rwy'n cofio dydd fy 'urddo' yn dda, dydd Sul, 25 Awst 2013. Ces fy mesur ymlaen llaw am y wisg, cot addurnedig wedi ei gwneud â llaw, crys gwas fferm heb goler, crafat glas – lliw tref Roscoff – *beret* ac arno addurn ar ffurf y winwnsyn coch, a thrywsus du. Ar fore'r 'arwisgiad' roedden ni'n cyfarfod yn Neuadd y Dref ac yn cerdded ar draws yr hen borthladd i 'bentref' y Sionis yng Ngŵyl y Winwns lle ces fy ngwisgo ar y llwyfan gyda'r got ysblennydd, y crafat, y *beret* a medal y gymdeithas. Bellach, mae Roscoff yn falch iawn o'i Sionis ac yn ymhyfrydu yn eu hanes. Mae eraill wedi cydio yn yr ymchwil i'w hanes, a chyhoeddwyd llyfrau eraill. Nodaf waith Estelle Champeau yn arbennig, yn hel gwybodaeth am y ddelwedd o Ffrainc a'r Ffrancwyr ym meddyliau'r Prydeinwyr ac yn arbennig ei darganfyddiad diddorol fod y Cymry yn ymddiddori ynddyn nhw cyn belled yn ôl â'r 1870au. Ceisiodd y Bedyddwyr a'r Methodistiaid Calfinaidd yn Lerpwl ddylanwadu ar y Sionis a'u troi'n Brotestaniaid yn y gobaith y bydden nhw'n dychwelyd i

Lydaw i genhadu! Mae'n werth nodi gwaith Michèle Segura-
Coz, wedyn, a'i hymchwil i longddrylliad yr *Hilda*. Erys
dau ddatblygiad arall i'w cysylltu gyda'r Sionis – sefydlu'r
S.I.C.A., cymdeithas gydweithredol i hybu a marchnata
cynnyrch y rhan yna o ogledd Finistère, a chwmni Brittany
Ferries, a hwyliodd am y tro cyntaf trannoeth i Brydain
ymuno â'r Gymuned Ewropeaidd, a hynny ar yr union lwybr
â'r Sioni cyntaf o Roscoff i Plymouth. Cwmni a sefydlwyd
gan fuddsoddiadau'r ffermwyr ydyw a nhw sy'n parhau'n brif
gyfranddalwyr yn y busnes – rhai ohonyn nhw'n Sionis a'r
mwyafrif â chysylltiad agos â'r hen fasnach werinol.

Ac os cyfrannodd Sioni at y syniad fod Cymraeg a
Llydaweg bron yn union yr un fath, bu'n gyfrifol am greu a
meithrin syniad arall. Am flynyddoedd lawer – bron na allech
chi ddweud ganrifoedd, oherwydd mewn llai na phymtheng
mlynedd dethlir daucanmlwyddiant glaniad y Sioni cyntaf
ym mhorthladd Plymouth – Sioni oedd yr unig 'Ffrancwr' a
welai'r Prydeiniwr cyffredin yn ei fywyd. Oherwydd hynny,
tyfodd y syniad fod Ffrainc yn wlad o dyfwyr winwns a dynion
mewn *berets* a siersis streipiog a oedd yn mynd o gwmpas
ar feiciau gyda rhaffau o winwns yn hongian o'r *handlebars*.
Wedi'r Rhyfel Byd Cyntaf y darganfu Sioni fod beic yn declyn
hwylus i gario'r winwns; cyn hynny bydden nhw'n eu cario ar
bastwn ar yr ysgwydd – peth digon poenus nes y byddai croen
yr ysgwydd yn caledu. O hynny y tyfodd y darlun o'r Ffrancwr
gyda'r beic a'r winwns sy'n cael ei ddefnyddio hyd heddiw
mewn cartwnau papur newydd. Un peth sy'n ofid i mi yw na
chedwais yr holl gartwnau a welais dros y blynyddoedd. Pan
ddaeth y newydd fod y twnnel yn cysylltu Lloegr a Ffrainc
wedi ei orffen – nid y gwaith, ond fod twnnel bellach yn bod – y
cartŵn yn y *South Wales Echo* y noson honno gan yr anfarwol
Gren Jones oedd rhes o Sionis yn dod allan o dwnnel gyda'u
beics yn llwythog dan winwns. Pan oedd Bush a Blair am
fynd i ryfel yn Irac, y cartŵn yn yr *Independent* oedd tanc
gyda phen Bush yn sticio mas o'r twr, Blair – y gwas bach – a'i

drwyn yn rhythu allan o'r ffenest dan y gwn a Jacques Chirac, Arlywydd Ffrainc, yn reidio bant ar ei feic, gyda'i winwns, ar ôl stwffio *baguette* i'r baril. Fe gofiwn i Chirac wrthod bod yn rhan o'r gyflafan annoeth ac erchyll honno.

Pan gyhoeddwyd y newydd mai EDF (trydan Ffrainc) sy'n berchen y mwyafrif o'r cwmnïau sy'n darparu trydan i Brydain, cofiaf mai adwaith un o gartwnwyr y *Guardian* oedd digriflun o Sioni gyda dau ben. Rhag ofn bod angen egluro, drwy ynni niwclear y cynhyrchir 80 y cant o drydan Ffrainc. Cyn i economi Prydain fynd yn ffradach gyda Northern Rock, roedd rhyw si bod economi Ffrainc mewn tipyn o strach. Fel y gwyddon ni, mae'r Saeson, yn gyffredinol, yn casáu Ffrainc ac roedd y stori'n fêl ar fysedd y newyddiadurwyr. Rwy'n cofio cartŵn mawr yn adran fusnes un o bapurau Llundain. Y pennawd oedd, 'Are the wheels coming off the French onion economy?' Ac oddi tano, Sioni Winwns ar ei feic a'r olwynion a'r winwns yn hedfan i bobman. Fe greodd Sioni ddelwedd gyfleus a hwylus o'r Ffrancwr yng ngolwg y Prydeiniwr. Am flynyddoedd byddai pobol o rannau eraill o Ffrainc yn fy holi beth oedd yr obsesiwn yma oedd gan y 'Saeson' am y Ffrancwyr fel cenedl o dyfwyr a gwerthwyr winwns. 'Ni'n deall y malwod a'r brogaod a'r *baguettes* a'r gwin – ond winwns…?' Ac fe fyddwn innau'n sôn am y dynion oedd yn mynd o gornel fach o ben draw Llydaw i werthu winwns ym Mhrydain am chwe mis bob blwyddyn. Fe gawn, yn ymateb, yr olwg anghrediniol honno y mae'r Ffrancwr yn gymaint meistr arni – codi eu hysgwyddau a gwneud rhyw wep ryfedd a throi'r sgwrs. Erbyn heddiw, treiddiodd enwogrwydd y Sionis i bellafoedd Alsace a Provence hyd yn oed – ond fe gymerodd amser.

Rwy'n meddwl mai Richard Cobden, y gwleidydd a'r diwydiannwr o Sais, a ddywedodd, 'Os ydych chi am i genhedloedd a phobol gyd-fyw'n gytûn, gadewch iddyn nhw ymwneud â'i gilydd drwy fasnach a chyfnewid nwyddau a syniadau. Os ydych am ryfel a helynt, gadewch y cyfan i'r gwleidyddion.' Rwy'n rhyw feddwl efallai fod y Sionis wedi gwneud rhyw gyfraniad bach i feithrin heddwch rhwng Ffrainc a Lloegr. Ac fe hoffwn feddwl i mi wneud cyfraniad bach tuag at roi iddyn nhw eu haeddiant yn hanes eu bro, Llydaw a thu hwnt. Ni chredaf y byddai'r amgueddfa wedi digwydd oni bai am brocio o'r tu allan, oherwydd fel y dywedwyd wrthyf droeon a thro, y Sionis oedd haen isaf cymdeithas ardal Roscoff a'r cyffiniau.

Bu un digwyddiad diflas yn ymwneud â fy nghysylltiadau â'r Sionis. Ychydig cyn cyhoeddi fy nghyfrol gyntaf, *Y Shonis Olaf*, roedd dyn o'r enw Jean-Jacques Moncus wedi cael gradd uwch am draethawd am y Sionis. Bu ei dad yn Sioni gyda fy nghyfaill Jean-Marie Cueff ym Mryn-mawr a threuliodd Jean-Jacques aeaf yno gyda nhw. A minnau ar fin gorffen fy ymchwil yn Roscoff, gwelais, am y tro cyntaf, gopi o'i draethawd yng nghartref 'Peta' Claude Corre a threuliais brynhawn defnyddiol yn ei ddarllen. Cydnabyddais fy nyled iddo yn *Y Shonis Olaf*, yn *Goodbye Johnny Onions*, yn *Sioni Winwns* ac yn *The Last of the Onion Men*. Chlywais i ddim am Jean-Jacques Moncus a soniodd neb ddim amdano pan oeddwn yn gweithio ar yr amgueddfa yn Roscoff. Hyd y gwyddwn i, roedd e wedi marw neu'n byw mewn rhyw ran arall o Ffrainc. Ond pan ymddangosodd *Le Monde des Johnnies*, roedd un peth pwysig wedi ei hepgor. Nid oedd y llyfryddiaeth ynddo, felly nid oedd unrhyw gyfeiriad at waith ymchwil Moncus.

Ymhen ysbaid derbyniais orchymyn llys a llythyr gan ei gyfreithwyr yn fy nghyhuddo o fethu â chydnabod ei waith a – gwaeth na hynny – o lên-ladrad. Gwyddwn fod yr olaf o'r cyhuddiadau yn afresymol. Roedd 48 y cant o'r gyfrol yn lluniau, 40 y cant o'r cynnwys ysgrifenedig yn deillio'n uniongyrchol o gyfweliadau gyda gwahanol Sionis a 12 y cant o lyfrau am hanes Roscoff a Llydaw, gwybodaeth roeddwn wedi ei chyfnewid gyda myfyrwyr ymchwil ac ychydig iawn, iawn bellach o waith Moncus. Bûm yn trafod y mater gydag amryw yn Llydaw ac yn y diwedd derbyniais gyngor fy hen gyfaill Bernard Le Nail – yntau ei hun yn gyhoeddwr – a mynd at gyfreithiwr yn Morlaix o'r enw Loïk Chapel. Roeddwn wedi cyfarfod Loïk mewn Cyngres Geltaidd rywdro ond fedrwn i ddim dweud fy mod yn ei adnabod. Cyngor Bernard oedd, 'Mae e'n dy nabod di ac yn gyfarwydd â dy waith ac mae e'n drylwyr.' Hynny a fu.

Aeth blynyddoedd heibio ac yn yr achos llys cyntaf derbyniodd y barnwr y ddadl mai'r cyhoeddwr, Le Télégramme, yn unig oedd ar fai am fethu cynnwys y llyfryddiaeth. Roedd copi o'r ddisg a anfonwyd i'r wasg gan gyfieithydd y gyfrol, Josseline Mondot, ac roedd yn cynnwys y llyfryddiaeth – prawf pendant o'n bwriad i gynnwys llyfryddiaeth ac mai'r wasg oedd ar fai. Dyfarnodd y barnwr iawndal i Moncus a'r un swm i minnau am y gofid ac ati. Gwrthododd y cyhuddiad o lên-ladrad. Ond am ryw reswm, penderfynodd Moncus fynd i'r Llys Apêl a mynnu 'mod i'n euog o lên-ladrad. A cholli'r iawndal a ddyfarnwyd iddo'n wreiddiol. Wedi llwyddo i lusgo'r holl 'dystiolaeth' oddi wrtho, gwelwyd bod ei ddadl yn fwy di-sail nag yr oeddwn i, hyd yn oed, wedi'i ofni – dyrnaid o ddyfyniadau cyffelyb o fy nghyfrol i ochr yn ochr â rhai o'i draethawd e. Un ohonyn nhw oedd 'Ma Doue, Ma Doue' (Fy Nuw, Fy Nuw) yn y bennod am longddrylliad yr *Hilda*. Roeddwn i wedi dod o hyd i'r geiriau yn y *Daily Mail*, roedd ei ddyfyniad ef o bapur wythnosol Llydewig! Roedd un arall ar bwnc nawdd cymdeithasol. Wedi edrych ar rifau'r tudalennau, yr hyn roeddwn i'n ei drafod oedd anallu'r Sionis i gyfrannu i gynllun pensiwn pan oedden nhw ym Mhrydain; sôn am broblem wrth yswirio yn erbyn damweiniau yr oedd Moncus. Ac felly ymlaen. Cafodd y cyfan ei setlo wedi sawl blwyddyn o lythyra a dau achos llys.

Hwyrach mai'r siom fwyaf oedd i'r Writers' Guild of Great Britain (yn Gymraeg maen nhw'n galw eu hunain yn undeb!) wrthod ymladd fy achos. 'Undeb bach ydym ni a fedrwn ni byth ymladd achos fel hwn,' oedd ymateb yr Is-Ysgrifennydd Cyffredinol, dynes gyda'r cyfenw Paris. Addawodd cynrychiolydd Cymru ar y pryd godi'r mater gyda'r pencadlys. Wn i ddim a wnaeth. Y cyfan ddywedodd e wrtha i wedyn oedd nad y math yna o undeb oedd y Guild, ond un yn ymwneud â materion mwy eang a chyffredinol! Flynyddoedd wedyn, pan geisiodd y Guild fy mherswadio i ailymaelodi, cyfaddefodd yr Ysgrifennydd Cyffredinol, Bernie Corbett, wrthyf na wyddai ddim am yr achos ac i mi gael cam ganddyn nhw. Derbyniais ddwy flynedd o aelodaeth am ddim fel arwydd o ewyllys da ond wnes i ddim ymaelodi ar ôl hynny. Ces wasanaeth ardderchog gan Loïk Chapel, er i mi ddarganfod wedyn mai cyfreithiau'n ymwneud â'r môr a phorthladdoedd oedd maes ei arbenigedd! Peth arall a'm synnodd oedd y gost. Ni fedraf honni bod yn awdurdod ar ffioedd cyfreithwyr Cymru, ond roedd rhai Loïk yn ymddangos yn rhesymol iawn i mi, yn enwedig o gofio mor hir y bu i'r achos lusgo ymlaen – o 2003 tan tua 2009. Rwy'n meddwl i mi dalu cyfanswm o €2,000 mewn costau, a oedd hefyd yn cynnwys costau dau lys. Wrth gwrs, gall costau isel fod yn sbardun i bobol fynd i gyfreithia hefyd. Er i mi ennill, a bod ar fy elw yn y diwedd, ces fy siomi gan agwedd y Writers' Guild. Ac, o ran hynny, gan ddifaterwch cwmni Le Télégramme. Petaen nhw heb anwybyddu llythyron Moncus ar y dechrau a cheisio bwrw'r bai arna i, gellid bod wedi osgoi'r helynt a llawer o gost iddyn nhw a gofid i mi. Beth bynnag am yr helynt yna, nid andwyodd ddim ar fy mherthynas gyda'r Sionis, eu teuluoedd na phobol Roscoff. Yr oeddwn yn poeni rhywfaint, wrth reswm, ond yr un pryd fedrwn i ddim gweld sut y gallai honiadau Moncus fod yn wir nac yn rhesymol. Nid amharodd ar fy ngwaith yn sgrifennu a chyhoeddi ac yn y pen draw bûm ar fy ennill yn ariannol. Buasai'n well gen i petai'r holl beth heb ddigwydd. Er, fel y dywed y Sais, dydy ci ddim yn cwyno gormod o gael ei daro ag asgwrn.

Bu llwyddiant arddangosfa ac amgueddfa'r Sionis

yn ysgogiad i archwilio cysylltiadau eraill gyda Llydaw. Sylwais fod daucanmlwyddiant geni Alexis-François Rio yn digwydd yn 1997. Ganwyd Rio ar Enez Arz, un o ynysoedd y Morbihan, a phan oedd yn fyfyriwr yn Rhufain yn 1831 cyfarfu â'r Farwnes Bunsen, gwraig llysgennad Prwsia a chwaer Arglwyddes Llanofer. Cafodd ei annog gan y Farwnes i ymweld â Llanofer ac yno daeth i adnabod Arglwyddes Llanofer a Thomas Price (Carnhuanawc) a phriodi Apollonia Jones o ystad Llanarth Court, rhwng y Fenni a Rhaglan, yn 1834. Penllanw'r cysylltiadau hyn fu gwahodd dirprwyaeth o Lydaw i Eisteddfod Cymreigyddion y Fenni, 1838, dirprwyaeth a oedd yn cynnwys yr athrylith lliwgar Kervarker (Hersart de la Villemarqué), casglwr y gyfrol o hen faledi Llydaw, *Barzaz Breiz*. Cysylltais â Frank Olding, a oedd bryd hynny'n guradur amgueddfa'r Fenni, i weld a fyddai ganddo ddiddordeb mewn arddangosfa yn cysylltu Llydaw â Chymru i ddathlu'r daucanmlwyddiant. Cytunodd fod hwn yn syniad da a chafwyd cefnogaeth y Cyngor Amgueddfeydd yng Nghymru a chymorth Paul O'Brien, y swyddog arddangosfeydd. Treuliodd Gwen a minnau wythnos ddifyr yn mynd o gwmpas Llydaw yn Ionawr 1997 yn chwilio am greiriau i'r arddangosfa a chafwyd haelioni a brwdfrydedd mawr o sawl cyfeiriad, yn arbennig o du Bernard Verlingue o Le Musée de la Faïence yn Quimper a Gildas Le Minor, perchennog ffatri yn Pont-l'Abbé sy'n cynhyrchu'r *kabig* Llydewig a gwisgoedd a baneri traddodiadol Llydaw. Cafwyd cyfraniad sylweddol at y prosiect gan Bernard Le Nail ac er i Frank Olding golli diddordeb a'n gadael i lawr heb eglurhad daeth Brian Davies, Pontypridd, i'r adwy. Er mai fi sy'n dweud, roedd yn arddangosfa ddeniadol, liwgar. Cychwynnodd ar ei thaith ym Mhontypridd a mynd wedyn i Amgueddfa ac Oriel Gelf Castell Cyfarthfa, Merthyr. Yna aeth i Sain Ffagan, cael ei hurio gan Celtica, Machynlleth, lle y bu am nifer o flynyddoedd, ac yna ymlaen â hi i Aberhonddu.

Roedd angen dychwelyd y creiriau ymhen y flwyddyn

ond ces estyniad o chwe mis gan Bernard Verlingue a Gildas Le Minor. Roedd y paneli ar eu pen eu hunain yn gwneud arddangosfa dda a bu'n atyniad poblogaidd yn Celtica am nifer o flynyddoedd. Cofiaf ddychwelyd y gwahanol greiriau i Lydaw gyda chryn ryddhad nad oedd dim byd wedi torri. Bu Bernard Verlingue yn bendant iawn ynglŷn â'r telerau, 'Os torrwch chi rhywbeth bydd raid i chi dalu amdano – a gofalwch chi ddod â'r darnau yn ôl i fi!' Roedd gen i yswiriant i fyny at £5,000 ond y gwir oedd fod rhai darnau'n amhrisiadwy. Gyda rhyddhad mawr y dychwelais bopeth yn ddiogel ac wrth groesi'r bont dros aber Bénodet, a ninnau ar ein ffordd am wyliau yn Provence, dyma Gwen yn dweud yr hoffai dynnu llun oddi ar y bont. Roedd yn olygfa ryfeddol a pharciais y car mewn encilfa gyfleus y tu hwnt i'r bont. Wrth gerdded yn ôl i'r car sylwais fod gwydr ar y llawr. Rhyfedd, meddyliais, na wnes i sylwi ar hwn wrth ddod allan o'r car. Ond gwydr o'n car ni oedd e! Roedd rhywun wedi torri ffenest y car a dwyn bag Gwen, a oedd yn cynnwys ein harian, pasborts, cardiau credyd a phopeth. Er cymaint y strach, y peth cyntaf aeth drwy fy meddwl oedd diolch byth inni ddychwelyd yr holl lestri a chreiriau gwerthfawr. Aethon ni yn ôl dros y bont ac i'r *gendarmerie*. Cenais y gloch a chael ateb swta ei bod yn amser cinio. Eglurais fod hwn yn fater o frys ac o'r pwys mwyaf a bod lleidr wedi dwyn fy holl eiddo. 'Ac ymhle y bu hyn?' gofynnodd y llais. 'Yn yr encilfa wrth y bont,' atebais yn amyneddgar. 'Ond pa ochr y bont, yr ochr yma neu'r ochr draw?' 'Yr ochr draw,' meddwn innau, yn dechrau colli amynedd gyda'r holi diamcan. 'Felly rhaid i chi fynd i'r *gendarmerie* yn Fouesnant,' a chyda chlic swta distawodd y llais a dychwelodd yr heddwas at ei ginio. Roedd Fouesnant filltiroedd o'r bont, yn wahanol i'r *gendarmerie* ar ochr Pont-l'Abbé, ond mae'n amlwg mai'r aber oedd y clawdd terfyn.

Doedd dim amdani ond mynd am Fouesnant, lle roedd y gatiau o gwmpas y *gendarmerie* ar glo a dim peiriant pwyso botwm i siarad â neb yno. Beth petai rhywun yn cael ei lofruddio y tu allan i gatiau *gendarmerie* Fouesnant? Yno y buon ni'n aros am yn agos i ddwyawr nes i gatiau'r *gendarmerie* agor yn brydlon am hanner awr wedi dau ac i mewn â ni. Roedd yr heddwas yn ddigon caredig – yn wir, dangosai ddiddordeb mawr yn yr hyn oedd wedi digwydd ac yng nghynnwys bag Gwen. Y pasborts, arian – doedd ond ychydig iawn o arian parod – cadwyn hynafol led werthfawr oedd gan Gwen... minlliw, roedd hwnnw o ddiddordeb mawr i'r heddwas ifanc. 'Pa liw?' gofynnodd. Yn y diwedd, wedi iddo gael gwybod am bopeth oedd ym mherfeddion y bag, dyma fe'n dweud, 'Dyna ni, felly.' 'Be nesa?' meddwn innau. 'Fe gysylltwn ni â chi.' Wnaeth e ddim gofyn sut! Rhoddais rif ffôn fy nghyfaill Bernard Le Nail yn Rennes iddo. Gofynnais a gawn ffonio Bernard. O, na, doedd hynny ddim yn bosib, Monsieur. Bryd hynny y collais fy limpin. Eglurais fod rhywun wedi dwyn pob dimai oedd gennym ni, bod y tanc petrol bron yn wag – oedd yn wir – a 'mod i'n gobeithio bod gwelyau cyffyrddus ganddo yn ei gelloedd oherwydd doedd gennym ni ddim modd mynd oddi yno. Yn y diwedd ces ddefnyddio ei ffôn a threfnu i fenthyg arian gan Gildas Le Minor a phenderfynu dychwelyd i Roscoff, lle roedd gennym ni nifer o ffrindiau. Yn rhyfedd iawn, roeddwn wedi rhoi pabell yng nghist y car – wn i ddim yn iawn pam, oherwydd doedden ni ddim wedi gwersylla ers blynyddoedd. Ond bu'n fendith. Ar y ffordd, dyma aros i ffonio adre. Yn y diwedd cawsom Eleri. 'Mae problem fach 'da ni,' meddais. 'Oes, chi wedi colli'ch pasborts.' 'Shwt ti'n gwbod?' 'Mae dyn wedi ffonio o Quimper, wedi eu ffeindio nhw. Dyma'i rif ffôn e...' 'Nôl â ni i Quimper i gwrdd â'r dyn. Roedd y bag ganddo, wedi ei ffeindio wrth risiau'r eglwys yn Pont l'Abbé. Yn amlwg roedd gan y lleidr gydwybod o fath. Roedd un cerdyn plastig ar ôl ond doedd e'n dda i ddim gan i'r lleidr geisio'i ddefnyddio – a methu – deirgwaith. Roedd y minlliw wedi mynd ond roedd y gadwyn hynafol led werthfawr yn dal yn y bag!

Roedd hyn i gyd ar brynhawn Sadwrn, felly doedd dim llawer fedren ni ei wneud ond llwyddais i gysylltu gyda chwmni'r cerdyn plastig arall a bu'r rheini'n effeithiol ac yn ein ffonio'n ôl i wahanol flychau ffôn cyhoeddus, trannoeth hyd yn oed, sef dydd Sul. Cymaint fu'r newid gyda dyfodiad y ffôn symudol. Aethom i wersyll Kerestat, hen faenordy ar y ffordd o Roscoff tua Saint-Pol-de-Léon ond yn edrych allan dros yr arfordir i'r gorllewin o Roscoff. Roeddwn yn adnabod y perchennog yn dda, yr Iarll d'Herbais, disgynnydd o hen deulu pendefigaidd ac un o gapteiniaid Brittany Ferries. Brawd ei dad-cu, yr Iarll Eugène d'Herbais, sgrifennodd eiriau'r gân Lydaweg 'Paotred Rosko'. Felly cawsom bob cymorth a rhwydd hynt i ddefnyddio'r Minitel – rhagflaenydd y we fyd-eang yn Ffrainc – yn swyddfa'r gwersyll i drefnu i atgyweirio ffenest y car. Y broblem fwyaf fu cael banc Lloyds i fy ffonio'n ôl yng nghiosg y gwersyll – cangen Pontypridd yn addo a gwneud dim. Ond ces bob help gan gangen Llanilltud Faerdre a llwyddwyd yn eithaf buan i gael arian wedi ei drosglwyddo i fanc y BNP (Banque Nationale de Paris) yn Saint-Pol. A'r dyn y bûm yn ymwneud ag e yn y BNP oedd trysorydd cymdeithas cyfeillio Saint-Pol a Phenarth. Cyn pen tridiau roeddem ar ein ffordd a phopeth wedi'i setlo.

Yr arddangosfa nesaf y bu i mi ymwneud â hi yn Llydaw oedd arddangosfa o ddarluniau Sydney Curnow Vosper yn Amgueddfa Gelf Le Faouët. Eto, un o'r damweiniau diddorol hynny a arweiniodd at hyn. Tua 1996 neu 1997 gofynnodd *Y Cymro* i mi fynd i Amgueddfa Castell Cyfarthfa i sgrifennu darn am arddangosfa o bortreadau o weithwyr Francis Crawshay gan arlunydd crwydrol o'r enw W. J. Chapman – darluniau anarferol o'r cyfnod hwnnw gan eu bod o weithwyr cyffredin yng ngweithfeydd haearn Hirwaun a Threfforest. Yn ystod y noson, tynnwyd fy sylw at ddarlun ar fur un o'r orielau eraill nad oedd yn rhan o arddangosfa Chapman. Y llun oedd *Breton*

Nuns at Table wedi'i arwyddo 'S. Curnow Vosper'. Wyddwn i ddim llawer am Vosper, heblaw hanes y darlun *Salem*, a phenderfynais ofyn i guradur Cyfarthfa, Stephen Done, am y llun. Roedd ei ymateb yn frwdfrydig: 'Mae gynnon ni archif sylweddol o'i waith, rhai darluniau gorffenedig a nifer fawr o sgetsys,' meddai. 'Ac mi ddyweda i un peth, maen nhw'n llawer gwell na *Salem* a *Market Day in Old Wales*. Mwy o fywyd, mwy o egni... Fy mhroblem i yw eu bod bron i gyd o Lydaw a wn i ddim byd am Lydaw.' Dywedais wrtho 'mod i'n adnabod Llydaw yn bur dda a chytunodd y ddau ohonon ni y byddai'n syniad ardderchog i fynd ag arddangosfa o'r lluniau hyn yn ôl i Lydaw, pe gellid darganfod ym mhle y bu'n eu paentio. Ces wahoddiad i weld y casgliad ac ymhen pythefnos dychwelais i Ferthyr a dechrau mynd trwy'r pentwr blychau. Hoeliwyd fy sylw gan sgets o farchnad dan-do o'r unfed ganrif ar bymtheg a adnabyddais yn syth fel marchnad Le Faouët, tref fach yng ngogledd-orllewin rhanbarth y Morbihan. Roedd Vosper yn hoff iawn o wneud sgetsys ar gefn bwydlenni tai bwyta a hyd yn oed biliau llety a sylweddolais yn fuan mai syniad da fyddai edrych ar gefn pob llun. Roedd yn amlwg iddo dreulio llawer iawn o amser yn Le Faouët.

Roedd cynllun yn dechrau ffurfio yn fy mhen. Gwyddwn fod lluniau o waith Vosper yn yr Amgueddfa Genedlaethol yng Nghaerdydd. Roeddwn wedi defnyddio un yn *Crwydro Llydaw*, darlun a wnaeth o gerflun pren o Sant Hervé sydd yng nghapel Persquen. Digwyddais gael gwahoddiad yn fuan wedi'r lansiad yng Nghastell Cyfarthfa i ddangosiad yn Oriel Tŷ Turner, Penarth, o ddarlun o Benarth gan Alfred Sisley. Llwyddais i dynnu sgwrs gyda Mark Evans, Ceidwad Celfyddydau Cain yr Amgueddfa Genedlaethol – bellach o'r Victoria and Albert Museum – a chael yr un ymateb brwdfrydig. Gofynnodd i mi ei ffonio trannoeth i drefnu amser i mi weld y casgliad o luniau Vosper. Hynny fu, a chanfûm fod dros ddeugain o luniau Vosper yn y casgliad, pob un yn lluniau o Lydaw a phob un ond un yn lluniau lliw o gerfluniau pren o saint mewn capeli ac eglwysi yn ardal Le Faouët. Gyda nhw roedd ffeil a ddangosai i'r gweithiau gael eu comisiynu gan Syr William Goscombe John, yn ei ddydd un o gerflunwyr enwocaf yr Ymerodraeth Brydeinig ac un o sylfaenwyr yr Amgueddfa Genedlaethol. Nodai Vosper, yn un o'r llythyrau yn y ffeil, ei fod yn ystyried y Cymry'n fwy artistig na'r Saeson, gan ychwanegu nad Sais oedd e ond un o Gernyw.

Es ati wedyn i wneud yr unig beth y medrwn i ei wneud, sef llunio erthygl ar gyfer misolyn Llydewig o'r enw *Breizh* yr arferwn gyfrannu'n achlysurol iddo, cylchgrawn a oedd yn arbenigo yn hanes, celfyddyd a diwylliant Llydaw. Hyd y gwn, ni welodd yr erthygl olau dydd, hwyrach am nad oedd hi'n dda iawn a hwyrach am i'r cylchgrawn ddod i ben yn fuan wedi hynny. Ond un noson daeth galwad ffôn gan Jean-Marc Michaud, curadur amgueddfaol rhanbarth y Morbihan. Roedd golygydd *Breizh* wedi anfon fy erthygl at Jean-Marc a thybiai hwnnw hwyrach fod yma gyfle am arddangosfa yn Amgueddfa Gelf Le Faouët – yr union beth roeddwn wedi gobeithio amdano, er na wyddwn fod yna amgueddfa o'r fath yn y dref, er i mi ymweld â'r lle yn y gorffennol. Fel roedd hi'n digwydd, roeddwn wedi trefnu gwyliau byr yn Llydaw i Gwen ymhen ychydig wythnosau – a hithau newydd fod yn yr ysbyty am lawdriniaeth – a dyma drefnu cyfarfod yn Le Faouët. Hynny fu, a chawsom gyfarfod Jean-Marc ac Anne Le Roux, curadur yr amgueddfa. Ac amgueddfa ardderchog yw hi, hen leiandy gyda stafelloedd mawr wedi eu trawsnewid yn orielau eang, hardd. Gwelsom mai logo'r amgueddfa oedd llun o waith Vosper, *Un cultivateur mécanique*, ffermwr ar gefn beic yn pedlo i fewn i'r gwynt a'i siaced fel balŵn mawr glas amdano. Aethom am ginio i'r Hôtel de la Croix d'Or lle y byddai Vosper yn lletya, ac roedd dau ddarlun bach cartŵnaidd o'i waith yn y stafell fwyta, y ddau'n gyfarwydd i mi am fod copïau ohonyn nhw yn y casgliad yng Nghastell Cyfarthfa. Roedd un ohonyn nhw o fochyn ystyfnig yn eistedd ar y ffordd a dau Lydawr myfyrgar yn pendroni sut i'w symud. Sylweddolais fod yma sefyllfa ddiddorol. Y ddau lun yn y gwesty a'r dyn ar y beic oedd bron iawn y cwbl oedd ganddyn nhw o waith Vosper. Eto, roedden nhw'n gwybod llawer mwy amdano nag a wydden ni, er holl boblogrwydd *Salem*. Penderfynwyd clustnodi 2001 fel y flwyddyn i gynnal yr arddangosfa yn Le Faouët, ac yn nes i'r dyddiad daeth Jean-Marc ac Anne i Gymru i fynd trwy'r holl gasgliadau – gwnaed y gwaith i gyd dros un penwythnos!

Aethom i'r Amgueddfa Genedlaethol ar y prynhawn Gwener a gweld y casgliad oedd yno. Dywedwyd wrthym fod ganddyn nhw un llun arall, *La mendiante aveugle* – Y gardoten ddall – nad oedden nhw wedi medru ei estyn ar ein cyfer ond y gwydden nhw ble roedd e. Trefnwyd i ddychwelyd fore Llun. Aethon ni i'r amgueddfa erbyn deg ac aeth un o'r staff i nôl y llun. Daeth y ferch yn ôl aton ni â'i hwyneb fel y galchen. Daeth y llun, a baentiwyd yn 1905, i feddiant yr amgueddfa yn gynnar yn ei hanes a gellir tybio mai prin fod neb wedi edrych arno oddi ar hynny. Medrem weld yn syth fod ffrâm y llun yn dyllau pryfed i gyd. Deng mlynedd arall a byddai'r llun wedi ei ddifetha hefyd. Trefnwyd bod y llun yn cael ei ailfframio'n syth a chafodd le amlwg yn yr arddangosfa. Y mwynhad mwyaf oedd gweld brwdfrydedd Jean-Marc ac Anne Le Roux wrth edrych ar y lluniau – y ddau'n adnabod tref ac ardal Le Faouët ac yn gweld darluniau oedd yn eu portreadu ganrif ynghynt.

Lai na mis cyn i'r arddangosfa agor darganfûm fod gornith i Vosper yn byw yn Swydd Caint a bod ganddi hanner dwsin o ddyfrluniau mawr o'i waith. Es i'w gweld a chytunodd i'w benthyg i'r arddangosfa – ychwanegiad gwerthfawr. Agorwyd yr arddangosfa mewn steil gyda gwleidyddion lu a dirprwy lysgennad Prydain ym Mharis yn bresennol. Roedd papurau dyddiol Llydaw yn llawn o'r digwyddiad ac roeddwn innau wedi ceisio ennyn ychydig ddiddordeb yng Nghymru. Roeddwn yn gweithio i BBC Cymru ar y pryd a soniais wrth

Jon Gower, y Gohebydd Celf, am yr arddangosfa. 'Grêt, achan, Duw fe ddo i mas 'da ti gyda chriw ffilmo,' oedd ei ymateb yn syth. Bythefnos yn ddiweddarach roedd ei frwdfrydedd yr un mor heintus: 'Duw, fe ddo i mas gydag Uher, achan!' Bellach roedd y criw ffilmio wedi crebachu i Jon gyda pheiriant recordio sain! Pythefnos arall wedyn ac roedd hi'n 'Gwyn, ma rhaid neud rhywbeth am hyn; allet ti gael criw ffilmio yn Llydaw a neud eitem gyda nhw?' Trwy lwc roeddwn i'n adnabod Christian Le Bras, cynhyrchydd ffilmiau oedd yn byw yn Locmaria-Berrien, a dychwelais i Gymru gyda phecynnau radio a theledu Cymraeg a Saesneg ac eitem i raglen gelf S4C. Roeddwn yn bur fodlon gyda fy ymdrech gyntaf ac olaf fel cynhyrchydd teledu. Y gwaith anoddaf fu cael Jon i drefnu bod y BBC yn talu fy ffrindiau yn Llydaw am eu gwaith.

Yr olaf – mor belled – o fy ymwneud ag arddangosfeydd trawsffiniol oedd un yn cysylltu gweithfeydd glo John Nixon yng Nghwm Cynon gyda ffatrïoedd siwgwr Nantes a gweithfeydd haearn ac adeiladu llongau yn Saint-Nazaire a Trignac. Daeth Gareth Miles yn ôl i Bontypridd o ŵyl lyfrau yn Guérande gydag awgrym am arddangosfa a llwyth o ddeunydd oddi wrth Hubert Chemereau o Saint-Nazaire. Rhoddodd y cyfan i Brian Davies a lwyddodd, ar amrantiad, i gysylltu'r diwydiannau ar aber afon Loire gyda'r gweithiau glo yn Aberpennar. Llwyddodd i gael grant gan CyMAL – oedd bellach wedi disodli'r Cyngor Amgueddfeydd yng Nghymru – a bant â'r cart. Ond ddim yn hollol – doedd y broses gyfathrebu ddim cystal â'r disgwyl a Hubert yn ebostio llwythi o luniau nad oedden nhw o ansawdd digon da. Yn y diwedd, gyda phethau'n mynd yn ben set ar Brian, a oedd wedi cael cyfran o'r arian a'i wario ond heb fod ddim nes i gael yr arddangosfa i drefn, cynigiais fynd allan i Trignac a mynd â Paul O'Brien, fy hen gyfaill, a'i offer sganio gydag ef a gwneud y gwaith angenrheidiol yno. Roedd Paul, gynt o'r Cyngor Amgueddfeydd, bellach yn gweithio yn Amgueddfa Pontypridd. Gweithiodd y ddau ohonon ni'n ddygn am ddeuddydd a chael un diwrnod i ymweld â'r lleoedd diddorol ac yn ôl â ni.

Bu'n arddangosfa lwyddiannus, gwnaed copi ohoni ar gyfer y cyfeillion yn Trignac ac fe'i gwelais ddwywaith yn ystod ymweliadau â Llydaw, y tro cyntaf pan fûm yn rhoi darlith i gymdeithas 'Bro Gozh Ma Zadoù' ('Hen Wlad Fy Nhadau') yn Lesneven. Mae'n debyg iddi gael ei gweld yn Aubenas yn yr Ardèche hefyd. Ond yr eildro oedd yr hwyl. Cafodd Brian a minnau wahoddiad i draddodi darlith mewn ysgol undydd yn Saint-Nazaire, ac aethon ni yno gyda Gareth – i ddarllen darlith Brian. Bant â ni'n driawd llawen yng ngherbyd hynafol Brian, Landrover enfawr *circa* 1985, yn llawn diodydd a bwydydd Cymreig – cwrw Otley, wisgi Penderyn, seidr Gwynt y Ddraig, caws Llanboidy ac yn y blaen. Aeth pethau'n ardderchog nes ein bod hanner ffordd rhwng Rennes a Saint-Nazaire, pan ddechreuodd yr hen siandri beswch a bu'n rhaid hercian i encilfa. Gwrthododd symud cam oddi yno. Trwy lwc roedd Brian wedi'i yswirio lan hyd ei styden, a Gareth hefyd, a oedd yn poeni y byddai'n cael 'harten'. Cynigiais gael cip dan y boned – wedi'r cwbl, rwy'n ddigon hen i gofio sut i drin *points* a phlygs, ond mynnai Brian ein bod yn galw'r bobol yswiriant. Cerddodd Gareth hanner milltir i gael signal i'w ffôn cyn canfod bod ei fatri'n fflat. A chan fod Brian wedi gadael ei un ef adre, gwnaed defnydd mawr o fy un i am ddeuddydd. Ar ôl cysylltu â'r cwmni yswiriant fe ddaeth garej leol cyn pen hanner awr a mynd â siandri Brian oddi yno. Yr un pryd, yn dilyn galwad gan Gareth, cyrhaeddodd clerc cyngor cymuned Trignac gyda char sylweddol. Cawsai olwg ar gerbyd Brian pan ymwelodd dirprwyaeth o Trignac â Phontypridd ar gyfer agoriad swyddogol yr arddangosfa flwyddyn ynghynt a thybio mai doeth fyddai sicrhau'r car mwyaf y medrai'r cyngor ei fforddio. Llwyddwyd i gael popeth i fewn i gar y clerc, heblaw'r caws. Cyrhaeddwyd Nantes mewn pryd i gael cinio gyda chyngor y Loire-Atlantique, pryd y torrais un o'm dannedd blaen ar y *baguette* cyntaf – rhywbeth a fu'n destun hwyl weddill yr ymweliad gyda'r cwestiwn boreol, 'Ges ti ewro dan y gobennydd?' Aeth popeth yn wych wedi hynny ond doedd dim argoel bod y garej yn medru gwneud dim â cherbydes Brian. Clywsom iddi gael ei chludo i Guingamp lle roedd garej a oedd yn arbenigo mewn trin cerbydau o frid a hynafiaeth Landrover Brian. Fe ddaeth ac fe aeth yr ymweliad â Trignac, cawsom gar bach twt i fynd â ni'n ôl i Saint-Malo a thacsi'r ochr draw bob cam o Portsmouth i Bontypridd. Dychwelodd Brian ymhen tair wythnos i nôl ei gerbyd a chanfod mai gwifren fach oedd wedi dod yn rhydd ac achosi'r helynt. Petai e ond wedi derbyn fy nghynnig i gael golwg ar y *points*, tebyg y byddwn wedi datrys y broblem iddo yn y man a'r lle... Ond fe gawson ni hwyl – pawb ond Brian efallai. Mae ei Landrover hyd heddiw yn drewi o gaws Llanboidy.

Bûm yn ystyried cynnig syniad arall i Brian am arddangosfa a fyddai'n cysylltu Pontypridd â Montélimar, ond fedra i ddim bod yn siŵr bod fy amynedd yn barod am antur arall, heb sôn am fy nerfau – ddim eto. Byddai'n rhaid i mi, fel Gareth, yswirio fy hun rhag cael 'harten'.

Yn heulwen Provence

NI FEDRAF DDIANC rhag dylanwad yr Urdd. Diolch i'r Urdd y bu i mi ymweld â Ffrainc am y tro cyntaf. Yn 1962 y bu hynny, ar un o'r teithiau canŵ – canwio i lawr afon Ardèche o Aubenas i'r Rhône ac ymlaen cyn belled ag Avignon. Bu'n daith gyffrous drwy geunentydd gwyllt a than bontydd naturiol, cwm o olygfeydd ysgubol. Teithio ar fws Tom Lewis, Rhydlewis, gyda Landrover yn tynnu cert y canŵs – Hedd Bleddyn ac Elwyn Huws yn ei yrru. Ces gipolwg ar ystod helaeth o ganoldir uchel Ffrainc, a gododd awydd arnaf i ddychwelyd ryw ddydd. Fy hunan, y digwyddiad mwyaf cofiadwy fu moelyd fy nghanŵ, y Seren Wib, colli'r rhwyf a nofio i'r lan i ganol gwersyll noethlymunod – digwyddiad sy'n parhau'n destun difyrrwch i rai o'r cyd-deithwyr hyd heddiw. Ymhlith y criw roedd efeilliaid o Aelwyd Cilgerran, Eilir ac Elfed Lewis, Iorwerth John Hughes o Grymych, Iolo ac Ellen ap Gwynn, Catrin Watkin Jones o Gricieth, Alun Morgans, Beulah, John Watkin, Dafydd Meirion Jones o Lerpwl, Ann Daniel o Langennech... amryw yn bobol y bu i mi gadw cysylltiad â nhw am flynyddoedd wedyn.

Llydaw, er hynny, a phenrhyn Crozon-Morgat fu'r gyrchfan wyliau am flynyddoedd pan oedd y plant yn fach. Ar un adeg roedd yn bosib gwersylla am ddim – gwersylla yn y gwyllt (*camping sauvage*) – heb ddim ond ffynnon yn gyfleustra, a buom yn gwneud hynny ymhlith y twyni ger pentref Kerdreux. Wedi parchuso dechreuwyd defnyddio gwersyll Le Bouis (y bwa is), sydd o fewn pellter cerdded i amryw draethau, a chyda M. a Mme Cornac, y perchnogion, Jeanne y siop a pherchnogion siopau'r ddau bentref, Morgat a Crozon, yn siarad Llydaweg roedd cyfle i gynefino ac ymarfer yr iaith a chael cynghorion dyddiol ynglŷn â pha draeth oedd gynhesaf. Yn Le Bouis y cyfarfûm gyntaf â'r teulu Milin o Brest y soniais amdanyn nhw eisoes. Yn y cyfnod tra oedd *Crwydro Llydaw* yn mynd trwy'r wasg aeth un o draethau mwyaf diarffordd y penrhyn – un a ganmolais yn fawr – yn boblogaidd gan yr haul-addolwyr, h.y. noethlymunod (eto!). Aeth rhai o'm ffrindiau â'r gyfrol gyda nhw ar eu gwyliau ac anelu am y traeth hwnnw a chael sioc. 'Ewadd, lle da am gregyn gleision,' oedd ymateb un gan grechwenu. 'Trysto ti, Gwyn Griffiths, i'n cyfeirio ni at y traeth yna – hen ddyn budur!' oedd sylw un arall.

Aeth Gwen a minnau am wyliau i lawr yr Ardèche dros Basg 1971 a threulio wythnos gyfan yn gwersylla yn Le Chant des Cigales ychydig yn is i lawr y cwm nag Aubenas, ger Vogüé a Balazuc, dau bentref cyfoethog eu hanes sydd ymhlith pentrefi harddaf Ffrainc. Roedd pawb wedi mynd adre a dim ond ni ar ôl. Roedd hen gwpwl cyfeillgar a siaradus wedi addasu rhan o'u ffermdy i ddarparu cyfleusterau gwersylla ardderchog. Flynyddoedd wedyn aethon ni heibio i gael cip ar y lle a chanfod y lle'n anghyfannedd. Cawsom aml brofiad tebyg yn y rhan yna o Ffrainc. Un tro aethon ni i fyny'r cwm o Jaujac, drwy La Souche, a gweld lôn fferm wedi glasu gan dyfiant a phenderfynu y byddai'n lle ardderchog am bicnic. Gyrrais i fyny ychydig a sylwi bod ffermdy – adfail – gerllaw ac wedi stopio'r car cerddais i fyny ato. Roeddwn ar fin mynd i fewn drwy'r drws pan ddaeth ci defaid graenus a serchog allan a dynes ar ei ôl – ganol oed am wn i. Am eiliad wyddwn i ddim beth i'w ddweud, yna gofynnais a fyddai'n meindio pe baen ni'n cael picnic ar waelod y lôn. Dim o gwbl, atebodd hithau, gan ychwanegu, 'Mae dŵr y pistyll yna'n rhagorol, croeso i chi ei ddefnyddio.' Ar ôl bwyta'r cinio es yn ôl at y fferm i ddiolch iddi ac eisteddodd y ddau ohonon ni ar wal o flaen y ffermdy yn syllu ar fynyddoedd gleision y Cévennes yn y pellter. Roedd ei gwisg yn aflêr a thlodaidd, eto roedd hi'n dwt a gallai fod yn dlws. Sgwrsiai'n gartrefol a dywedodd fod cymydog yn galw arni unwaith yr wythnos i fynd â hi yn y car i siopa yn La Souche. 'Welwch chi'r mynyddoedd yna? Be sy'i angen mewn bywyd ond llonyddwch a'r olygfa yna?' meddai. Holais hi a oedd yn medru Ocitaneg, neu Ardèchois fel y gelwir tafodiaith Ocitaneg y rhan yna o dde Ffrainc. Dywedodd nad oedd a wnes i ddim holi rhagor. Gwnaethon ni ddefnydd o'r lôn ar gyfer picnic yn y blynyddoedd wedi hynny ac ymweld â hi am sgwrs bob tro. Ond wnes i erioed ddatrys cyfrinach y ddynes a'r ffermdy adfeiliedig.

Yn yr Ardèche, yr ochr uchaf i Aubenas, mae pentref bychan Nieigles, lle mae eglwys â Morwyn Fair ddu. Un Sulgwyn roedden ni yno pan gludwyd y ddelw ysblennydd i'r eglwys. Des i adnabod cantores opera wedi ymddeol a oedd yn byw yn hen dŷ'r offeiriad ac, yn uwch i fyny'r mynydd, cyn-beilot hofrenyddion a aned yn Fietnam ac a fu'n gweithio ym Mryste ac Aberdeen. Cymeriad a hanner yw Jean-Jacques. 'Ti'n gwbod bod y Cymry a'r Llydawyr yn medru cyfathrebu gyda'i gilydd mewn Celteg?' meddai wrthyf un tro. 'Wir?' meddwn innau. Adroddodd hanes am long bysgota o Lydaw a aeth i drafferth ger Cernyw a llong bysgota o Aberdaugleddau wedi mynd i'w helpu. 'Roeddwn i uwchben yn fy hofrennydd ac roedden nhw'n siarad gyda'i gilydd drwy fy nhonfedd radio i – a doedden nhw ddim yn siarad Ffrangeg na Saesneg!' Bu'n hedfan gweithwyr o Aberdeen allan i'r llwyfannau olew ym Môr y Gogledd. Penderfynodd brynu adeilad ar y cei yno er mwyn agor tŷ bwyta. Un diwrnod daeth Saeson mewn siwts a dweud bod yn rhaid iddo wneud rhywbeth am yr hen adeilad. 'Pam?' holodd. 'Mae'r frenhines yn dod i agor glanfa newydd, ac mae'n rhaid i'r lle edrych yn daclus,' medden nhw. 'Mae'n ddrwg gen i – sda fi ddim mo'r amser na'r arian i wneud dim ynglŷn â'r lle am fisoedd. A beth bynnag, rwy'n weriniaethwr,' oedd ateb Jean-Jacques. Adnewyddwyd ffrynt yr adeilad ar gost trethdalwyr Prydain! Yn y man, agorodd

Jean-Jacques y bwyty, ei redeg am flwyddyn ac yna'i werthu am elw sylweddol. Dro arall roedd mewn bar ym Mharis ac yn sgwrsio gyda dau ddyn cyfeillgar Arabaidd yr olwg. Digwyddodd sôn wrthyn nhw beth oedd ei waith. Dyma'r Arabiaid yn dechrau ei holi a fedrai gynnal a chadw hofrenyddion. Medrai. 'Fedri di hyfforddi peilotiaid hofrenyddion a dysgu mecanics i ofalu amdanyn nhw?' Medrai. Cafodd gynnig i fynd i Libya. Roedd yr Americanwyr wedi gadael y wlad wedi helynt 1969 gan adael fflyd o hofrenyddion ar ôl. Roedden angen rhywun i hyfforddi peilotiaid a pheirianyddion arnyn nhw. 'Faint y'ch chi'n dalu?' holodd Jean-Jacques. 'Faint wyt ti moyn?' oedd yr ateb. Doedd Jean-Jacques ddim yn orawyddus i fynd a gofynnodd am dâl afresymol o uchel am dri mis o waith. Er mawr syndod, cytunodd yr Arabiaid yn ddigwestiwn. 'A dwi am gael fy nhalu mewn doleri – arian sychion,' ychwanegodd Jean-Jacques, gan feddwl na fydden nhw byth yn cytuno i hynny. Popeth yn iawn oedd yr ateb eto, a doedd dim amdani ond mynd i wneud y gwaith. Ar ddiwedd y tri mis daeth dau ddyn ato gyda chesys mawr yn llawn doleri a cherdded i ffwrdd. 'Hei, sut rwy'n mynd â rhain drwy customs?' gwaeddodd J-J ar eu holau. 'Dy broblem di yw honno, ni wedi cadw'n hochor ni o'r fargen,' oedd yr ateb. Ond fe aeth â'r cyfan drwy'r tollbyrth heb orfod agor y bagiau. Pan oeddwn i'n ei adnabod roedd newydd orffen adnewyddu hen ffermdy ac yn adeiladu rhai newydd i greu clwstwr o dai gwyliau ar gynllun *mas* – yr enw am fath arbennig o ffermdy nodweddiadol o Provence.

O dipyn i beth fe setlon ni lawr fwyfwy yn Provence ac mewn pentref o'r enw Bonnieux, sydd ryw dri chwarter awr mewn car i'r de-ddwyrain o Avignon. Pentref gyda gwinllannoedd a ffermydd a mynyddoedd dihafal i'w cerdded. Ddwy awr o gerdded o Bonnieux drwy goedwigoedd gwyllt, gwinllannoedd, y coedlannau olewydd, caeau lafant a chaeau gwair mae pentref bychan Buoux, meca'r dringwyr creigiau – nid bod hynny o ddiddordeb i mi. Heblaw bod Americanes o'r enw Lynn Hill, a ystyrid y gorau yn y byd am ddringo creigiau – yn wryw neu fenyw – wedi syrthio 72 troedfedd oddi ar wyneb y graig yn 1989. Disgynnodd i'r llwyni a'r prysgwydd islaw, gan ddod oddi yno yn gymharol ddianaf. Mae'r llwybrau cerdded, o'r cymoedd culion i'r gwastatir uchel – y *claperèdes* – yn odidog.

Gwlad lle mae pobol yn gweithio, nid ardal wyliau, yw Bonnieux, er bod tai gwyliau crand gyda gatiau dan glo ar y *claperèdes*. Dechreuodd Gwen a minnau fynd yno'n gyson yn 1996 gan letya mewn amryw *gîtes*, rhai rhesymol, gyda'r unig hysbyseb ar ochr y ffordd. Daethon ni i adnabod gwraig weddw fach o'r enw Colette Usseglio ym mhen uchaf y pentref. Roedd hi'n enedigol o ardal Roussillon, chwe milltir o Bonnieux, a bu'n briod ag Eidalwr o gyffiniau Turin. Roedd yna bob amser groeso am sgwrs i'w thŷ mawr, a allai fod yn oriel gelf gyda'i risiau eang. Gadawodd yr ysgol yn 10 oed i ofalu am ei brodyr a'i chwiorydd iau a siaradai lawer am ei bywyd cynnar ar y fferm, lle roedd pawb yn siarad Provençal. Bu farw ei gŵr cyn i ni ddod i'w hadnabod, ond byddai'n mynd i'r Eidal bob hydref at ei theulu-yng-nghyfraith. 'Felly, chi'n siarad tair iaith,' meddwn wrthi unwaith. 'Na, does gen i ddim ond dwy iaith,' meddai. 'Provençal a Ffrangeg.' 'Beth am Eidaleg?' holais. 'Fedra i ddim siarad Eidaleg, roeddwn i a'r gŵr yn siarad yr un *patois*.' Bryd hynny y sylweddolais mor bell roedd Provençal yn ymestyn a pham roedd cynifer o deuluoedd gydag enwau Eidalaidd yn Bonnieux. Mae'n frawychus, serch hynny, mor gyflym y gellir dileu iaith. Cofiaf sgwrsio gyda hen ŵr yn Aubenas, dyn a grwydrodd lawer o'r byd. 'Wyddoch chi,' meddai, 'pan oeddwn i'n blentyn yn Aubenas prin y clywais i erioed Ffrangeg yn cael ei siarad yn y tŷ. Heddiw dwi'n nabod neb sy'n siarad Provençal. Mae'n bechod, iaith mor hardd, mor swynol, yn diflannu yn oes un person.'

Eidalwr o dras yw fy nghyfaill Henri Tomas, y pobydd, sydd bellach wedi ymddeol. Bu ar wyliau yn Llydaw rywdro a

phan ddychwelwn i Bonnieux bloeddiai 'Kenavo!' cyn gynted
ag y cerddwn i mewn i'r siop. Eglurais wrtho unwaith mai
wrth ymadael yr arferid dweud 'kenavo', ond yn ofer. Roedd
ei siop yn fan cyfarfod pobol ar wyliau, yn ogystal â thrigolion
rhan uchaf y pentref, ac roedd yntau yn ei hadnabod, gyda
gair a chyfarchiad i bawb. Archentwraig yw Mme Tomas a
ŵyr yn dda am Batagonia a'r Cymry. Un o ffrindiau Henri
oedd yr arlunydd Frederick Gore, cyn-gadeirydd yr Academi
Frenhinol a fu farw yn Awst 2009. Mae tŷ Henri yn oriel o'i
ddarluniau. Wnes i erioed gyfarfod 'Freddy', fel y cyfeiriai
Henri ato, ond des i adnabod ei fab Charles, uwch-ddarlithydd
yn Adran Hanes Celf ac Archaeoleg Ysgol Astudiaethau
Dwyreiniol ac Affricanaidd (S.O.A.S.) Prifysgol Llundain. Bu
gan y teulu dŷ haf yn Bonnieux ers degawdau. Roedd erthygl
goffa i Frederick Gore yn y *Guardian*, 2 Medi 2009, yn yr
un rhifyn ag erthygl goffa i Dic Jones. Pan anfonais nodyn
o gydymdeimlad at Charlie, cyfeiriais at y cyd-ddigwyddiad
ac atebodd iddo ddarllen am Dic gyda diddordeb mawr.
Un o hynafiaid y teulu oedd yr Esgob Gore, yr enwyd ysgol
ramadeg yn Abertawe ar ei ôl – dyn y bu ganddo ran yn
sefydlu Cymdeithas Addysg y Gweithwyr (W.E.A.).

Un arall o ymwelwyr boreol cyson popty Henri Tomas oedd
yr Arglwydd Andrew McIntosh o Haringey a fu'n arweinydd
y grŵp Llafur ar Gyngor Llundain cyn i Ken Livingstone ei
ddisodli'n ddiseremoni pan ddaeth y blaid i rym yn y ddinas
yn 1981. Roedd Andrew, a fu farw yn 2010, yn ysgolhaig
eang ei ddiwylliant, cwbl rugl ei Ffrangeg, anffyddiwr â'i
ogwydd tua'r chwith, os nad yn ddigon pell i'r chwith i blesio
criw Livingstone. Fûm i erioed yn ei ail gartre, ond roedd
ymhlith fy nghyfeillion un oedd yn byw drws nesaf iddo a
hi ddywedodd wrthyf fod ei dŷ gwyliau yn llawn llyfrau am
Provence a bod ei wybodaeth am y rhanbarth yn arbennig.
Gofidiaf na fanteisiais ar y cyfle i ddod i'w adnabod yn well.
Gwleidydd arall cyfeillgar a chanddo dŷ gwyliau ger yr hen
eglwys ym mhen uchaf Bonnieux yw Jack Lang, cyn-aelod

seneddol Sosialaidd Ewropeaidd a Chynulliad Cenedlaethol Ffrainc lle bu, yn ei dro, yn Weinidog Diwylliant a Gweinidog Addysg. Er ei fod yn perthyn i'r Blaid Sosialaidd, bu'n gennad dros Nicolas Sarkozy i Cuba ac yn fwy diweddar i Ogledd Corea. Am iddo dderbyn swyddi gan Sarkozy cafodd ei wthio i'r neilltu gan ei blaid ei hun yn y blynyddoedd diweddar. Mae fy ffrind Colette yn ei adnabod yn dda a chanddi gyfrol o'i waith a gafodd yn anrheg ganddo.

Rwy'n falch i mi gael fy nerbyn bron yn rhan o gymdeithas Bonnieux. Rwy'n aelod o glwb cerdded y pentref – bob bore Llun a Mercher – sy'n rhan o'r gangen leol o'r Université du troisième âge (Prifysgol y Drydedd Oes). Rwy'n aelod o gymdeithas gwarchod yr hen ffynhonnau, sy'n addas rywsut mewn bro gydnaws â hunangofiannau a nofelau Marcel Pagnol, *Jean de Florette* a *Manon des Sources*. Denir arlunwyr, sgrifenwyr a cherddorion gan wlad mor gyfoethog ei harddwch synhwyrus. Yn Lourmarin y gorwedd Albert Camus, a laddwyd mewn damwain car yn 1960, dair blynedd wedi iddo dderbyn ei wobr Nobel am lenyddiaeth. Carreg arw ac arni ei enw, ei ddyddiadau a thusw o lafant yw unig addurn ei fedd. Yr ochr draw i'r llwybr mae bedd syml arall, un Henri Bosco, llenor arbennig a bardd y mae ei weithiau'n troi o gwmpas bugeiliaid a'u ffermydd (*mas*) diarffordd, gan gyfuno bywyd bob dydd gyda digwyddiadau ac iddyn nhw arlliw o'r arallfydol. Mae rhyw ddirgelwch cyfrin ynglŷn â bugeiliaid, yn arbennig bugeiliaid gwledydd Môr y Canoldir – nid syndod fod iddyn nhw ran mor bwysig yn Stori'r Geni. Des i adnabod Robert Ytier, newyddiadurwr a fu'n ysgrifennydd personol i Bosco ac awdur cyfrol amdano. Ces rai llyfrau a fu'n eiddo i Bosco ganddo. Cysylltir Bosco yn fynych gyda Jean Giono, llenor haws i'w ddeall ac enwocach o Manosque, yn uwch i fyny i gyfeiriad yr Alpau, ac arwr y 'mudiad gwyrdd', yn bennaf ar sail ei nofel *L'homme qui plantait des arbres* (Y dyn a fu'n plannu coed).

Cyfaill arall yw Marc Dumas a oedd, cyn ymddeol, yn

berchen siop lyfrau ardderchog yng nghanol Apt, un o drefi bychain eraill yr ardal. Yn Ffrangeg y mae'n llenydda a barddoni mewn Provençal, a chawn ramantu'n braf – yn ddau hen wladwr – am ddyddiau a fu, fel y gwna yn ei gasgliadau o gerddi, *Vihado d'amountagnage* (Machlud Hafota) a *Musico pèr un orto imaginàri* (Cerddoriaeth ar gyfer Gardd Ddychmygol). Cewch gadw Paris a dinasoedd eraill Ffrainc. Heblaw Marseille. Marseille oherwydd y cawl pysgod *bouillabaisse*, cysylltiad Pagnol â'r hen borthladd, ei hamgueddfeydd – yn arbennig La Vieille Charité, sy'n parchu'r hen ddiwylliant Celtaidd – a'm hoff nofelydd ditectif Jean-Claude Izzo. Er i Marc werthu ei siop, ac i Librairie Dumas fynd yn Librairie la Fontaine, erys yn gyrchfan bore Sadwrn yn Apt, ac y mae yma bob amser wahoddiad i lansiadau llyfrau newydd.

Rwy'n cofio Mireille Sidoine-Audouy yn lansio *Darwin fera la mise en scène – Une enfance auprès de René Char* (Darwin fydd yn gosod y llwyfan – Plentyndod gyda René Char). Roedd Mireille, yn ferch fach, yn byw gyda'i mam yn un o'r pentrefi bychain uwchlaw Apt ar ddechrau'r rhyfel tra bod ei thad yn garcharor rhyfel yn yr Almaen. Daeth dyn tal, hardd i'r pentref a syrthiodd ef a mam Mireille mewn cariad. Y bardd René Char, ac arweinydd y Résistance yn y rhan yna o Ffrainc, oedd y dyn. Yn ystod y cyfnod hwn bu Char yn dad i Mireille ac mae'r llyfr, drwy lygad plentyn, yn ddarlun o ddewrder anghyffredin mewn pentref lle na ellid ymddiried yn neb. Peth anodd yw cael pobol y wlad yn Ffrainc i sôn am brofiadau rhyfel. (Cofiaf ddarllen cyfrol o atgofion hen ddynion a gwragedd o bentrefi'r ardal o gwmpas Apt – a neb yn sôn am y rhyfel!) Wedi'r rhyfel roedd Char am fynd i Baris i wneud ffilmiau, ond gwrthododd mam Mireille fynd gydag e, er bod ei phriodas gyda'i gŵr, y carcharor rhyfel, ar ben. Phriododd y naill na'r llall ond ailgyneuwyd y cysylltiad yn niwedd oes y fam. Ymhen blynyddoedd, a Mireille ei hun bellach yn fam ac yn byw yn Avignon, awgrymodd athro Ffrangeg i'w merch wneud prosiect ar un o feirdd pwysicaf

Ffrainc a oedd wedi dychwelyd i'w dref enedigol, L'Isle-sur-la-Sorgue. Y bardd oedd René Char. A'r teitl rhyfedd *Darwin fera la mise en scène?* Un o negeseuon cudd y Résistance. Daw'r awdur nofelau ditectif toreithiog Pierre Magnan hefyd o'r ardal hon. Fel Giono, a fu'n un o'i gefnogwyr, fe'i ganed yn Manosque a bu'n byw yn Forcalquier, hanner ffordd i lawr y cwm i Apt. Bu yntau'n amlwg yn y Résistance. Mae nofelau Magnan yn dywyll a Gothig, yn llawn ffermwyr eiddigeddus yn llofruddio a chrafu byw ar dir ac mewn hinsawdd di-ildio. Cofiaf lansiad cyfrol deyrnged iddo, *Pour saluer Magnan*, cyfweliadau a recordiwyd gan ddau lenor ifanc ddaeth i fyw i'r ardal, Flore Naudin a Pierre Chavagné. Dywedodd Pierre wrthyf ei fod yn sgrifennu nofel am Ffrancwr sy'n cael niwed difrifol mewn gêm rygbi yn Abertawe ac addawodd anfon copi i mi. Rwy'n dal i ddisgwyl!

Un arall y des i'w adnabod yn bur dda drwy'r seiadau bore Sadwrn yn siop lyfrau'r Fontaine yw Udo Philipp, Almaenwr a fu'n ohebydd radio a theledu ym Mharis. Ymddeolodd wyth mlynedd yn ôl ac agor tŷ bwyta yn Velleron a sgrifennu llyfr difyr iawn am ei anturiaethau cogyddol. Des hefyd i adnabod Sophie Gunther, ffotograffydd sy'n byw yn Rustrel ac sy'n arbennig o hoff o Bonnieux. Mae'n tynnu lluniau du a gwyn, sy'n swnio'n rhyfedd mewn bro mor gyfoethog ei lliwiau. 'Mae du a gwyn yn diosg Provence o'i holl gyfoeth lliwgar gan ddatgelu enaid cyfrin Provence yn llawer mwy uniongyrchol,' meddai Sophie.

Er mor ddifyr cyfarfod cynifer o lenorion o'r broydd hyn, i Gymro mae canu serch a natur, canu llatai a thraddodiad ymryson y Trwbadwriaid a'u dylanwad ar Ddafydd ap Gwilym a beirdd telynegol ledled Ewrop yn atynfa fwy. Mae gan feirdd fel Marc Dumas ac Aurélia Lassaque, y cyfeiriais ati yn gynharach, bob hawl i ystyried eu hunain yn ddisgynyddion y traddodiad, petai ond am eu bod yn sgrifennu yn eu hiaith, y gyntaf o'r ieithoedd Lladin i'w safoni'n ramadegol, yn ogystal â rhoi inni'r doreth o farddoniaeth a ysbrydolodd

Dante a Petrarch, a thrwyddyn nhw y Dadeni. Daw'r term 'soned', gyda llaw, o'r Provençal 'sonet', sy'n golygu cerdd fer. Ai'r Trwbadwriaid a ysgogodd draddodiad yr eisteddfod? Bu Hywel, mab yr Arglwydd Rhys, yn Ffrainc am gyfnod. Tybed a ddaeth â'r traddodiad barddol o ddeheubarth Ffrainc ac ysgogi Eisteddfod Aberteifi yn 1176? Roedd Eleanor o Aquitaine yn un o brif noddwyr y Trwbadwriaid a dywedir y bu unwaith Gymro a chyfarwydd o'r enw Bledri, Bleddri neu Bleheris yn y llys yn Poitiers. Yn ôl chwedleuwr arall, Wauchier de Denain, adroddodd Bleheris, a aned yng Nghymru, chwedl (am Syr Gawain) a blesiodd Iarll Poitiers (Guillaume o Aquitaine, tad-cu Eleanor, mae'n debyg) yn fawr:

... Bleheris
Qui fu nes e engenuis
En Gales dont je cont le conte
Et si le contoit au conte
De Poitiers qui amoit l'estoire...

Awgrymodd Gwyn Alf Williams mai Bleddri ladmerydd ap Kadifor, ysgolhaig a chyfieithydd o Gaerfyrddin a fu'n gwasanaethu'r Cymry a'r Normaniaid, oedd y dyn hwn.

Ni all unrhyw Gymro ond gresynu at y modd y mae Ffrainc yn sangu dan draed ieithoedd fel y Llydaweg, Basgeg, Provençal a thafodieithoedd niferus eraill yr Ocitaneg. Y mae i'w chlywed o hyd ar fferm ac mewn marchnad, a gwnaeth Frédéric Mistral a'i gyfoedion yn y Félibrige lawer i'w hadfer yn niwedd y bedwaredd ganrif ar bymtheg a dechrau'r ugeinfed ganrif. Dywedir mai Mistral yw'r unig lenor yn sgrifennu mewn iaith lai-ei-defnydd i ennill Gwobr Nobel am Lenyddiaeth. (Pan holaf am Isaac Bashevis Singer mae pobol yn dweud 'hym' a throi'r pwnc!) Yn sicr, roedd Mistral yn haeddu clod. Gwnaeth gofnod o iaith, chwedlau a thraddodiadau Provence drwy ei farddoniaeth, y geiriadur – gwyddoniadur yn wir – *Lou Tresor dóu Felibrige* a'r amgueddfa Museon Arlaten, amgueddfa werin gyntaf Ewrop, a sefydlodd

yn Arles yn 1895. Yn 2004, canmlwyddiant ei Wobr Nobel, es
i nifer o'r digwyddiadau a gweld y gwisgoedd, y dawnsiau a'r
bandiau lle mae'r cerddorion yn taro'r tabwrdd ag un llaw a
chanu'r bib gyda'r llall. Prin fod tref yn Provence nad yw'n
coffáu Mistral gydag enw stryd neu gofeb, a cheir dyfyniadau
o'i farddoniaeth ar hyd a lled y dalaith.

Dyma fro y *bories*, yr adeiladau cerrig sychion a welir
ymhob cae bron, gwlad y caerau a fu'n gartre i Geltiaid,
Groegiaid, Rhufeiniaid, y Mwriaid gwâr o Sbaen a sectau
crefyddol fel y Waldensiaid (Vaudois) a sefydlwyd gan Pierre
Waldo yn 1164 ac a fyddai'n gweithredu gorchymyn Iesu Grist
yn llythrennol, 'Dos, gwerth yr hyn oll sydd gennyt, a dyro i'r
tlodion.' Ac fe fydden nhw'n cael eu herlid o'r herwydd gan yr
Eglwys Gatholig oludog. Bu Lourmarin a phentref Lacoste,
sy'n wynebu Bonnieux, yn un o gadarnleoedd y Waldensiaid.
Castell Lacoste oedd dihangfa'r Marcwis de Sade yn y
ddeunawfed ganrif, un a oedd, er ei arferion sadistaidd,
yn gefnogol i'r sect. Mae ei gastell yn awr yn eiddo i Pierre
Cardin, y cynllunydd ffasiwn, ac yn niwedd Gorffennaf bob
blwyddyn mae'n noddi gŵyl gerddorol aruchel iawn, gydag
opera'n cael ei pherfformio mewn hen chwarel a addaswyd
yn theatr awyr agored y tu cefn i'r pentref.

Unwaith y bûm i yn Bonnieux ar yr adeg iawn. Aeth
Gwen a minnau i'r swyddfa docynnau ond doedd dim un
ar ôl. Adroddais fy hen stori, sef 'mod i'n newyddiadurwr
ac yn awyddus i sgrifennu am yr ŵyl ond yn barod i dalu
am fy nhocynnau. Fe gawsom docynnau am hanner pris i
eistedd ar y grisiau a chael ein siarsio i ddod â chlustogau
gyda ni. La Traviata oedd yr opera ac roedd yn gynhyrchiad
o safon ac roedd eistedd ar y grisiau yn sicrhau cystal, os nad
gwell, golygfa o'r llwyfan na'r seddi swyddogol. Dylwn nodi
bod y seddau hanner pris ar y grisiau yn €50 yr un! Byddwn
ddiolchgar am brisiau Caerdydd a Chanolfan y Mileniwm!
Cofiaf fod cicada mewn coeden olewydd fry uwchben y
llwyfan i'w glywed yn canu'n glir i guriad y gerddorfa yn

ystod yr agorawd, ei amseru'n berffaith. Wedi iddi dywyllu aeth i gysgu, er rhyddhad i lawer, mae'n debyg.

Apêl arall yr ardal yw'r croeso i flasu diod y winwydden. Mae Sophie, merch Danielle Pommier – perchen y lle y byddwn ni'n aros y dyddiau hyn – wedi priodi i deulu'r Domaine Girod yn Roussillon, felly ni fedrwn anwybyddu'r winllan honno. Daeth Samuel Beckett i Roussillon yn 1942 a honnir mai tra oedd yn disgwyl y bws i Apt, ar y groesffordd ger Pont Julien, y cafodd y syniad ar gyfer *Wrth Aros Godot*. Gweithiodd am gyfnod yng ngwinllan Bonnelly, a cheir cyfeiriad at hynny lle dywed Vladimir, 'Ond yr oeddem gyda'n gilydd yn y Vaucluse, ar fy llw. Buom yn cydweithio ar y cynhaeaf ar fferm Bonnelly yn Roussillon... Mae pobman yn goch i lawr yna.' Mae gwinllan Bonnelly yna o hyd, lle braf i dreulio prynhawn yn blasu gwin a sgwrsio. Mae'r hen ŵr yn cofio Beckett yn dda, ac ar achlysur canmlwyddiant geni'r Gwyddel yn 2006 gwahoddwyd y teulu – a'u gwin – i Iwerddon ar gyfer y dathliadau.

Rhwng Bonnieux ac Apt mae gwinllannoedd hynafol Château de Mille, lle arall am groeso, a hynny gan hynafgwr bochgoch, braf, ei lygaid yn pefrio mor frwd â minnau dros brofi ffrwyth ei winllan. 'Be gawn ni, 'te? Rhywbeth i'w yfed ar eich gwyliau neu i'w roi o'r neilltu i'r dyfodol?' meddai. Ni ddylid brysio i brynu gwin yn Provence, dylid ei wneud yn hamddenol ac ystyriol.

Ers pymtheng mlynedd buom yn dychwelyd i Quartier Saint-Pierre, bwthyn ar fferm Danielle Pommier, cyfeilles a dirprwy faer y gymuned a wnaeth lawer i hyrwyddo ein hadnabyddiaeth o'r ardal. Colette Usseglio a'n cyfeiriodd at Danielle pan nad oedd ei bwthyn hi'n rhydd ac y mae'n lle tawel, tangnefeddus, gyda choed derw i gadw'r haul o ffenestri'r lolfa a'r stafell wely, a lle i ddiogi a bwyta dan y coed ceirios yn y cefn. Mae yma lwybrau i'w cerdded o'r drws cefn, erwau drwy winllannoedd a choedwigoedd a chaeau lafant. Ddeg llath o ddrws y cefn, wrth dalcen y tŷ, mae pistyll gyda gwell dŵr na'r hyn ddaw o'r tap, gan arbed ffortiwn mewn dŵr potel. Mae'n lle delfrydol i fwynhau swper a gwylio'r haul yn machlud dros ehangder dyffryn y Rhône a chopa Mont Ventoux (Mynydd y Gwyn Do) yn ddisglair tua'r gogledd. Yma y treuliodd Gwen a minnau bob haf ers pymtheng mlynedd a thebyg mai yma y deuwn tra medrwn bellach.

Teulu

YCHYDIG A SONIAIS am ein plant. Buon nhw'n ddylanwad mawr ar ein bywydau. Nid oeddem wedi cael plant er ein bod yn briod ers oddeutu saith mlynedd a dyma fynd ati i ddarganfod pam. Yn 1971 cawsom wybod nad oeddwn i'n debygol o gael plant ac, mewn oes lle nad oedd sôn am IVF, dyma ddechrau holi am fabwysiadu. Nid oedd y gobeithion i'w gweld yn dda – roedd yr awdurdodau lleol wedi cau eu llyfrau. Awgrymwyd ein bod yn holi rhai o'r cymdeithasau mabwysiadu gwirfoddol, ac er nad oedden ni'n perthyn i'r Eglwys yng Nghymru, ymhlith y cymdeithasau y bu i ni gysylltu â nhw roedd un yr Eglwys. Roedd eu llyfrau hwythau wedi cau hefyd, ond roedd un ddynes a fu'n ymwneud â'r gymdeithas yn cadw cysylltiad gydag Awdurdod Casnewydd. Gwahoddodd ni am sgwrs ond gan ein rhybuddio nad oedd y sefyllfa'n obeithiol. Rywbryd yn ystod y sgwrs dyma ni'n dweud wrthi y byddem yn fodlon – yn awyddus – i fabwysiadu plentyn, neu blant, o dras ethnig neu gymysg. Newidiodd ei chân: 'Darlings, you will be welcomed with open arms!' Bryd hynny, prin iawn oedd y rhai oedd yn mabwysiadu plant du neu o dras gymysg, a doedd yr awdurdodau ddim yn cyhoeddi bod angen mawr mewn rhai trefi a dinasoedd am rieni i blant o'r fath a oedd, mae'n debyg, yn lled niferus.

Chawson ni ddim baban o dras ethnig tan y trydydd a'r pedwerydd mabwysiad. Efallai fod hynny'n beth da oherwydd fod gan y ddau ieuengaf yn yr ysgol, sef Trystan a Ffion, frawd a chwaer hŷn, Gildas ac Eleri, i'w gwarchod rhag unrhyw hiliaeth neu fwlian. Fu hynny ddim yn broblem yn Ysgol Gynradd Gymraeg Pont Siôn Norton nac Ysgol Uwchradd

Rhydfelen, er nad dyna brofiad cyfaill a anfonodd ei blant Asiaidd i'r ysgol gynradd cyfrwng Saesneg leol. Yn ogystal â bwlian, dywedwyd wrtho gan athrawon nad oedd gan ei blant fawr o allu. Yn y diwedd anfonodd y plant i ysgol breifat lle y bu iddyn nhw i gyd ddisgleirio a mynd rhagddyn nhw i brifysgol. Bu un ohonyn nhw'n ohebydd teledu yng Nghymru ac yn Lloegr wedi hynny.

Y tu allan i'r ysgol roedd problemau'n codi, a hynny gan rieni – cymdogion – cyffyrddus eu byd y byddwn yn disgwyl gwell ganddyn nhw. Roedd rhai o'r pethau a ddywedwyd wrthyn nhw'n frawychus o ffiaidd. Wedi un ffrwgwd ffoniodd Gwen yr heddlu ac ymateb plismones, pan ddaeth hi, oedd mai cyntaf i gyd gorau i gyd i'r plant gynefino gydag iaith o'r fath! Eithriadau oedd y fath ymddygiad, ond roedd canfod agwedd debyg i hyn ymhlith yr heddlu y tu hwnt i anfaddeuol. Yn eironig, aeth un o'r cymdogion trafferthus hynny yn fethdalwr a bellach, meddyg a'i deulu Indiaidd sy'n byw yn ei dŷ! Symudodd y teuluoedd eraill o'r ardal o dipyn i beth a daeth rhai llawer mwy cymdogol yn eu lle.

Ymunais â VALREC – The Valleys Race Equality Council – bron cyn gynted ag y sefydlwyd y corff, yn gymaint er mwyn ceisio gwneud rhywbeth am y sefyllfa ag i ddod â'r ddau ieuengaf, Trystan a Ffion, i fewn i'r gymuned ethnig. Heblaw amddiffyn plant a phobol ethnig rhag hiliaeth, roedd yn gorff i ddylanwadu ar gyrff cyhoeddus fel yr heddlu a'u haddysgu sut i ymdrin yn briodol â phroblemau o'r fath. Nid wyf wrth reddf yn bwyllgorddyn ond o dipyn i beth ces fy ethol i'r pwyllgor gwaith a bûm yn drysorydd VALREC am ddeuddeng mlynedd – cyfnod a fu'n weddol ddidrafferth am flynyddoedd. Cyn-Ysgrifennydd Gwladol Cymru a phensaer y Cynulliad, Ron Davies, oedd ein prif weithredwr am gyfnod hir ac roeddwn yn un o'r panel a'i penododd wedi iddo gael ei fwrw i'r diffeithwch yn dilyn ei funud enwog o wallgofrwydd ar Gomin Clapham. Gwnaeth Ron waith mawr yn codi'r Cyngor a bu colled fawr wedi iddo benderfynu dychwelyd i wleidyddiaeth, cam na fu'n gwbl lwyddiannus yn ei hanes. Gwnaed gwaith amhrisiadwy gyda phobol ifanc o dras ethnig oedd yn dioddef hiliaeth a phob math o anawsterau fel cael gwaith a gwnaed llawer i helpu'r gymuned Bwylaidd ym Merthyr Tudful. Nid y rhai sy'n amlwg ethnig oherwydd lliw eu croen yn unig sydd angen help. Yn ystod Llywodraeth Lafur Tony Blair ehangwyd yr hen Gyngor Cydraddoldeb Hiliol i gynnwys pob agwedd ar gydraddoldeb a llwyddwyd i gadw'r llythrennau ond newid yr ystyr i The Valleys Regional Equality Council.

Bu llawer o newid ar y sector gwirfoddol, neu'r trydydd sector fel y'i gelwir weithiau, ers i mi fod yn gweithio i'r Urdd, ond erys rhai pethau'n ddigyfnewid – fel y cwrso diddiwedd ar ôl ffynonellau cyllid i gadw staff, ac weithiau ar gyfer prosiectau nad ydyn nhw bob amser yn gwbl addas ar gyfer eich corff chi. Gall problemau annisgwyl godi nad oes gennych amgyffrediad sut i ddelio â nhw. Yn 2012, collodd corff o'r enw AWEMA (The All Wales Ethnic Minority Association) ei statws elusennol ar sail honiadau o gamweinyddu ac ymchwiliad gan y Cynulliad, er cael y prif weithredwr yn ddieuog maes o law. Nid oedd a wnelo VALREC ddim ag AWEMA, heblaw bod cyfran, nid bychan, o'n cyllid a oedd yn dod o Swyddfa Cyllid Ewropeaidd Cymru yn cael ei sianelu i ni drwy AWEMA. Comisiynodd y Cynulliad adroddiad ar AWEMA cyn belled yn ôl â 2004, ac er bod yr argymhellion yn ddamniol, ni fu unrhyw weithredu. Yna, o gwmpas diwedd 2011 a dechrau 2012, dechreuodd y *Western Mail* a newyddion BBC Cymru gyhoeddi straeon yn honni bwlian a chamreoli o fewn y corff a rhoddwyd terfyn ar gyllid yr elusen ddechrau 2012. Cawsom sicrwydd y deuai cyllid VALREC yn awr yn uniongyrchol o Swyddfa Cyllid Ewropeaidd Cymru, ond lle cynt y bu'r swyddfa honno'n llac yn eu hymdrin ag AWEMA, roedden nhw yn awr yn amau a chodi cwestiynau am bob dimai oedd i ddod i VALREC. Aethon ni drwy gyfnod o 'Mae eich siec yn y post, syr' neu yn hytrach 'Mae'r arian ar ei ffordd i'ch cyfrif' cyn codi rhyw gwestiwn cymhleth arall. Deuai canol y mis a ninnau'n ofni na fedren ni dalu'r cyflogau. Braf ar weision sifil yn medru cysgu'n esmwyth gan wybod bod eu cyflogau nhw'n mynd i'r banc yn rheolaidd bob mis. Drwy ryw wyrth daethon ni trwyddi bryd hynny, ond gyda thoriadau mewn cyllid yn brathu o bob cyfeiriad yn Ebrill 2015 bu raid gwneud y penderfyniad anodd nad oedd yn bosib i'r corff barhau, a hynny er cymaint yr angen am gyrff gwirfoddol i lenwi'r craciau yn y gyfundrefn lywodraethol sydd ohoni. Bu farw VALREC gyda phrin un llais yn datgan gofid am yr hyn ddigwyddodd na phryder am y dyfodol.

Mae gennyf barch enfawr i weithwyr y sector gwirfoddol. Gwn fod yna elusennau sy'n anfon llythyrau diswyddo i'w staff ddiwedd Chwefror bob blwyddyn am na wyddan nhw beth fydd cyflwr eu cyllid yn y flwyddyn ariannol nesaf. Pleser er hynny fu cydweithio â'r prif weithredwr olaf, Elaine Clayton, a'r cadeirydd, Sanita Singh, a gweddill yr ymddiriedolwyr, a gweld y corff yn ehangu i feysydd weithiau'n annisgwyl a phob amser yn ddiddorol. Des i adnabod ambell hen rebel digyfaddawd dros leiafrifoedd, fel y cynghorydd Llafur Ray Davies o Fedwas. Trist, er hynny, yw canfod bod hiliaeth mor fyw ac iach rhwng cymunedau ethnig a'i gilydd ag y mae rhwng y du a'r gwyn, ac o leiaf unwaith gwelsom gyfnodau anodd oherwydd y rhwygiadau hyn.

Oherwydd tras dau o'n plant mabwysiedig, mae'n debyg, fe ymddiddorodd Gwen a minnau'n fawr yn y mudiad gwrth-apartheid a dod i adnabod yr ymgyrchydd digyfaddawd Hanif Bhamjee. Bu Eleri'n weithgar yn y mudiad gwrth-apartheid a byddem i gyd yn mynd ar y gorymdeithiau gwrthdystio ar hyd y blynyddoedd ac yn ymuno'n flynyddol yn y daith gerdded noddedig gwrth-apartheid ar hyd arfordir Bro Morgannwg. Pan ddaeth y newydd am farw Nelson Mandela roedd Ffion, sydd bellach yn byw yng Nghanada, yn fy atgoffa iddi ei gyfarfod pan ymwelodd â Chymru yn 1998. Doeddwn i ddim yn cofio a bu'n rhaid i mi ei holi am y digwyddiad. 'Fe ddwedais i "Croeso i Gymru" wrtho fe yn Gymraeg,' meddai Ffion, 'ac rwy'n cofio synnu ei fod e mor dal.'

Hwyrach, am fod y plant i gyd wedi'u mabwysiadu, i ni wneud ymdrech arbennig i ganfod pa ddoniau a diddordebau oedd ganddyn nhw. Soniais eisoes am ddoniau Trystan yn y pwll nofio ac y mae'n parhau i fyw ym Mhontypridd gan hyfforddi ffitrwydd i oedolion, yn ddynion a merched, ar gyfer y rasys eithafol sy'n ennill poblogrwydd, a chystadlu ynddynt ei hunan. Athro yn Ysgol Gymraeg Caerffili yw e wrth ei waith bob dydd ac, yn ogystal â'i hoffter o ymweld â Provence, ei hoff wlad yw'r Ffindir a chrwydro'r wlad honno gyda'i ffrind Ari.

Mae Trystan a Ffion, sydd bellach, gyda'i gŵr Chris a'u pedwar o blant, wedi ymsefydlu yng Nghanada, yn raddedigion gydag anrhydedd o UWIC, neu Brifysgol Metropolitan Caerdydd bellach, fy hen goleg i fwy neu lai. Rwy'n meddwl bod Ffion yn athrawes arbennig o ddawnus. Pan oedd hi ar ymarfer dysgu yn Ysgol Gynradd Gymraeg Evan James ym Mhontypridd daeth arholwr allanol i'w gweld yn dysgu a gwnaeth gymaint o argraff fel y gofynnwyd iddi ddysgu'r un wers eto o flaen camerâu fideo. Flynyddoedd wedyn clywais fod y fideo'n parhau i gael ei ddangos i fyfyrwyr newydd ar ddechrau eu cwrs fel y math o beth y dylen nhw anelu ato. Bu Ffion am nifer o flynyddoedd yn athrawes yn Ysgol y Berllan Deg, Caerdydd, a chafodd gyfnod o weithio ym myd teledu, gan gynnwys rhan yn *Pobol y Cwm*. Mae Daniel, ei phlentyn hynaf, yn gampwr ym myd jiu-jitsu ac enillodd wobrau ar hyd a lled gogledd yr Unol Daleithiau a gorllewin Canada. Y tri arall yw Tyrece, Kaliesha a'r babi Keara. Braf iawn fu ymweld â nhw y llynedd (2014), adeg geni Keara, a dod i adnabod rhai o'u ffrindiau y clywson ni gymaint amdanyn nhw. Cafwyd hefyd ychydig o amser i ymweld â lleoedd fel Niagara Falls a dotio at y bywyd gwyllt a'r adar amryliw yn yr ardd gefn yn ninas goediog Llundain, Ontario.

Mae mor goediog, ac o edrych arni o un safle gweddol uchel prin y gellir coelio bod yna, o dan y trwch coed, ddinas gyda phoblogaeth sydd ychydig yn fwy na Chaerdydd. Erbyn hyn mae'r teulu i gyd, nid yn unig y ddwy ferch fach a anwyd yn y wlad, yn ddinasyddion Canada. Diddorol clywed Ffion yn canmol agweddau cadarnhaol pobol Canada ac yn arbennig y modd y dysgir ei phlant hi am y 'First Nation Canadians'. Bu'r newid yn aruthrol ers y plentyndod ofnadwy y clywais Rosemarie Kuptana yn sôn amdano yn y gynhadledd honno yn Reykjavík yn 1991. Mae'n boen colli'r berthynas agos a fu rhyngon ni ond mae 'ymweliad' wythnosol ar Skype yn eli ar y dolur.

Mae Gildas yn rheolwr gyda swydd gyfrifol yn y rhan o'r gwasanaeth iechyd sy'n ymwneud â thrawsblannu organau. Mae'n briod â Nerys, sy'n bennaeth Adran Gelf Ysgol Gyfun Bro Morgannwg. Mae'r ddau yn byw yn y Barri gyda'u plant Leah Non, sydd yn dangos bod ganddi lawer o ddoniau celfyddydol ei mam, a Steffan Llŷr, sy'n datblygu'n dipyn o chwaraewr tennis. Mae Gildas eisoes wedi cael gyrfa gyffrous ac amrywiol yn y gwasanaeth ambiwlans a chyda'r heddlu ac, os bydd gan rywun fyth hunangofiant gwerth ei gyhoeddi, fe yw'r un. Mae ganddo yntau radd allanol o goleg yn Rhydychen.

Mae Eleri a Pete, sy'n dod o Drefeglwys ac yn gweithio i gwmni cyfrifiaduron Ffrengig, yn byw ar draws y cwm oddi wrthon ni yn Nhrehopcyn, Pontypridd, gyda'u merched Alaw, Elan a Cadi. Byd y celfyddydau a'r theatr sy'n mynd â bryd Alaw hefyd, gydag Elan yn dangos llawer o frwdfrydedd dros feicio a chlocsio. Ac y mae Cadi'n dipyn o gymêr. Cafodd Eleri Ysgoloriaeth Evan Morgan i Aberystwyth, mae'n gerddor dawnus ac ar ôl graddio gydag anrhydedd mewn Gwleidyddiaeth a Hanes Modern a threulio cyfnod yn Sri Lanka, bu'n gweithio i Fenter Iaith Rhondda Cynon Taf, i Interlink – sy'n darparu cyfleon i bobol o bob oed wneud gwaith gwirfoddol i Blant yng Nghymru ac yn ymgynghorydd

251

gydag UNICEF. Rydym yn falch iawn ohonyn nhw i gyd a bu'r cyfrifoldeb o'u magu yn fraint ac yn bleser.

Bu mabwysiadu traws-hiliol yn destun trafod wrth i agweddau newid – er gwaeth yn aml – dros y degawdau. Un adeg bu Gwen a minnau, a Ffion, yn dadlau o blaid caniatáu i barau fabwysiadu plant o dras wahanol iddyn nhw eu hunain. Yn ein hamser ni, roedd ein parodrwydd yn cael ei groesawu, er nad oedden ni'n llwyr ymwybodol o hynny ar y pryd. Mewn llai na deng mlynedd roedd y sefyllfa wedi newid yn llwyr a pholisi'r awdurdodau oedd gosod plant i'w mabwysiadu gan rieni oedd mor ymddangosiadol debyg iddyn nhw â phosib. Lawer gwaith, ar radio a theledu, yn Gymraeg a Saesneg, buom yn dadlau gyda'r awdurdodau mabwysiadu yn erbyn y polisi hwn. Ein hagwedd ni oedd mai lles y plentyn ddylai ddod gyntaf bob tro a'n bod yn derbyn mai tebyg at ei debyg fyddai orau. Ond canlyniad hyn oedd fod llawer o fabanod, yn arbennig o dras Affro-Caribïaidd, yn cael eu gadael yng ngofal yr awdurdodau, a'u tynged anochel bron fyddai cyfres o gartrefi maeth a chartrefi plant. Cofiaf wylltio gydag un ddynes o sefydliad mabwysiadu a oedd yn mynnu bod yn rhaid gosod y plentyn gyda'r rhieni delfrydol. 'Pa mor hir mae hynny'n mynd i'w gymryd gyda phlentyn o dras gymysg?' gofynnais. 'Cyhyd ag sy raid,' atebodd. 'Am beth y'ch chi'n sôn – tair blynedd, naw mlynedd, pymtheng mlynedd?' holais eto. 'Cyhyd ag sy raid,' oedd yr ymateb parotaidd. Os mai lles plentyn yw'r ystyriaeth gyntaf, yna mae'n rhaid bod cartre lle mae'r plentyn yn derbyn cariad teulu yn well na chael ei symud o gartre maeth i gartre maeth cyn diweddu mewn cartre plant. Dyna oedd ein dadl. Ni chawsom ateb, dim ond ystyfnigrwydd distaw. Weithiau fe ddywedid wrthon ni fod rhai pobol yn cael profiadau gwael. 'On'd ydi pawb o dro i dro, hyd yn oed gyda'ch plant biolegol chi eich hun?' atebwn innau. Y ffaith gyda mabwysiadu yw mai cynharaf i gyd mae'r baban yn mynd at rieni, gorau i gyd. Os yw'r plentyn yn 6 neu'n 8 oed cyn ei roi i'w fabwysiadu, medraf yn hawdd gredu y gall fod problemau. Ond yn sicr, ni ofynnodd neb o blith yr awdurdodau am ein barn ni ar y mater – neb ond y cyfryngau.

Cofiaf i mi un tro gael trafodaeth ddiddorol a chall ar y pwnc. Roeddwn yn Llundain ar gyfer cynhadledd y wasg i lansio Darlithiau Reith y BBC. Y darlithydd y flwyddyn honno oedd yr Athro Patricia J. Williams, un o awdurdodau pennaf yr Unol Daleithiau ar hiliaeth a chyfraith. Roeddwn yn siarad gyda chyfreithiwr ifanc du, ac yn ystod ein sgwrs cerddodd merch ifanc heibio. Sylwodd y cyfreithiwr ar edrychiad o syndod ar fy wyneb. 'Mae hi'n rhyfeddol o debyg i fy merch ieuengaf,' eglurais. 'O, ac mae eich gwraig…?' meddai. 'Na, wedi ei mabwysiadu mae fy merch,' meddwn innau. 'Wel, wel,' atebodd, 'mi ges inne fy mabwysiadu gan rieni gwyn.' Dyna'r un tro i mi gael trafod y pwnc gyda rhywun arall ac roedd yn amlwg i'r profiad fod yn un da yn ei achos yntau. Ac nid oedd neb o'r awdurdodau wedi gofyn am ei farn yntau na barn ei rieni ar y mater. Er iddo gael ei fagu mewn cymdeithas wyn, a dosbarth canol rwy'n meddwl, ni theimlai iddo gael unrhyw brofiadau negyddol ac yr oedd yn amlwg fod ei deimladau tuag at y pâr a'i mabwysiadodd yn gynnes iawn. Cefais sgwrs gyda'r fargyfreithwraig ifanc hefyd, a chofiaf iddi sôn ei bod yn sefydlu cylchgrawn ar gyfer bargyfreithwyr ethnig. Rwy'n meddwl iddi anfon copi o'r rhifyn cyntaf i mi. Wn i ddim a yw'n parhau i fod.

Ystrydeb yw dweud ein bod yn brysurach nag erioed wedi ymddeol. Bellach buom yn briod am dros hanner canrif, gyda thri ŵyr a chwe wyres: dau ŵyr a dwy wyres yng Nghanada a'r gweddill yn byw o fewn cyrraedd. Mae Gwen yn un o Ymddiriedolwyr Amgueddfa Crochendy Nantgarw, ac wedi i'r Ymddiriedolwyr gymryd y cyfrifoldeb o redeg y lle mae hi cyn brysured ag erioed. I gymaint graddau, yn wir, nes y bu'n rhaid i ni ddychwelyd i fod yn deulu dau gar – bach – unwaith eto. Fe fydda innau'n ymgymryd ag ychydig o waith cyhoeddusrwydd i'r amgueddfa, yn ôl y galw, ac rwy'n

Gadeirydd Cymdeithas Hanes Pontypridd ers sawl blwyddyn. Daw ceisiadau cyson i sgrifennu erthygl, neu adolygu llyfr, gan hwn ac arall – yn eu plith y cylchgrawn *Cambria*. Dros y ddeng mlynedd ddiwethaf gwelais gyhoeddi saith o lyfrau ac rwy'n gobeithio cyhoeddi o leiaf un ar ôl y gyfrol hon. Ac yn sicr, mae gen i syniad neu ddau am ragor. Mae'r weithred o sgrifennu yn cael rhyw effaith anodd i'w deall arnaf. Mae'r broses ei hun yn ysbrydoliaeth ac yn fwynhad.

Rwy'n dal mewn iechyd pur dda, er nad wyf yn gwbl glir o'r canser a ddarganfuwyd naw mlynedd yn ôl. Gallaf ystyried fy hun yn ffodus. Es yn wirfoddol am brawf am ganser y prostad dan gynllun o astudiaeth ac ymchwil a drefnir ar y cyd gan nifer o ysbytai prifysgol ledled Prydain. Yn dilyn y prawf gwaed, cefais fy ngwahodd yn ôl am brofion pellach a chanfuwyd yn wir fod canser y prostad arnaf. Cytunais i barhau dan amodau'r ymchwil, a chytuno i dderbyn un o dri dewis – drwy system o hap a damwain. Y dewis oedd triniaeth lawfeddygol yn syth, radiotherapi neu barhau i gael profion gwaed i fesur lefel y PSA (*prostate-specific antigen* – protein sy'n cael ei gynhyrchu gan y prostad) yn gyson. Yr olaf o'r rhain a ddaeth allan o'r het felly am rai blynyddoedd bûm yn cael profion gwaed cyson. Yr oedd y PSA yn parhau'n isel iawn ond yn codi mymryn bach o flwyddyn i flwyddyn ac, yn y diwedd, penderfynwyd y byddai'n ddoeth cael triniaeth. Cefais gyfnod o radiotherapi, sef mynd yn ddyddiol i Ysbyty Felindre yn yr Eglwys Newydd, Caerdydd; tua phum munud oddeutu 8.30 bob bore am chwe wythnos. Wedi ysbaid o fod yn glir, dechreuodd y PSA ailymddangos a chodi'n raddol a chefais fy rhoi ar gwrs parhaol o hormonau sydd, hyd yn hyn, yn llwyddiannus iawn ac yn cadw'r aflwydd dan reolaeth. Nid yw'n amharu dim ar fy mywyd, na'm mwynhad o waith a hamdden.

Ni allaf ddweud i'r darganfyddiadau hyn fy nghynhyrfu o gwbl. Rwy'n meddwl fy mod yn greadur sy'n derbyn y drefn yn bur stoicaidd ac yn parhau i fwynhau bywyd – boed waith neu hamdden – fel ag erioed. Rwyf wedi gwneud peth ymdrech i newid fy ffordd o fyw – er gwell, gobeithio. Am flynyddoedd, fy unig ymarfer corfforol fyddai wythnosau o gerdded mynyddoedd y Luberon, Provence, bob haf. Dechreuais fynd i'r gampfa ddwywaith yr wythnos a gwnaeth hynny dipyn o wahaniaeth. Rwy'n teimlo'n well ac yn iachach ac rwy'n meddwl ei fod yn help i gadw'r canser dan reolaeth.

Wela i ddim pwrpas arafu llawer a thra bod peth galw am fy ngwasanaeth rwy'n bwriadu dal ati, gan barchu cyngor un cyn-gyd-weithiwr nad yw wedi rhoi'r gorau i weithio ac yntau dros ei bedwar ugain: 'Rho di'r gorau i weithio, was, a dyna fydd dy ddiwedd di.' Dwi ddim am i hynny ddigwydd, ddim eto beth bynnag.

Am restr gyflawn o lyfrau'r Lolfa, mynnwch
gopi am ddim o'n catalog
neu hwyliwch i mewn i'n gwefan

www.ylolfa.com

lle gallwch archebu llyfrau ar-lein.

Talybont Ceredigion Cymru SY24 5HE
ebost ylolfa@ylolfa.com
gwefan www.ylolfa.com
ffôn 01970 832 304
ffacs 832 782